高等学校“十三五”规划教材

经管类创新型实验实训系列

总主编　赵永亮

财会综合实训教程

主　编　仲之祥

副主编　向增先　王太林　杨琼丽　宁国安

西安电子科技大学出版社

内 容 简 介

本书依托网中网软件有限公司的财务决策平台，仿真模拟企业实际业务流程。该平台系统设计了企业运营的内外部环境，融企业经营、财务决策、税收筹划等操作模块于一体，旨在培养财会类专业学生从 CFO(财务总监)的角度综合运用各方面理论知识实际运营企业的能力。

本书分为“实训准备及基础”（第 1、2 章）和“实训过程”（第 3～6 章）两个部分，包含从实训期初的设置、企业的实际生产经营到最后的纳税申报与稽核的整个流程。鉴于财务决策重在运营实战，本书运营实战部分以典型案例为主线，从知识提点、知识关键词、经营关键点、实战思路、实战流程、实战案例、实战操作等方面系统介绍了各种典型业务，便于学生熟练掌握实务操作。

本书既可以作为财会类专业学生使用财务决策平台的操作指南，也可以作为高等院校开展跨专业综合实训的指导教材。

图书在版编目(CIP)数据

财会综合实训教程 / 仲之祥主编. —西安：西安电子科技大学出版社，2018.6

ISBN 978-7-5606-5012-8

Ⅰ. ① 财…　Ⅱ. ① 仲…　② 财务会计—教材　Ⅲ. ① F234.4

中国版本图书馆 CIP 数据核字(2018)第 174675 号

策　　划　高　樱

责任编辑　刘　霜　雷鸿俊

出版发行　西安电子科技大学出版社(西安市太白南路 2 号)

电　　话　(029)88242885　88201467　　邮　　编　710071

网　　址　www.xduph.com　　电子邮箱　xdupfxb001@163.com

经　　销　新华书店

印刷单位　陕西天意印务有限责任公司

版　　次　2018 年 6 月第 1 版　2018 年 6 月第 1 次印刷

开　　本　787 毫米×1092 毫米　1/16　印　张　11.5

字　　数　268 千字

印　　数　1～3000 册

定　　价　28.00 元

ISBN 978-7-5606-5012-8 / F

XDUP 5314001-1

前　言

会计是一门既具有理论性，又具有很强实用性和实践性的综合学科，因此，会计学科的学习不能仅限于本学科，还应与管理、市场、营销、研发、税务等紧密相连。厦门网中网软件有限公司开发的财务决策平台正适应了这一需要，该平台围绕财务管理和核算两个核心环节，在模拟企业经营内外部环境下，设计了企业运营、账务处理、电子报税、税务稽查四大操作模块，要求以团队形式，通过人机对抗方式分角色虚拟运营一家工业企业，着重训练从 CFO 的角度综合运用企业管理、财务管理、会计、税法、市场营销等理论知识实际运作企业的能力。本书即为指导学生学习并应用该软件平台进行实训而编写的教程。

本书在框架结构设计上做了精心安排，既考虑了会计学科的整体性和系统性，又突出了实训的实战技能和策略技巧。

1. 以经济业务为导向

传统教材以功能模块为导向，已经不能完全满足会计工作的实际需要。本书以经济业务为导向，强调学生体验：引入市场机制，使学生体验市场调控功能和市场风险；加入企业风险，使学生体验风险控制对决策的影响；创设企业运营真实环境，使学生体验会计核算全过程；植入主动申报纳税意识，使学生体验企业实际申报纳税场景。

2. 体现最新的财税法规

2017 年 7 月 5 日，财政部修订印发了《企业会计准则第 14 号——收入》，自 2018 年 1 月 1 日起施行； 2017 年 12 月 25 日，财政部印发《关于修订一般企业财务报表格式的通知》；2017 年 12 月 29 日，国家税务总局发布了《中华人民共和国企业所得税年度纳税申报表(A 类，2017 年版)》；等等。财税政策不断更新变化，本书依托于最新的财税政策。

3. 教学与竞赛相结合

"'网中网杯'财务决策大赛"由中国高等教育学会高等财经教育分会主办，自 2013 年至今，已经连续组织了五届，成为具备一定规模和影响力的财会类赛事。以此方式鼓励学生积极参加学科竞赛，使得教学与竞赛互相融合，实现了以赛促教、以赛促学的目的。

本书由盐城工学院自编教材出版基金提供资助，由盐城工学院仲之祥任主编，泰州学院向增先、淮阴工学院王太林，以及湖北职业技术学院杨琼丽、宁国安任副主编。本书借鉴和参考了会计领域的诸多著作，在此一并向相关作者表示感谢。由于编者水平所限，软件不断升级，财税政策不断更新，书中难免有疏漏，对于不足之处，恳请广大读者批评指正！

编　者

2018 年 4 月

目　录

第 1 章　实 训 准 备

财务决策平台是厦门网中网软件有限公司面向财会类专业的学生开发的一款仿真模拟企业运营实务的教学软件。平台围绕财务管理和核算两个核心环节，在模拟企业经营内外部环境下，设计了企业运营、账务处理、电子报税、税务稽查四大操作模块，要求学生以团队形式参加实训，通过人机对抗方式分角色虚拟运营一家工业企业，着重训练学生从 CFO 的角度综合运用企业管理、财务管理、会计、税法、市场营销等理论知识实际运作企业的能力。

1.1　实训设计准备

实训设计是根据实训对象和实训目标，确定具体的实训要求，将实训诸要素有序、优化地安排以形成实训方案的过程，目的是提高实训效率和质量，使学生在单位时间内能够学到更多知识，掌握更多能力，为日后的职业发展奠定良好的基础。

1.1.1　实训对象

本实训课程针对高等院校金融、贸易、管理、财务核算等专业学生开设，要求学生基本具备出纳实务、基础会计、财务会计、成本会计、税务会计、财务管理、会计电算化、管理学基础、市场营销学、金融等相关知识。

1.1.2　实训目标

本实训课程要求完成一个主体实训，即一个虚拟企业的运作全过程操作和各分项实训，研究如何处理企业经营过程中的关键问题。教学中以学生自主学习、亲历实践为主，教师负责指导、核查、评判、解析。学生通过在平台中完成虚拟企业设置的工作任务来加深对理论知识的理解和反思，通过不断复习、拓展理论知识来指导虚拟企业的运作，最终实现知识和能力的融合贯通；教师亦不再单纯地采用知识灌输的教学方式，而是以导师的角色指点学生运作企业的思路，以咨询师的身份帮助学生分析解决企业运作中的难题，以分析师的职责判断学生的企业所面临的内外部矛盾。

1. 知识和技能目标

(1) 基础层面：掌握企业运作的基本流程以及各环节的基本关系。

(2) 技术层面：掌握企业的资产结构、物流结构和现金流结构及其周转变化的特点与核算。

(3) 决策层面：掌握企业不断提高竞争力的战略规划、执行效率和细节安排。

2. 能力目标

(1) 迅速处理信息的能力。

(2) 准确把握关键问题的能力。

(3) 归纳发现基本规律的能力。

(4) 合理运用竞争策略的能力。

(5) 评估控制风险的能力。

(6) 妥善处理团队关系的能力。

(7) 深入思考和创新的思维能力。

1.1.3 实训要求

(1) 掌握流程化管理的理念并实践。

要点：业务衔接流程、工作执行流程、战略决策流程。

难点：企业战略决策流程的制定与执行；采购计划与产能、产量、库存的匹配管控；资金的计划与控制；财务管理服务业务发展的需求。

(2) 理解效率化管理的理念，掌握资源管理与规划的理念和基本方法。

要点：资产结构及其变化、资金周转与效率、资金规划与控制、权益控制、企业效率。

难点：资产结构的规划；资金的规划与控制、资金运用效率的提升。

(3) 体验职位工作关系和团队管理理念，掌握分工与协作的理念和基本方法。

要点：关键岗位职责、工作分工与任务分配、工作衔接与沟通、员工绩效。

难点：员工工作效率的提升、绩效的考核与员工激励机制、人力资源成本的控制。

(4) 理解制定战略的理念和基本方法，掌握战略与效率之间的关系。

要点：战略性思维、战略定位与战略性风险、策略制定与策略性风险、决策执行与执行性风险。

难点：以战略性思维运作企业；经营风险的预计与防范；决策方案的评估与选择。

(5) 不断改进工作方法。

要点：区分完成什么任务和完成任务的过程、准确完成任务的方法、提高工作效率的方法、妥善储存经营决策数据的方法、数据共享与沟通的方法、改进工作流程。

难点：明确工作流程，提高数据信息管理功效，改进工作流程。

(6) 进行创新工具设计。

要点：操作工具设计(操作记录、计算用的表单，如排产记录)、分析工具设计(如市场、成本分析的表单)、决策工具设计(如现金预算与控制的表单)。

难点：根据企业运营及资金管理控制、成本计算的需要，进行系统工具集成设计，提高工作效率。

1.2 教师组织准备

教师在组织实训教学之前，应做好相应的前期准备工作，以保证实训课程的顺利进行。教师最好能先期进行课程内容的体验，比学生先行一步，提前发现问题、解决问题，以优化教学。在财务决策平台中，教师主要负责学生管理、仲裁、稽查、评分。教师前期准备工作主要包括：实训班级导入及管理、学生实训账号的创建与管理、实训批次的组织管理等。

1.2.1 教师登录

教师的用户名和密码由管理员设置，输入用户名和密码后将进入教师操作界面，如图 1-1 所示。

进入教师操作界面，可看到教师的功能菜单，如图 1-2 所示，点击进入相应菜单可进行对应功能的设置。

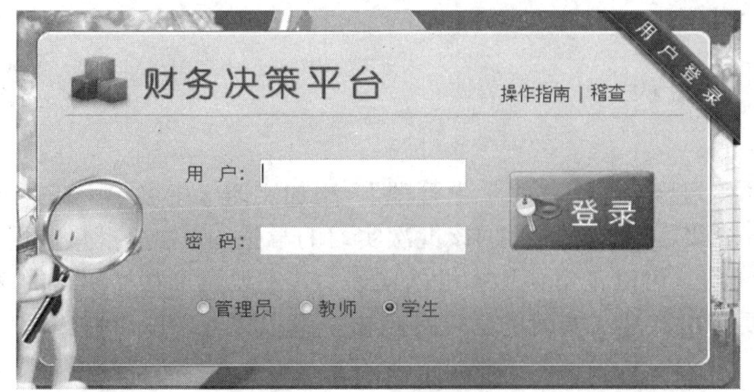

图 1-1 教师初始登录界面

图 1-2 教师功能菜单

1.2.2 班级管理

1. 创建班级

教师点击“班级管理”功能菜单(见图 1-2)，进入班级创建界面，如图 1-3 所示，录入“班级名称”和“班级备注”，点击“录入提交”创建新班级。一次可创建多个班级。

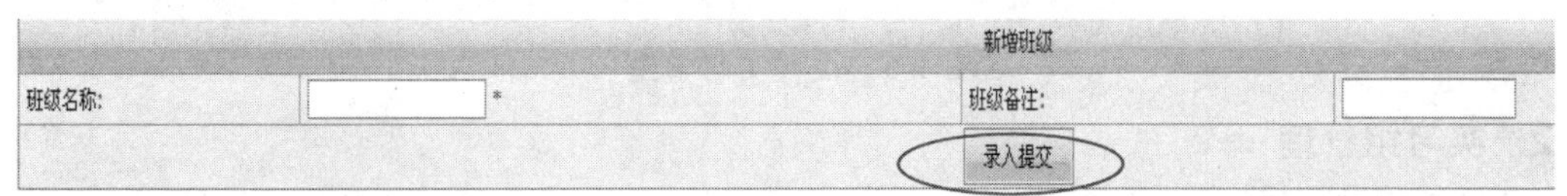

图 1-3 班级创建界面

2. 创建学生信息

班级创建完，教师在班级管理界面录入班级学生的信息。平台设置了两种录入班级学生信息的方式，一是逐一录入，二是 Excel 批量录入，如图 1-4 所示。

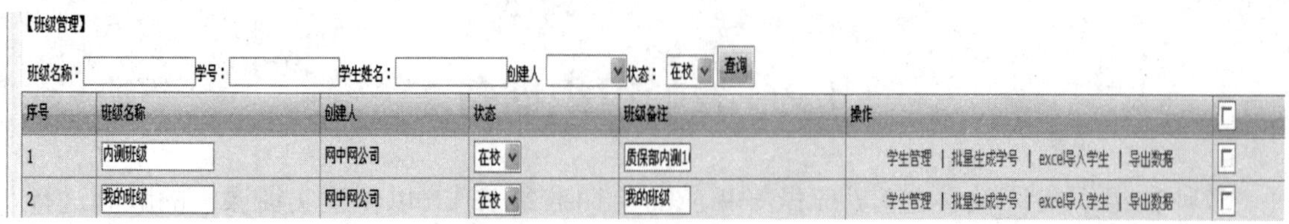

图 1-4 学生信息创建界面

1.2.3 实习批次管理

为满足不同学期、不同类别等要求，教师可以对不同类别的学生进行批次管理，这也有利于不同批次实习的开始与结束。在实习批次管理菜单(如图 1-5 所示)中，教师可以设置实习学生、对学生进行实习分组、重置任务以及进行成绩管理等。

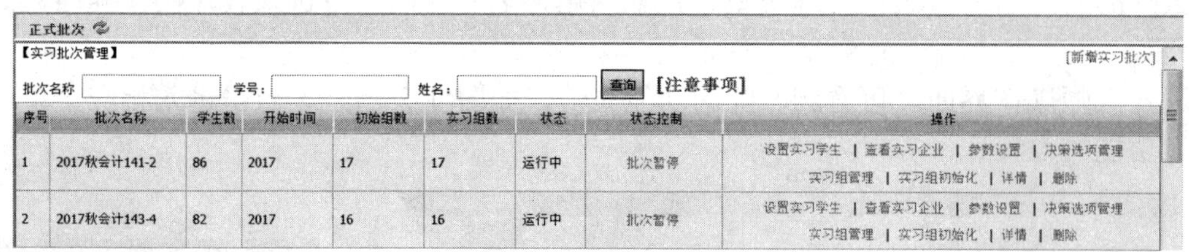

图 1-5 实习批次管理

1. 设置实习学生

在班级管理界面，教师选择实习班级，点击“学生管理”，添加实习学生名单。在“请选择班级”下拉菜单中选择相应班级，勾选需要参加该批次实习的学生，点击“批量启用”(如图 1-6 所示)，学生进入实习班级，可以正常参加本批次实习。若需要将未参加实习的学生移出该实习批次，则勾选需要移出该批次实习的学生，点击“删除提交”即可完成学生移出。

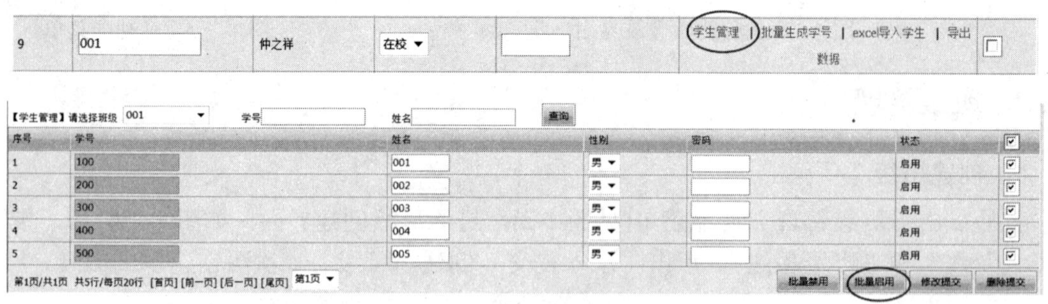

图 1-6 设置实习学生

2. 实习组管理

1) 创建实习组

本平台共设置五个角色：运营、财务总监、财务经理、会计、出纳。每组可由 1～5 名学生组成，分别扮演不同角色，一人可分饰多个角色。教师点击“实习组管理(见图 1-5)”，将纳入实习批次的学生进行分组。填写“组名”“组介绍”，点击“录入提交”，完成实习组的建立，如图 1-7 所示。该软件尚未具备批量创建组的功能。

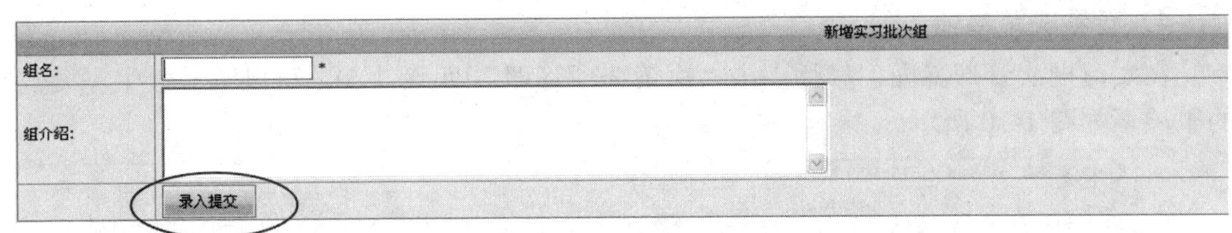

图 1-7　设置实习组

2) 设置组学生

如图 1-8 所示，教师点击“设置组学生”，勾选需要纳入该组的学生，点击“批量加入本实习批次组”，这些记录将被移入界面左侧的“批次组已有学生”栏中；需要移出该组中的学生时，勾选需要移出的学生，点击“删除提交”即可完成学生移出，如图 1-9 所示。

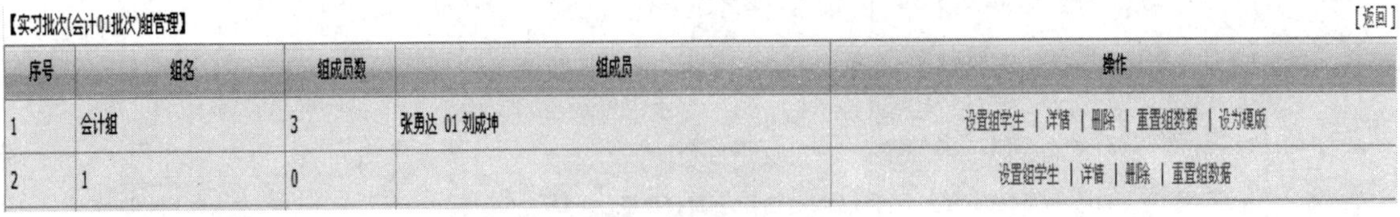

【实习批次(会计01批次)组管理】　[返回]

序号	组名	组成员数	组成员	操作
1	会计组	3	张勇达 01 刘成坤	设置组学生 | 详情 | 删除 | 重置组数据 | 设为模版
2	1	0		设置组学生 | 详情 | 删除 | 重置组数据

图 1-8　设置组学生

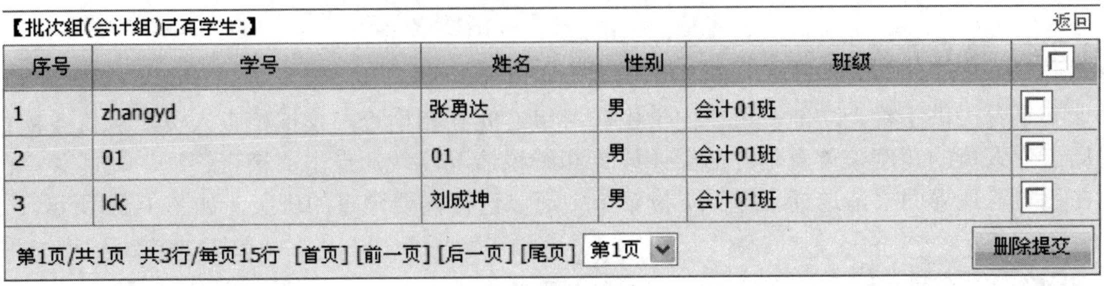

【批次组(会计组)已有学生:】　返回

序号	学号	姓名	性别	班级	☐
1	zhangyd	张勇达	男	会计01班	☐
2	01	01	男	会计01班	☐
3	lck	刘成坤	男	会计01班	☐

第1页/共1页　共3行/每页15行　[首页] [前一页] [后一页] [尾页] 第1页　删除提交

图 1-9　删除组学生

3) 重置任务

各组学生在执行实习任务时，如果提出申请，教师可以将已执行的数据全部删除，重新开始新的一次实习任务，即“重置”。特别是学生刚接触本平台，对规则和功能不熟悉，可能会出现较多的失误，此时教师可运用此功能，让学生在运作企业时获得“重生”的机会。教师点击“实习批次组管理”界面的“重置组数据”(见图 1-8)，即可删除该组已运行的数据，让学生重新开始执行新的实习任务。

4) 设置模板

在移除组中的成员后，教师可以点击“设为模板”，然后重新设置组成员，在原有的运行数据基础上继续运行。

3. 设置实习企业

学生可以以季度为一个实战周期，也可以以半年、一年为一个实战周期，所能经历的经营情况会有所不同。完成一年的实战操作后，学生还可以体验年度企业所得税汇算清缴业务的操作流程。平台设置最长的运作周期是三年。

4. 查看决策事项

在实习批次管理界面，教师点击“决策选项管理”(见图 1-5)，可以查看学生需要决策的事项，如图 1-10 所示。

【批次(竞赛版分组测试)已有含有动作决策:】　[返回]

序号	动作决策编码	动作决策名称	决策项数	□
1	BUY_WORK_SHOP_ACTION	购买厂房	7	□
2	BUY_OFFICE_ACTION	购买办公场所	6	□
3	BUY_OP_OFFICE_ACTION	购买操作间	6	□
4	BUY_PRODUCTION_LINE_ACTION	购买生产线	6	□
5	BUY_CAR_ACTION	购买车辆	3	□
6	BUY_MATERIALS_ACTION	原材料购买计划	6	□
7	PRODUCTION_FEEDING_ACTION	生产投料计划	6	□
8	CARRY_ORDER_ACTION	承接订单计划	7	□

【批次(竞赛版分组测试)未选择的动作决策:】

序号	动作决策编码	动作决策名称	决策项数	□
1	STAFF_DISMISS_ACTION	人员解雇计划	1	□

第1页/共1页 共1行/每页100000行 [首页] [前一页] [后一页] [尾页] 第1页 　添加提交

图 1-10　需由学生决策的事项

1.2.4 稽查管理

平台提供了稽查功能，可以由学生实习组之间互相稽查，模拟稽查人员，从税务稽查局工作人员的角度来审查企业的会计核算和纳税情况。教师点击“稽查管理”功能菜单，在稽查管理界面“请选择班级”下拉菜单中可以选择需要稽查的班级，如图 1-11 所示。

当前用户：001　修改密码　退出系统

(Help?)操作帮助
班级管理
实习批次管理
成绩管理
稽查管理

【稽查管理】请选择班级 财务决策　学号:

序号	学号	姓名	性别	稽核组数	操作
1	1520405138	李倩	女	1	设置要稽查的组
2	1520405115	顾佳敏	女	1	设置要稽查的组
3	1520405130	夏影	女	1	设置要稽查的组
4	1520405117	孙悦	女	1	设置要稽查的组

图 1-11　稽查管理界面

1.2.5 成绩管理

根据平台设置的评分规则，系统会自动计算学生运作企业的成绩，教师可点击“成绩管理”功能菜单，查看具体的分数构成，如图 1-12 所示。本功能下还提供查询各实习批次成绩、各实习批次决策情况、导出 Excel 等功能，方便教师分析学生运作企业的具体情况，也可将其提供给学生，让学生自行分析。

【成绩管理】　批次:　教师分比率：%　[批次历史分数查询] | [批次历史决策查询]　查询　导出excel

名次	小组名称	截至年份	销售净利率	流动比率	净现金流	银行存款、库存现金和系统相符	原材料金额和系统相符	产成品数量和系统相符	运营决策失误	付款决策失误	稽查调整分录数量	稽查补交税金、滞纳金、罚款金额	系统分	教师分	总分	操作

图 1-12　成绩管理界面

1.3 学生组织准备

财务决策平台是训练财会类专业的学生综合运用相关理论及技能的实训平台，在参与本次实训前，学生需要具备出纳实务、基础会计、财务会计、成本会计、税务会计、财务管理、会计电算化、管理学基础、市场营销学、金融学等相关知识。学生通过角色任务实施，体验企业运营管理的全过程，从而将所学多学科知识综合运用到虚拟的企业运营中。

1.3.1 学生分组

财务决策平台采取团队合作的方式，系统设置了运营、财务总监、财务经理、会计、出纳五个角色，各个角色在独立操作之余还需与其他角色密切配合沟通，需树立全局观念，并对关乎企业生产运营的各个方面进行关注。

实际实训时一般以班级为单位，将学生按平台规则进行分组，条件许可的情况下也可以将不同专业的学生混合编组，自由搭配，使得每个实训小组都是一个具有相对完整知识结构的学习群体，为模拟公司行为提供多重角色资源，为自主式、协作式学习提供必要的组织保障。学生需将分组情况在实习前反馈给指导教师，以便录入系统。

1.3.2 角色分工与职责

本公司根据经营情况共设置五个角色：运营、会计、出纳、财务经理、财务总监。其具体职责如下：

(1) 运营：负责企业采购、生产、承接订单、人员招聘、研发投入、广告费投入等日常生产运营工作。每个运营动作执行时需要财务总监做决策审批。

(2) 会计：负责企业索取发票、开具发票、成本计算表的填制、工资薪酬确认、电子报税、做账等财务事项的处理。

(3) 出纳：负责现金收付、银行存款收付、银行内部转账等现金流管理业务。

(4) 财务经理：负责企业日常业务付款审批；股票、国债、委托贷款、短期贷款等投资筹资业务；会计凭证审核、过账、结转损益、出具财务报表等电算化业务的处理。

(5) 财务总监：负责企业全面财务管理、月运营规划、运营动作决策审批、电子报税的审批等企业全盘财务运营的统筹。

1.3.3 工作规则

(1) 决策流程：运营或财务经理申请→财务总监审批→运营或财务经理执行。

(2) 付款流程：运营执行→财务经理审批→出纳付款。

(3) 财务总监需关注“我的审批单”栏显示的事项，运营需关注“我的审批单”和“今日事项”栏显示的事项，会计和出纳需关注“待办事项”和“今日事项”栏显示的事项，“待办事项”栏主要涉及付款业务，“今日事项”栏涉及除付款以外的其他业务。

(4) “我的审批单”中的决策需当天进行审批。“待办事项”栏不都需要当天完成，但红字部分标注的事项必须当天完成。

(5) 运营、财务经理、会计、出纳点击“下班”后，财务总监才可点击“下一天”完成下班任务，进入下一天的操作。财务总监在下班前可根据工作需要点击“加班”，要求其他角色当天返回工作。其他角色下班后也可点击“加班”自行加班。财务总监可一次性连续多日“下班”。

1.4　实训系统规则

华厦科技有限公司(单位名称由财务总监根据团队意见任意命名)坐落于北京市朝阳区，注册资本为人民币 500 万元整(伍佰万圆整)，经营范围为电子产品的生产与销售。本公司本着诚信为本、顾客至上的销售理念，携手同仁致力于打造一个以家用电器为龙头、结合多种电子产品、兼营其他业务的现代化企业。本公司现阶段可生产的产品有数字机顶盒、多士炉、自动早餐机(具体产品因软件版本而略有差异)。

1.4.1　企业经营的基本要求

企业是指从事商品生产、流通和服务等活动，为满足社会需要，以盈利为主要目的，进行自主经营、自负盈亏、具有法人资格的经济组织。企业经营的基本要求是生存、发展和盈利。

企业经营的基本要求是生存，并努力寻求发展。在财务决策平台中，企业以生产经营为主，以其他业务为辅，并根据企业的经营状况合理地进行投融资。如果无法偿还到期债务或没有足够的资金持续经营，企业将会破产。平台规定：

(1) 债权人向法院提起诉讼，企业无法付款，即刻破产。

(2) 企业有当日应支付款项，无银行存款或现金支付款，即刻破产。

1.4.2　市场营销规则

(1) 本平台中的企业是通过投放广告费来获取一定的市场份额的，市场份额体现为可选的“主营业务订单”数量。

(2) 市场分为国内初级市场、国内中级市场及国内高级市场，要达到不同等级的市场需投入的广告费从 50 万元到 500 万元不等。平台初始设置的“市场范围”为“一类低级”。

1.4.3　产品规则

1．原材料采购及出售

(1) 本平台中的企业可以在“采购市场”采购原材料，采购时可自主选择供应商、采购数量及付款方式。

(2) 产品品种与原材料配比。

① 自动早餐机所需要的原材料：液晶屏、主板、自动早餐机辅助材料各一套。

② 数字机顶盒所需要的原材料：数字机顶盒机械材料、数字机顶盒辅助材料各一套。

③ 多士炉所需要的原材料：多士炉烘烤装置、多士炉辅助材料各一套。

(3) 原材料采购完 5 天内到货，具体时间随机。

(4) 企业采购原材料可获得商业折扣和现金折扣。

① 商业折扣。采购数量满1000套，可享受货款总额1%的商业折扣；采购数量满2000套，可享受货款总额1.5%的商业折扣；采购数量满3000套，可享受货款总额2%的商业折扣；采购数量满5000套，可享受货款总额2.5%的商业折扣。

② 现金折扣。本平台中的企业在采取“货到付款”的方式下，如果选择一次性付款，可享受现金折扣，标准为：2/10、1/20、n/30。

(5) “付款方式”有两种，货到付款和款到发货。

① 企业信誉值＞60分的情况下，可以选择货到付款方式。货到付款又分为三类：

一次性付款，30天内付清可享受现金折扣。付款期过后10天内应支付滞纳金(合同总金额的0.05%/天)，每天扣减信誉值0.2分，直至付清货款为止。10天后仍未付款，有30天违约期，应一次性支付违约金(合同总金额的30%)，每天扣除信誉值0.2分，违约期到期日仍未支付，进入到法院程序，在法院的诉讼期内可支付相应款项(包括货款、滞纳金、违约金)，如企业不支付，法院会出具最终的判决书，强制执行。

首三余七。滞纳金计算：首付30%，10天内付清，超过付款期19天内，应支付滞纳金(合同一期金额的0.05%/天)，每天扣减信誉值0.2分；二期付款70%，30天内付清，超过付款期10天内，应支付滞纳金(合同总金额的0.05%/天)，每天扣除信誉值0.2分。

违约金计算：超过最终付款期限未付款的，滞纳金罚期10天后，按合同金额(不含税金额)的30%支付违约金，并加扣信誉值每天0.2分，不支付违约金的，进入到法院程序，在法院的诉讼期内可支付相应款项(包括货款、滞纳金、违约金)，如企业不支付，法院会出具最终的判决书，强制执行。

首六余四。滞纳金计算：首付60%，10天内付清，超过付款期19天内，应支付滞纳金(合同一期金额的0.05%/天)，每天扣减信誉值0.2分；二期付款40%，30天内付清，超过付款期10天内，应支付滞纳金(合同总金额的0.05%/天)，每天扣除信誉值0.2分。

违约金计算：超过最终付款期限未付款的，滞纳金罚期10日后，按合同金额(不含税金额)的30%支付违约金，并加扣信誉值每天0.2分，不支付违约金的，进入到法院程序，在法院的诉讼期内可支付相应款项(包括货款、滞纳金、违约金)，如企业不支付，法院会出具最终的判决书，强制执行。

② 企业信誉值≤60分的情况下，只能选择款到发货的方式。

(6) 运费。采购运费分为两个部分：固定部分和变动部分。固定部分与供应商所在的地区远近有关，变动部分与采购原材料数量有关。

(7) 原材料供应商类型。供应商分为一般纳税人和小规模纳税人。选择不同类型的供应商可能影响企业当期缴纳的增值税额。

(8) 原材料库存下限为10套，生产和研发领料不可使库存低于库存下限。多余的原材料可以按照当时的市场价格进行销售。

2. 产品生产

本平台中的企业只生产三种产品：自动早餐机、数字机顶盒和多士炉。企业承接了主营业务订单后，厂房、生产线、原材料、生产人员、生产线管理人员配备齐全即可投入生产。生产周期(工时)与生产线、生产人员有关，计算公式为

$$生产耗用实际工时 = \frac{生产耗用标准工时}{实际生产人员数量}$$

$$生产耗用标准工时 = 生产数量 \times 单位耗时$$

注："单位耗时"(在生产线信息中查看)指生产一件产品，在生产人员一人的情况下，所需耗用的天数。"实际生产人员数量"指企业实际投入到一条生产线上进行生产的人员数量。生产线信息中的"人数上限"指一条生产线可容纳的"生产人员"最多人数，但企业投入生产的实际生产人员数量可以低于人数上限。

3．产品成本

(1) 产品成本由直接材料、直接人工及制造费用构成。

(2) 产品成本在月末计算和结转。完工产品出库时成本结转采用全月一次加权平均法。完工产品和在产品成本分配的方法为约当产量法。约当产量比例根据平台界面右上角的"业务信息"—"生产信息"中的产成品比例计算，如图 1-13 所示。

生产信息

产品编号	产品名称	批次号	生产线	废品率	生产数量	生产人员	开始日期	结束日期	已生产天数	剩余天数	产成品比例
dsl	多士炉	dsl-20180113-001	多士炉生产线全自动型	0.50%	1000	180	2018-01-13	2018-01-18	5	0	100%

第1页/共1页 共1行/每页5行 [首页] [前一页] [后一页] [尾页] 第1页 ▼

图 1-13　生产信息界面

(3) 直接材料由投入生产的原材料构成，计算公式为

$$直接材料 = 投入生产的原材料领用数量 \times 移动加权单价$$

原材料入库成本采用实际成本法计算。原材料领用成本采用移动加权平均法，原材料在生产开始时一次性投入，完工产品与在产品所耗原材料成本是相等的，原材料成本按照完工产品和在产品数量分配。

(4) 直接人工由员工工资薪酬构成。工资薪酬归集到各类产品中，并在完工产品及在产品中分配。按照月底获得的工时汇总表、工资汇总表和薪酬类费用表计算并填写工资费用分配表。

(5) 制造费用包括低值易耗品、劳保费、生产用电费、生产用水费、生产设备及厂房租金(折旧)、维护费、生产线管理人员的工资薪酬等。月末根据工时汇总表，归集各类产品的制造费用，计算并填写制造费用分配表，并在完工产品及在产品中分配。

低值易耗品每月采购一次，一次性投入，劳保用品每季度采购一次，一次性投入，直接计入当期制造费用。当月生产用电费的计算公式为

$$当月生产用电费 = 当月完工产品数量 \times 2 元(含税)$$

$$当月生产用水费 = 当月完工产品数量 \times 1.5 元(含税)$$

(6) 产品仓储。本平台无需购买或租赁仓库，没有库存上限。每月 15 日支付上月 15

日至当月14日的仓储费用(初始月份支付当月1～14日的仓储费用)，计算公式为

仓储费用 = 日仓储费用 × 结算期天数

日仓储费用 = 原材料数量 × 0.02元/天 + 完工产品数量 × 0.06元/天

原材料数量和完工产品数量根据当日留存数计算，当日入库同时出库则不计算。

4．产品销售

(1) 订单单价为不含税价格，平台会自动根据研发等级进行单价加成。

(2) 付款方式为货到付款和款到发货。

(3) 货到付款的规则有三种：一次性付款、首三余七、首六余四。

(4) 付款天数根据订单的付款规则而有所区别。

(5) 订单承接后应在发货期内按时发货。应根据订单中的产品数量进行发货，禁止部分发货。发货期到期前，如果预期库存数量无法达到订单中的产品数量，可选择终止发货，合同即终止。合同终止后，应扣减信誉值(终止发货日到发货期到期日的天数×0.2分)，如选择款到发货的方式，应退还已收取的款项。

(6) 款到发货：模拟企业根据销售订单选择结算方式，系统随机付款。企业如在收到钱后不发货，超过发货时间20天内，系统扣减企业的信誉值，每天0.2分，20天后还未发货的，按违约处理。企业需要交纳的违约金为合同总金额的30%，违约金作为当天的待办事项，必须支付。待办事项可以申请延期，延期天数为10天，延期内扣除信誉值，每天0.3分。支付违约金的同时，退回收到款项，合同终止。不退款、不支付违约金的，交法院处理，法院判决后由系统自动扣除违约金和货款(诉讼费先由原告垫付，败诉者最终承担；受理日至判决日期间，继续履行合同发货及支付违约金的，法律程序终止，但诉讼费还要支付)，金额不足扣除的作破产处理(现金流断掉)。

(7) 先发货后收款。

① 分期收款。合同签订后，企业在合同规定发货期间内先发货。系统根据合同所选客户信誉值付款，客户信誉值低于50分的，系统可随机不付款(不付款的概率为5 %)，企业做坏账处理。

分期收款方式为：

第一期，10天内收60%；第二期，30天内收40%。

第一期，10天内收30%；第二期，30天内收70%。

② 一次性收款。合同签订后，企业在合同规定发货期内先发货。超过发货时间20天内的，系统扣减信誉值，每天0.2分；20天后还未发货的，按违约处理，企业需要交纳的违约金为合同总金额的30%，违约金作为当天的待办事项，必须支付。待办事项可以申请延期，延期天数为10天，延期内扣减信誉值，每天0.3分。

系统根据合同所选客户信誉值付款，客户信誉值低于50分的，系统可随机不付款(不付款的概率为5%)，企业做坏账处理。

5．产品研发

(1) 本平台的研发项目包括自动早餐机研发、数字机顶盒研发、多士炉研发。

(2) 当累计投入研发费用达到一定的研发等级后，能相应提高产品的技术含量，主营业务订单中的产品单价会相应上涨，如图1-14所示。

级别	阶段类型	研发等级	投入费用（¥）	单价上涨（%）
一级	研究阶段	研究调研	500000.00	1.00
二级	开发阶段	开发一级	1000000.00	2.00
三级	开发阶段	开发二级	2000000.00	3.00
四级	开发阶段	开发三级	3000000.00	4.00

图 1-14　产品研发投入信息

(3) 研发“投入费用”由“投入材料经费”和“工资薪酬”构成。“投入材料经费”根据原材料领用数量及移动加权单价相乘计算。研发和生产同类产品所需的原材料及其配比关系相同。“工资薪酬”根据研发人员的工资汇总计算。

(4) “投入费用”计算节点。原材料领用日就是计算“投入材料经费”的时点。次月15日计算上月研发人员的工资费用。每月1日系统自动将上月研发人员工资薪酬计入“投入费用”。

(5) 研发人员在同一研发等级内不可解聘。

(6) 研发可以中途停止，无需连续投入，不影响累计投入研发费用，投入费用等下次再进行研发的时候继续累加。每月的15日之前才能投入研发，每月的20日之后才能终止研发。

(7) 开发阶段投入的研发费用全部形成无形资产。

(8) 研发项目累计投入费用达到年销售收入的6%以上(年收入5000万以内)，研发人员达到当年员工总数的10%，可以申请高新企业资格。

1.4.4　日常费用规则

(1) 差旅费按月支付，每月40 000元。

(2) 办公费按月支付，每月10 000元。

(3) 招待费按月支付，根据当月收入总额的2%计算。

(4) 办公用水费按月支付，每月2000元。

(5) 办公用电费按月支付，每月1400元。

(6) 通信费按月支付，每月6000元。

(7) 其他固定费用系统会随机波动，每月不同。

1.4.5　投资规则

1. 生产线、房产、其他资产投资

1) 购买

本平台中的企业可以根据需要购买生产线、房产和其他资产，购置生产线和其他资产必须一次性付款，购置房产可以选择一次性付款或者按揭贷款。需要为管理人员和销售人员配置笔记本电脑，一人一台。打印机和复印机都必须各购买一台。笔记本电脑、打印机

和复印机需要在初始月份10日内购买。

2) 租赁

本平台中的企业可以根据需要选择租赁形式取得生产线和房产。租赁周期一般为1年，租赁开始日支付4个月的租金，第四个月开始之后每个季度的第一个月支付一次租金，第二、三季度支付3个月租金，第四季度支付2个月租金。

租赁合同未到期可退租，退回的租金系统自动支付，出纳确认。

退租规则：退租的前提是固定资产为空闲状态，随时可以退租。

退租的范围：生产线、厂房、办公用房、餐饮操作间。退租的原则为：1个月的租金作为违约金。月租金计算节点为租赁合同签订后满1个月的第二天。第一个月多交的押金，若提前退租，则不予退还。每个季度付款当天须选择是否季度续租，若续租即要支付季度租金；若不续租，即可退租。退租后，不用支付季度租金。被退租的资产不可再用，租赁合同终止。

3) 到货及安装

生产线购买或租赁后第二天到货，生产线的安装时间是10天。房产购买或租赁时可马上投入使用，无需安装。其他资产购买后5天内到货，无需安装。面积是影响房产、生产线和其他资产安装的重要因素。

4) 维护

无论生产线是否在用，企业每个季度必须支付5万左右的维修费用。房产和其他资产无需支付维修费用。

5) 折旧

本平台中的企业拥有的生产线、房产和其他资产应当采用直线法按月计提折旧，折旧年限及净残值率根据企业具体情况设置，超过税法规定的标准，年终应当进行纳税调整。

6) 处置

本平台中的企业拥有的生产线、房产和其他资产只有在“空闲”状态才能被处置，“按揭”状态的房产不可处置。

处置时的供应商与初始购买时的供应商为同一家企业，按照处置时的市场价做固定资产清理，并缴纳相关税费。

2．股票投资

股票投资上限为10万手，每手100股。股票在月初和月末才可购买，购买信息在财务经理界面会提示。资产负债表每日需调整公允价值变动损益。

3．国债投资

(1) 国债分三年期国债和五年期国债两种，都是在二级市场购入，持有不以持有至到期为目的。国债可随时购买。

(2) 国债购入金额 = 当期价格 × 购买数量。购入时没有相关费用。

(3) 国债未到期可以出售，出售国债金额 = 当期价格 × 卖出数量 × (1 − 相关费用率)。当期价格每月变动一次。

(4) 国债到期价格 = 国债面值 × (1 + 利率 × 债券期限)，国债到期出售没有相关费用。

4. 委托贷款

企业有充足资金时可以委托银行放贷。每月收取利息作为企业的收入。其他流动资产(委托贷款科目核算)收到的利息，作为其他业务收入处理。

委托贷款前提为：短期贷款余额为0，才可以进行委托贷款。

(1) 贷款的额度分100万、300万、500万三挡。

(2) 贷款期限：期限按月，最长不能超过1年。

(3) 贷款利率：15%(年利率)。

(4) 银行手续费：2‰(按照贷款余额)。

(5) 罚息：6%(不按时还款应支付的费用，按照本金计算)其中一半归银行，一半归企业。

(6) 延期还贷：利息按月支付不延期，只延期本金。本金延期1个月后，利息继续收取，并且加收6%的罚息。

(7) 要进行委托贷款需先设置委托贷款专户，并保证专户里有足够的可用资金。

1.4.6 筹资规则

1. 筹资方式

本平台中企业的筹资方式有三种：短期贷款、抵押贷款、按揭贷款。

2. 短期贷款规则

(1) 信誉值在80～100分可以进行短期贷款。

(2) 贷款最高限额额度 = 实收资本 × 信誉值比例。信誉值比例 = 信誉值/100。

(3) 贷款利率每年变动，已贷款项不受影响，贷款期限不超过1年。

(4) 按月支付利息，到期一次还本。

(5) 可以提前还贷，利息按照使用资金天数计算。提前还款，借款合同终止。

(6) 利息需当期支付，不能延迟支付。

3. 抵押贷款规则

(1) 抵押贷款额度上限为抵押资产净值的70%。

(2) 贷款利率每年变动，已贷款项不受影响，贷款期限为1～3年。

(3) 按季度支付利息，到期一次还本。

(4) 可以提前还贷，利息按照使用资金天数计算。提前还款，贷款合同终止。

(5) 利息需当期支付，不能延迟支付。

4. 按揭贷款规则

(1) 按揭贷款只适用于购买房产，贷款最高限额为房产价值的70%。

(2) 贷款利率每年变动，已贷款项不受影响，贷款期限为1～3年。

(3) 按月归还固定本息。

(4) 按揭贷款应缴纳保险费，保险费 = 贷款金额 × 0.5% 。

5. 贷款资金到账期限

短期贷款3天内到账，抵押贷款和按揭贷款5天内到账，具体时间随机。

1.4.7 或有事项规则

1. 产品质量保证金

本平台中的企业需根据系统提示计提产品质量保证金，计入预计负债。需要在季度末支付产品质量保证金。

2. 未决诉讼

本平台中的企业在经营过程中，可能会遇到未决诉讼，在资产负债表日，应根据律师意见判断是否计入预计负债，根据法院判决书，做相关账务处理。诉讼过程中会产生受理费用，每次500元，诉讼费用根据诉讼金额的1%计算。

1.4.8 非货币性资产交换规则

(1) 本平台中的企业可以进行易货贸易，用企业生产的完工产品在交易市场交换所需的原材料，但不可用原材料交换完工产品。

(2) 不允许用完工产品交换生产该产品的原材料。例如，不可用多士炉交换多士炉的烘烤装置。

(3) 所支付的补价不能超过交换总金额(含税)的5%(该比率为系统设置)。

(4) 双方结算方式为非货币资产交换，互开发票，其中一方支付补价。

1.4.9 人力资源规则

(1) 员工工资为固定工资+绩效工资(只有销售人员根据收入提成绩效工资)，员工在同一个月中无论哪天入职都要支付全月工资薪酬。员工的工资薪酬由工资、福利费、工会经费、职工教育经费构成。

(2) 生产每种产品需要生产线管理人员5人，每人每月工资4000元，系统自行配置，无需招聘。

(3) 生产人员每人每月工资3000元，研发人员每人每月工资5000元，需自行招聘。

(4) 销售人员10人，每人每月2000元(底薪)+销售提成(根据销售收入确定)，管理人员5人，每人每月4000元，系统自行配置，无需招聘。

(5) 生产人员和生产线管理人员不占用面积。销售人员、管理人员和研发人员需占用办公用房面积，每人占用3平方米。若移入办公用房的员工总数超过房屋面积，则不能完成入职。

(6) 公司招聘的生产人员和研发人员总人数的上限是600人。

(7) 生产人员、研发人员在一定条件下可以解雇。生产人员在生产过程完成后，研发人员在跨越研发等级后并处于“闲置”状态下则可以解雇。解雇需多支付1个月工资作为补偿。

1.4.10 信誉规则

(1) 本平台中企业的初始信誉值为100分。

(2) 采购原材料时，应付滞纳金的期间，每天扣减信誉值0.2分；违约期，每天扣减信

誉值 0.2 分。

(3) 销售发货期到期前可选择终止发货，合同即终止。合同终止后，应扣减信誉值(终止发货日到发货期到期日的天数 × 0.2 分)。

超过发货时间 20 天内，系统扣减企业的信誉值，每天 0.2 分，20 天后还未发货的，按违约处理。企业需要交纳违约金为合同总金额的 30%，违约金作为当天的待办事项，必须支付。待办事项可以申请延期，延期天数为 10 天，延期内扣除信誉值，每天 0.3 分。

(4) 供应商、客户信誉值会对经营的风险产生相应的影响。

第2章 实训基础

2.1 会计业务背景

2.1.1 会计政策

实例公司为工业企业，以生产销售多士炉为主营业务，为增值税一般纳税人。根据《会计法》《企业会计准则》《企业财务通则》《内部会计控制规范》及有关财经、税收法规制度，为加强企业会计核算和内部会计监督，提高企业信息质量，保护资产的安全完整，确保有关法律法规和规章制度的贯彻执行，执行如下内部会计核算政策：

(1) 完工产品出库时采用全月一次加权平均法进行成本结转，原材料出库时采用移动加权平均法进行成本计算。

(2) 完工产品和在产品成本计算的方法为约当产量法。

(3) 材料采用实际成本法计算。材料出库采用移动加权平均法，材料在生产开始时一次性投入，完工产品与在产品所耗材料成本是相等的，材料成本按照完工产品和在产品数量分配。材料成本计算公式为

每种产品的材料成本 = 投入生产的每种材料领用数量 × 移动加权单价

(4) 工资薪酬根据工时在各产品品种中归集，并在在产品及完工产品中分配。

(5) 制造费用根据工时在各产品品种中归集，并在在产品及完工产品中分配。

(6) 固定资产采用直线法折旧，折旧年限和残值率根据企业实际情况自行设定，超过税法规定的标准，年终应当进行纳税调整。

(7) 在进行研发时，研究阶段的研发费计入当期管理费用，开发阶段的研发费全部形成无形资产。

(8) 企业需按月产品销售收入额的3.5%预提产品质量保证金，计入预计负债。

(9) 国债买卖采用实际利率法。

(10) 企业所得税的核算采用债务法。

2.1.2 单据准备

索取和开具发票；企业按合同完成经济业务后，应索取或开具相应发票，索取或开具发票的时间由角色自行选择，如果不索取或开具发票，则账务处理时将看不到此单据。索取和开具发票的工作由会计在日常工作中完成，主要是索取采购发票和开具销售发票。

在业务财务决策平台中，会计核算可独立于运营业务，于月底集中进行。对模拟企业

当期运营业务的会计处理，除日常业务外，还应梳理月底必办业务，防止遗漏。

2.1.3　会计分岗设置

财务决策平台的会计电算化模块中，财务经理需要根据企业会计核算的分工，分配不同的会计角色给当前系统中的角色，除财务总监、财务经理外，其他角色会有不同的权限划分。

1. 会计分岗设置

本电算化模块需由财务经理将系统原有角色中的运营、出纳、会计重新分配给担任不同类型的会计角色，具体包括五个角色：财务总监、财务经理、会计 1、会计 2、会计 3。每个会计角色承担的会计岗位不同。然后由各会计角色各司其职，完成相应的业务操作。

财务经理根据需要，分配不同的会计角色给当前系统中的角色，不同的会计角色在进行凭证录入时将看到不同类型的经济业务。财务经理点击“电算化”—“会计分岗设置”(如图 2-1 所示)，进入会计分岗设置界面，进行人员会计角色分岗，如图 2-2 所示。会计岗位设置的操作可在实习任务开始时先进行，在日常运营期间，相关会计角色可同时进行凭证录入等工作。由于财务经理负责对凭证进行审核，故财务经理不得进行凭证录入操作。

试算平衡表
科目余额表

资产负债表
利润表
财务指标
杜邦分析图

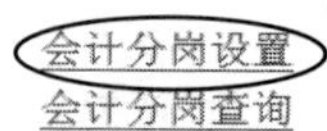

会计分岗查询

图 2-1　会计分岗设置

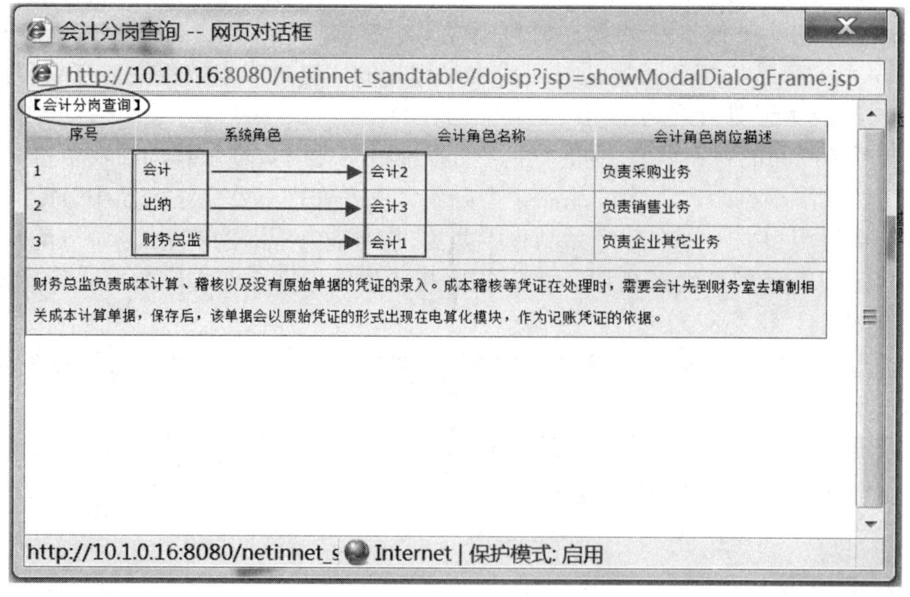

图 2-2　会计分岗设置查询

2. 会计岗位设置与角色权限分工

在电算化模块，无原始单据的凭证和稽核原始单据的凭证只能由财务总监录入，一旦分岗设置好之后，各角色权限分工会有所不同，具体的会计岗位设置与角色权限分工如表 2-1 所示。

表 2-1　会计岗位设置与角色权限分工

电算化岗位设置 / 电算化模块	财务总监	财务经理	会计1（建议由出纳担任）	会计2（建议由运营担任）	会计3（建议由会计担任）
“账务处理”－凭证录入	1. 计提税金凭证录入； 2. 计提固定资产折旧凭证录入； 3. 租金摊销凭证录入； 4. 成本核算业务凭证录入； 5. 调整事项业务凭证录入	—	以采购业务为主的凭证录入	以销售业务为主的凭证录入	1. 索取采购发票、开具销售发票； 2. 其他凭证录入； 3. 成本计算表的填制； 4. 工资薪酬确认； 5. 产品入库、出库核算； 6. 纳税申报
-凭证查询	√	√	√	√	√
-凭证审核	—	√	—	—	—
-凭证检查	—	√	—	—	—
-凭证过账	—	√	—	—	—
-结转损益	—	√	—	—	—
-期末结账	—	√	—	—	—
-总账预览	√	√	√	√	√
-明细账	√	√	√	√	√
-数量金额明细账	√	√	√	√	√
-多栏式明细账	√	√	√	√	√
-试算平衡表	√	√	√	√	√
-科目余额表	√	√	√	√	√
-资产负债表	√	√	√	√	√
-利润表	√	√	√	√	√
-财务指标	√	√	√	√	√
-杜邦分析图	√	√	√	√	√
-会计分岗设置	—	√	—	—	—
-会计分岗查询	√	√	—	—	—
“系统维护”	√	√	√	√	√
注：1. 财务经理才可进行反结账； 2. 财务经理可反结转损益； 3. 会计1、会计2、会计3只能查询各自录入的凭证。					

2.1.4　系统维护

财务决策平台电算化模块的系统维护主要指的是企业会计核算所用会计科目的初始化

设置工作。企业应根据实际情况合理设置会计科目及账户，在总账科目下根据需要设置二、三级明细科目，以方便对企业发生的各项经济业务进行详细的核算和反映。各会计角色在对经济业务进行会计处理录入记账凭证前，应先考虑是否需要设置明细科目，如该科目第一次使用时未设置下级明细科目，在后期设置下级科目的时候，一级科目的数据会全部自动转入新设置的第一个下级科目中。因此，企业会计核算人员应事先做好明细科目的初始设置及维护工作。

1. 明细科目的增加、修改、删除

企业会计核算总账会计科目按国家统一颁布的科目表执行，明细科目除统一规定的外，可根据需要自行增加或修改，二级以下会计科目不能修改科目代码，只能修改科目名称。

本电算化模块对一级科目所属明细科目的设置提供了两种不同的处理方式。

方法一：由不同的会计角色，在进行会计业务处理时根据需要即时增设。某一会计角色设置的明细账户，所有的会计角色都可以查看及使用，资源共享。

方法二：由财务总监在期初统一对一般性业务的会计科目进行明细账户的设置。在进行具体业务处理时，各会计角色根据需要临时增加系统维护时未增设的账户。(推荐使用)

各会计角色点击“电算化”进入电算化操作主界面，点击“系统维护”可进入“会计科目”初始设置界面，如图 2-3 所示。

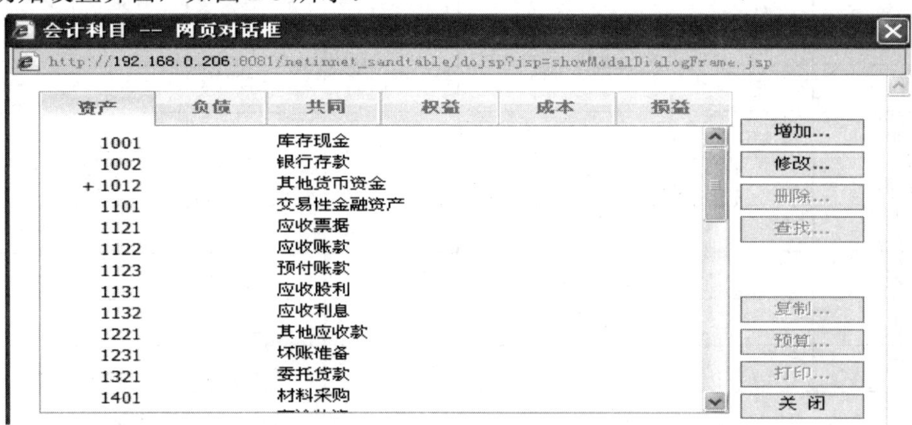

图 2-3 “会计科目”初始设置界面

各会计角色找到需增设明细科目的会计账户，点击“增加”按钮，进入明细科目增加设置界面。输入明细科目代码、科目名称，如“1002 银行存款”账户，下设两个二级明细账“100201 基本存款户”和“100202 委托贷款户”。在二级明细科目下可设置三级明细科目，如“10020101 建行北京朝阳支行”，如图 2-4 所示。

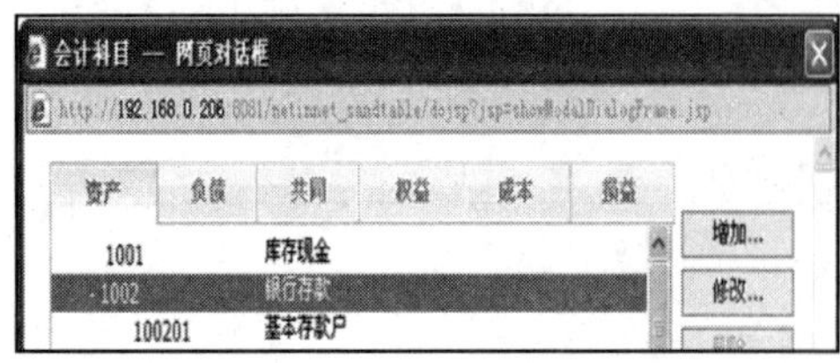

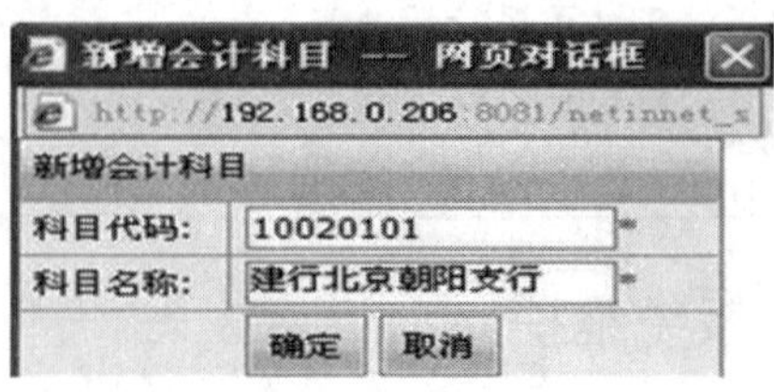

图 2-4 “会计科目”增设界面

2. 明细科目设置参考表

明细科目设置具体如表 2-2 所示。

表 2-2 明细科目设置参考

账户名称	应设置的明细科目或费用项目
原材料	按原材料名称设置，例如：多士炉烘烤装置、多士炉辅料、数字机顶盒机械材料
银行存款	基本存款户、委托贷款户
应收账款	按客户名称设置
应付账款	按供应商名称设置
交易性金融资产	国债、股票
生产成本—多士炉	二级科目按照产品名称设置，如多士炉；三级科目设置：直接材料、直接人工、制造费用
库存商品	按照产品名称设置，例如：多士炉
制造费用	职工薪酬、折旧费、水费、电费、办公费、机物料消耗、其他
应付职工薪酬	工资、职工福利、社会保险费、住房公积金、工会经费、职工教育经费
销售费用	广告费、职工薪酬、其他
管理费用	职工薪酬、办公费、差旅费、水费、电费、折旧、修理费、税金、其他
财务费用	利息支出、利息收入、现金折扣、手续费
主营业务收入	按照产品名称设置，例如：多士炉
主营业务成本	按照产品名称设置，例如：多士炉
其他业务收入	原材料出售、餐饮业务、运输业务
应交税费－应交增值税	系统已设置，例如：进项税额、已交税金、销项税额、转出未交增值税，不需要自己设置
应交税费	例如：未交增值税，如系统已设置，则无需设置
应交税费	应交所得税、应交城市维护建设税

2.2 角色岗位界面

2.2.1 运营界面

1. 运营主功能界面

运营主功能界面如图 2-5 所示，运营可点击屏幕右上方所有信息查询按钮，进行相应信息的查看。

图 2-5　运营主功能界面

2. 信息查看

界面右上角信息查询按钮，运营点击各信息查询按钮，可进入财务信息、资产信息等信息的查看界面。如“资产信息”—“生产线信息”，如图 2-6 所示。

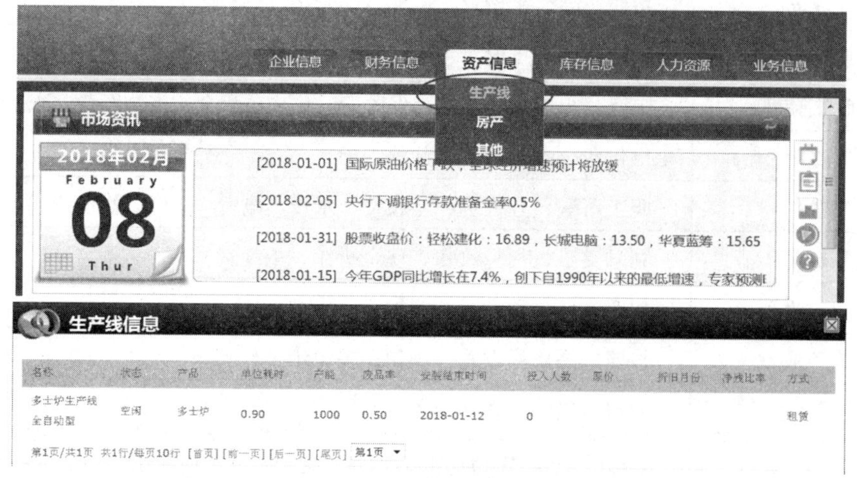

图 2-6　运营信息查询界面

运营点击右侧“系统简介”的图标“ ”和“系统规则”的图标“ ”，可查看本财务决策平台简介及平台游戏规则(参见 1.4 实训系统规则相关内容)。

3. 市场资讯

财务决策平台模拟企业市场化运作，运营必须要时时关注市场的变化，包括宏观经济政策、专家预测、证券市场的涨跌等，以把握企业经营的良好时机，控制企业经营风险。图 2-7 为运营市场资讯界面。

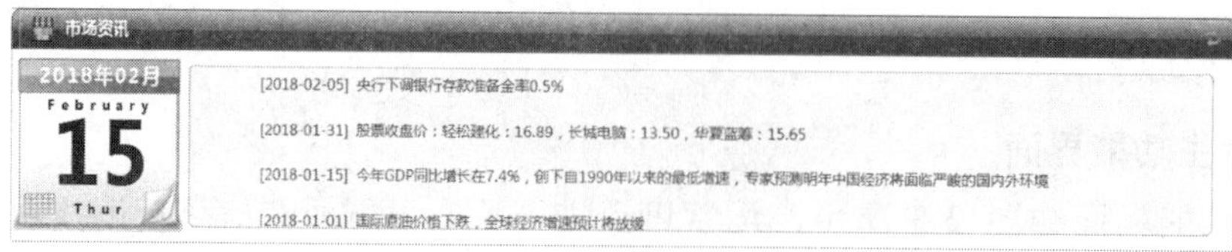

图 2-7　运营市场资讯界面

4. 今日事项、待办事项和我的审批单

这三个栏目主要列示营业必须处理的业务事项内容。如图 2-8 所示，运营需关注“今日事项”栏和“我的审批单”显示的事项，“今日事项”所列事项一般为必须当日处理完毕的业务；“我的审批单”一般列示的是财务总监审批后的事项，运营可选择“执行”或“作废”进行操作；已执行完成的事项也会列示在“我的审批单”中。运营一般没有需要审批的事项。

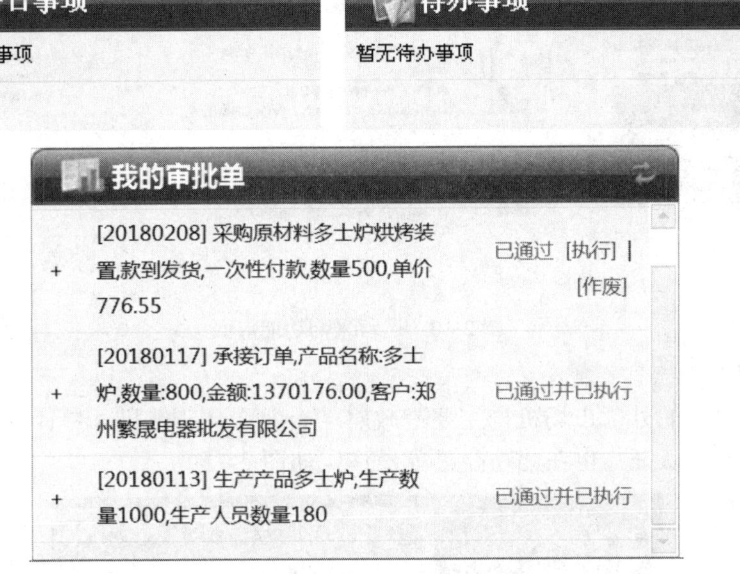

图 2-8　运营任务界面

5. 主功能菜单

由于运营角色在整个财务决策平台中的地位比较重要，所以其功能菜单也较多，主要有：采购市场、外部机构、市场部、生产部等，可进行相应业务的操作，如图 2-9 所示。

图 2-9　运营主功能菜单

1) 采购市场

企业生产经营所需材料、设备、厂房的购置或租赁，均由运营在采购市场进行对应操作。如点击“采购市场”—“采购原材料”，即可进行材料采购操作，如图 2-10 所示。

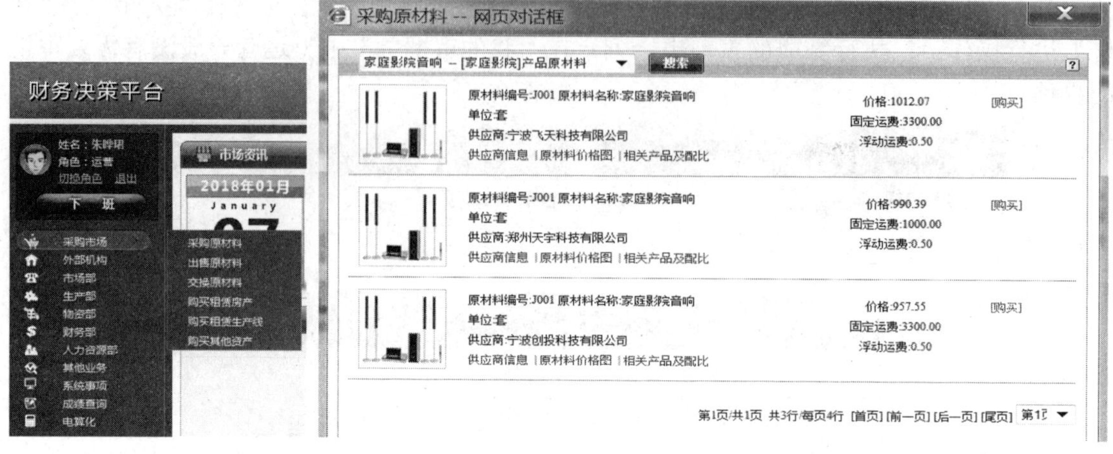

图 2-10　运营采购功能界面

2) 外部机构

运营角色对应的外部市场机构主要是政府。企业产品研发投入累计达到一定金额，申请高科技产业资格认证，也在此功能菜单操作，如图 2-11 所示。

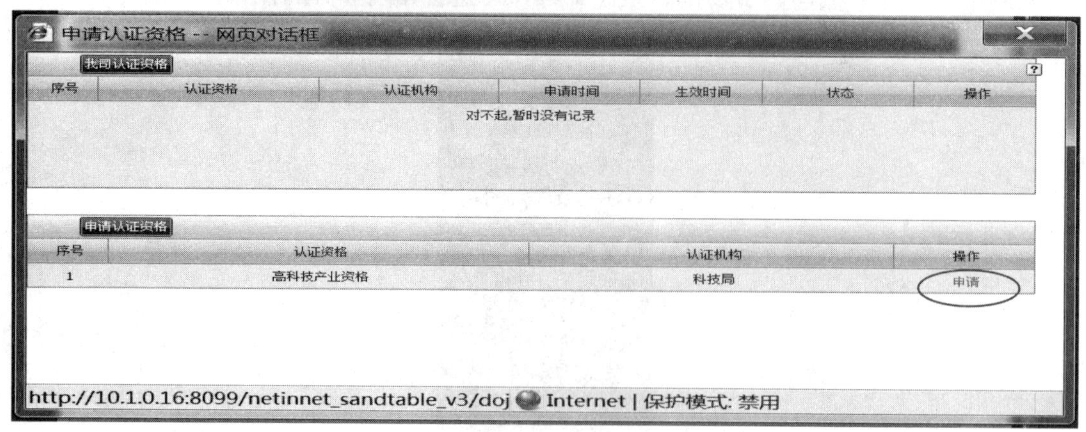

图 2-11　运营外部机构功能界面

3) 市场部

运营角色在“市场部”可进行产品信息查询、承接业务订单、投放广告、发货等操作。如图 2-12 所示，运营点击“市场部”—“承接主营业务订单”进入承接主营业务订单界面；

在下拉菜单处选择产品，再点搜索，则系统列示对应产品市场订单信息。

市场部　　产品信息查询
生产部　　承接主营业务订单
物资部　　合同清单及发货
财务部　　投放广告费

承接主营业务订单 -- 网页对话框
http://10.1.0.16:8080/netinnet_sandtable/dojsp?jsp=showModalDialogFrame.jsp

选择产品：多士炉 搜索

序号	合同名称	合同产品	合同类型	合同所属市场	市场划分	操作
1	多士炉订单1000-02	多士炉	普通合同	国内初级市场	一类低级	[查看订单] [客户信息]
2	多士炉订单800-04	多士炉	普通合同	国内初级市场	一类低级	[查看订单] [客户信息]
3	多士炉订单200-04	多士炉	普通合同	国内初级市场	一类低级	[查看订单] [客户信息]
4	多士炉订单500-02	多士炉	普通合同	国内初级市场	一类低级	[查看订单] [客户信息]
5	多士炉订单200-03	多士炉	普通合同	国内初级市场	一类低级	[查看订单] [客户信息]
6	多士炉订单800-03	多士炉	普通合同	国内初级市场	一类低级	[查看订单] [客户信息]
7	多士炉订单600-04	多士炉	普通合同	国内初级市场	一类高级	[查看订单] [客户信息]
8	多士炉订单600-06	多士炉	普通合同	国内初级市场	一类高级	[查看订单] [客户信息]
9	多士炉订单600-05	多士炉	普通合同	国内初级市场	一类高级	[查看订单] [客户信息]
10	多士炉订单1500-03	多士炉	普通合同	国内中级市场	二类	[查看订单] [客户信息]

第1页/共2页 共13行/每页10行 [首页] [前一页] [后一页] [尾页] 第1页

图 2-12　运营承接订单界面

4) 物资部

运营在“物资部”可进行有关车间信息、生产线、生产状态以及固定资产的管理、存货管理等操作。如图 2-13 所示，运营点击“物资部”—“库存实盘查询”进入库存实盘查询界面，如有账实不符情况，则应进行相应的账务处理。

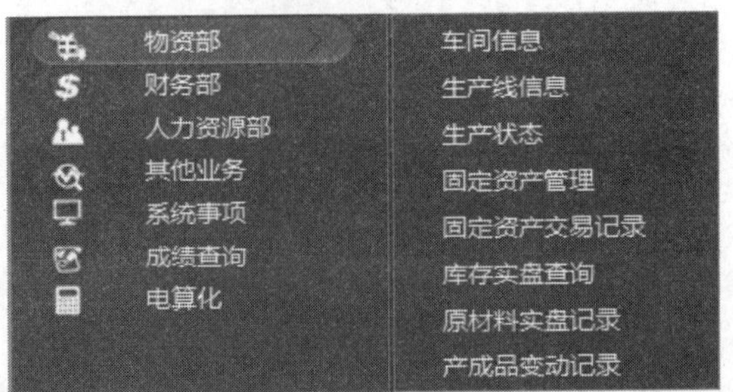

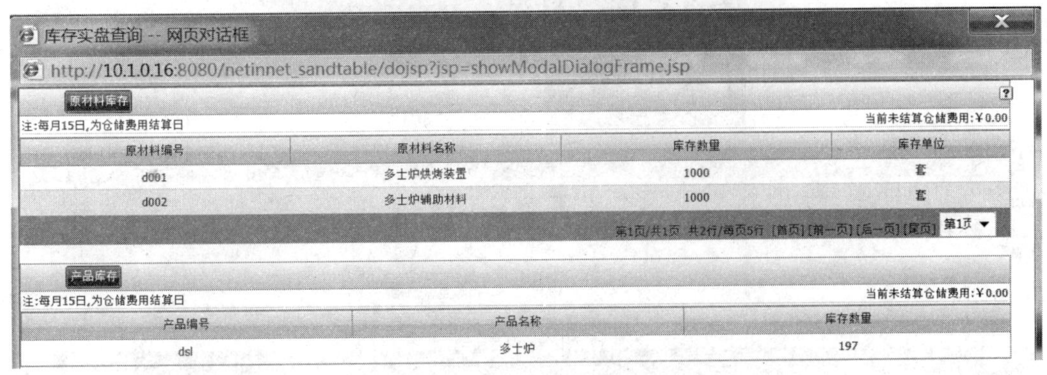
库存实盘查询 -- 网页对话框
http://10.1.0.16:8080/netinnet_sandtable/dojsp?jsp=showModalDialogFrame.jsp

原材料库存

注:每月15日,为仓储费用结算日　　当前未结算仓储费用:¥0.00

原材料编号	原材料名称	库存数量	库存单位
d001	多士炉烘烤装置	1000	套
d002	多士炉辅助材料	1000	套

第1页/共1页 共2行/每页5行 [首页] [前一页] [后一页] [尾页] 第1页

产品库存

注:每月15日,为仓储费用结算日　　当前未结算仓储费用:¥0.00

产品编号	产品名称	库存数量
dsl	多士炉	197

图 2-13　运营物资部查询库存界面

5) 财务部

运营在财务部可进行运营规划查看和原始单据查询，如图 2-14 所示。

图 2-14　运营财务部功能

6) 人力资源部

“人力资源部”主要向运营提供关于企业人力资源管理的操作，如办理员工入职、查看企业目前员工状态、招聘员工等。如图 2-15 所示，企业招聘入职的员工如管理人员、销售人员、研发人员等，需由运营将员工迁移进入相应场所。若解聘这些员工，也应将其迁移出办公场所，方可解聘。

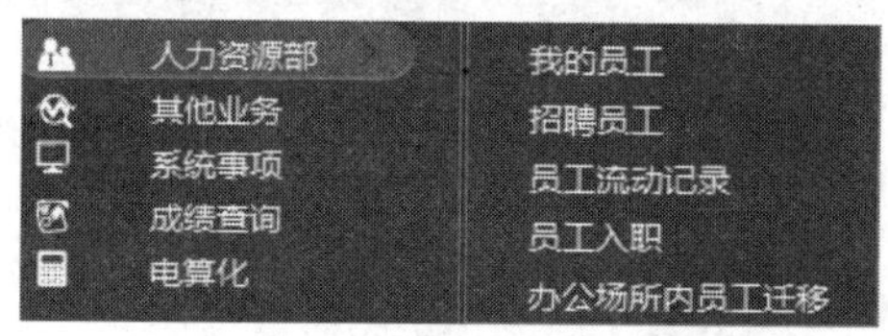

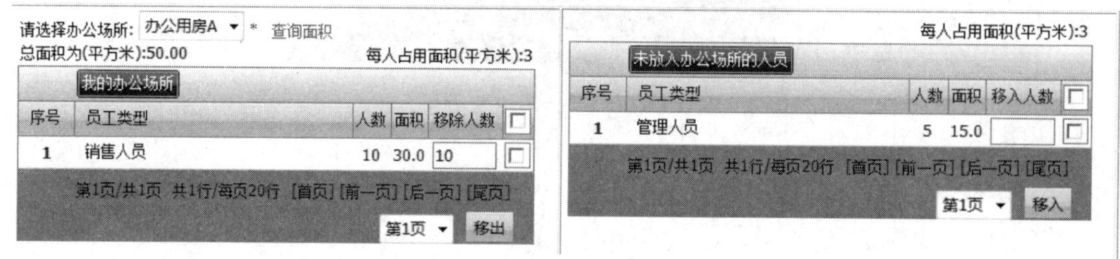

图 2-15　运营人力资源部人员入职界面

7) 其他业务

其他业务提供或有事项记录和其他业务事项操作。运营在办理完申请认证、变更工商登记(变更经营范围)、变更税务登记后，就可以执行其他业务，具体业务如图 2-16 所示。

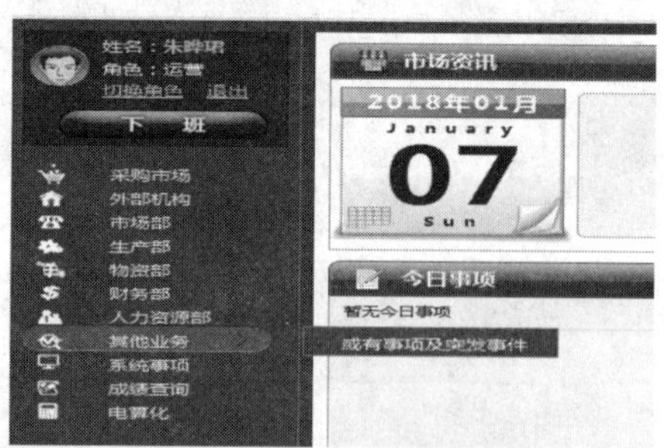

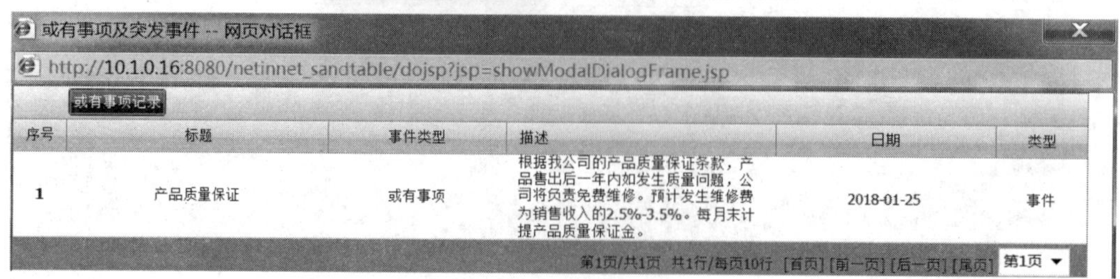

图 2-16　运营其他业务界面

8) 系统事项

运营可在此功能菜单查看近期应付事项、已办事项、系统消息、任务列表等，但不能查看稽查信息，此功能只开放给会计、财务经理和财务总监。“任务列表”所列事项为当日企业任务，涉及的各角色需在当日完成对应的任务，否则不能下班，无法进入到下一天。完成的任务事项会在右侧打“ √ ”，表示已完成，如图 2-17 所示。

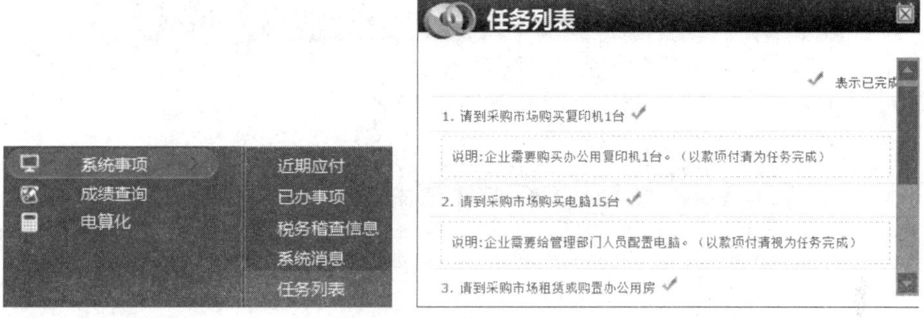

图 2-17 运营系统事项查询界面

9) 电算化

系统的电算化模块为专门的会计账务处理模块，在此模块中，除财务总监、财务经理外，其他角色均要由财务经理重新分工，由之前的运营角色转换为“会计 2”，主要负责销售业务的会计处理。

2.2.2 财务总监界面

1. 财务总监主功能界面

如图 2-18 所示，在财务总监主功能界面，财务总监可点击屏幕右上方所有信息查询按钮，查看相应信息。

图 2-18 财务总监主功能界面

2．今日事项、待办事项和我的审批单

财务总监要关注“今日事项”，所列事项为当日必须完成的事项；“待办事项”显示应经财务总监审批的申请同意事项，只有经财务总监审批通过后，运营、财务经理等相关角色才可进行下一步操作；“我的审批单”列示所有经过财务总监审批并已执行的事项，如图 2-19 所示。

图 2-19　财务总监任务界面

3．市场资讯

财务决策平台模拟企业市场化运作，财务总监必须要时时关注市场的变化，如图 2-20 所示，包括宏观经济政策、专家预测、证券市场的涨跌等，把握企业经营的良好时机，审时度势制定切实可行的符合市场运作的企业规划，控制企业经营风险。

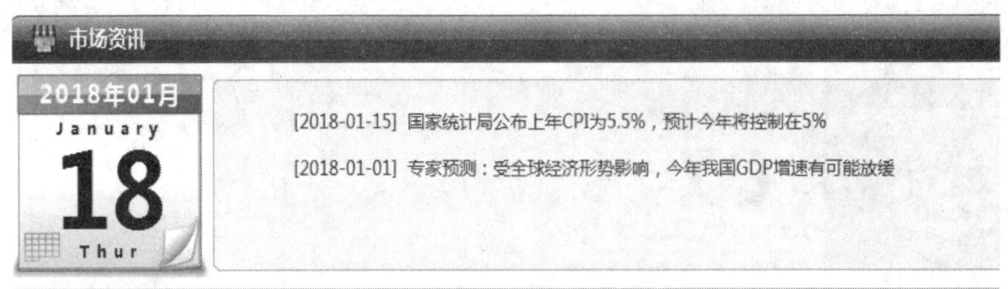

图 2-20　财务总监“市场资讯”界面

4．主功能菜单

财务总监角色的功能菜单较多，包括除成绩查询外的采购市场、外部机构、市场部等 11 个，如图 2-21 所示。财务总监在处理不同事项时，需选择不同的菜单功能。

1) 下班操作

财务决策平台中，只有财务总监可以选择一次下 2 天或 2 天以上的班，可加速运作的时间。财务总监点击“下一天”右侧的下拉按钮，可以选择一次下几天班，其他角色完成当天任务，点击“下班”，最后由财务总监来结束当天任务，执行进入下一天，或一次下几天班的操作。一次下班几天时，若中间有需操作的事项，系统会提示，同时无法继续“下班”，需按提示操作完成后方可下班，如图2-22所示。

图2-21　财务总监主功能菜单

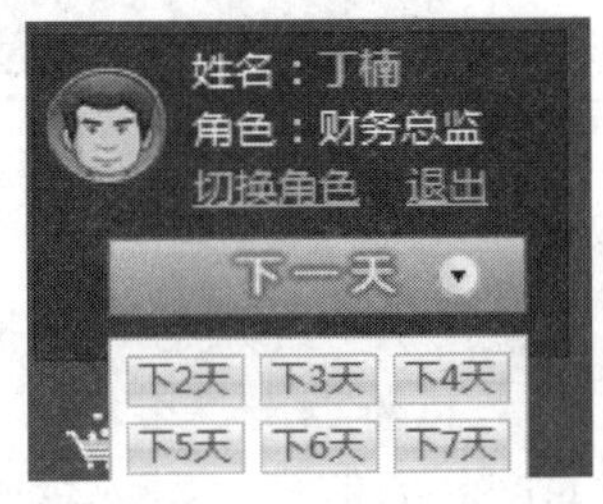

图2-22　财务总监设置“下班”界面

2) 采购市场

财务总监在“采购市场”上可以查看企业生产产品需采购的材料、厂房、生产线等的市场行情，具体操作则由运营完成。

如图2-23所示，财务总监点击“采购市场”—“购买租赁生产线”进入查询界面，选择企业生产的产品，点击“搜索”，系统会显示该产品对应的生产线的详细信息，以便财务总监依此制订企业运营规划。

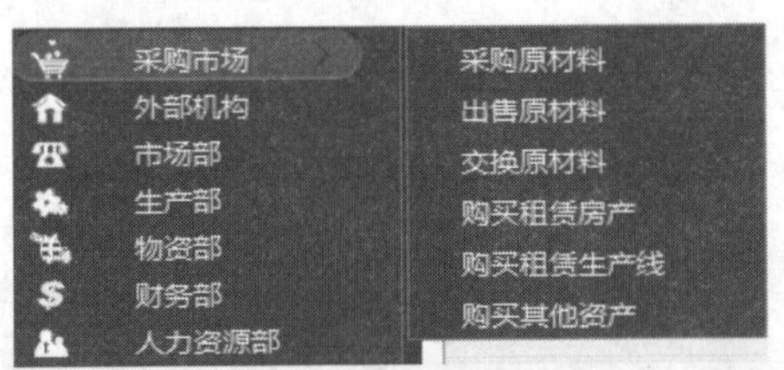

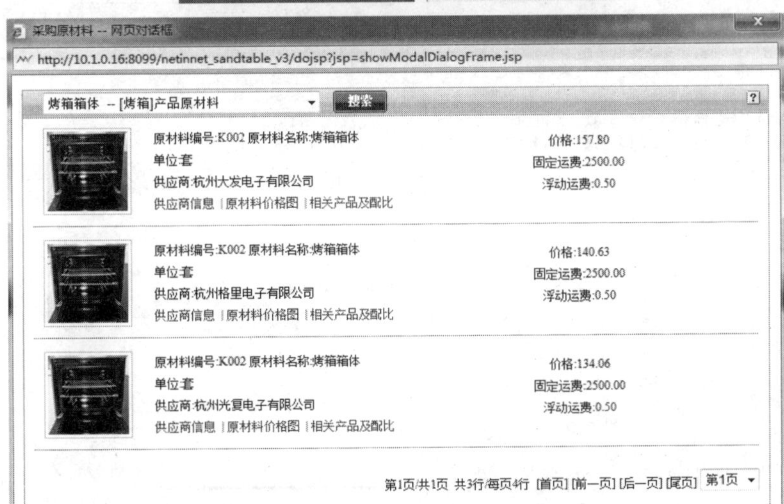

图2-23　财务总监采购市场界面

3) 外部机构

如图 2-24 所示，财务总监对应的外部机构主要有银行、政府办事大厅、税务局、法院等，分别提供对应业务的查询，如点击“外部机构”—“法院”，可进行申请破产和经济诉讼查询。

图 2-24　财务总监外部机构界面

4) 市场部

“市场部”主要提供产品信息、承接的主营业务订单、合同清单及发货的查询功能。如图 2-25 所示，财务总监点击“市场部”—“产品信息查询”进入信息查询界面，系统会列示企业可生产的产品的信息，财务总监可在此查看各种产品的价格趋势图。

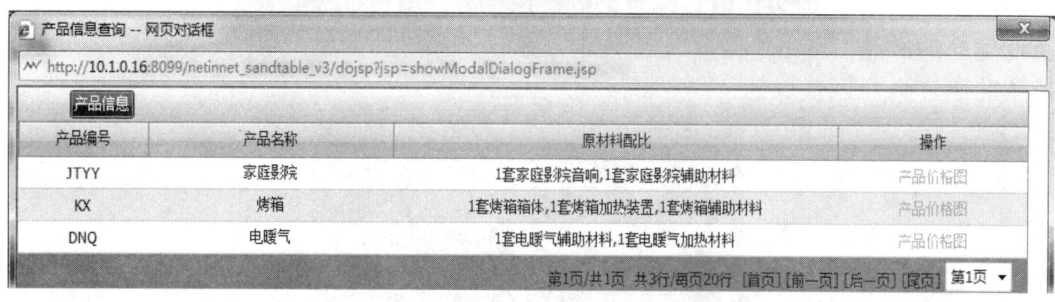

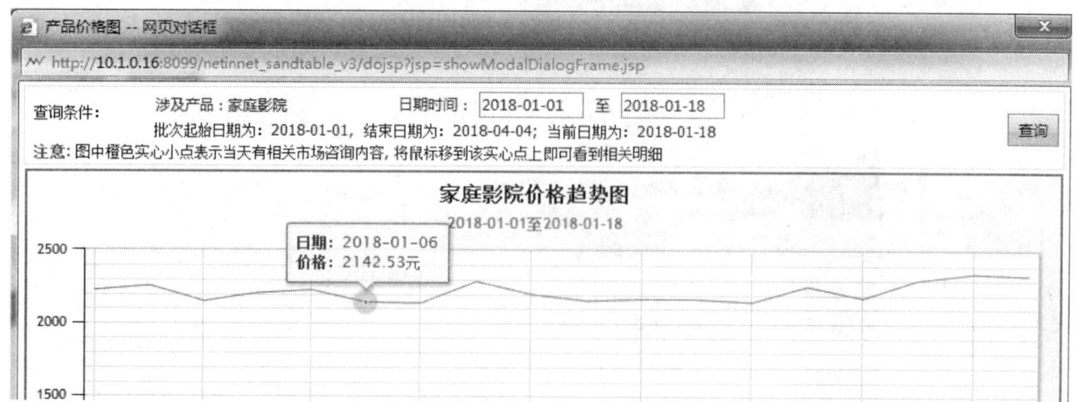

图 2-25　财务总监市场部承接订单查询界面

“投放广告”的操作：企业是否要投放广告、投放多少、投放于什么产品市场，需由财务总监于每月 5 日之前进行规划决策时制订计划，然后由运营执行。在此界面上，财务总监可查看到企业投放广告费的历史记录，如图 2-26 所示。

投放广告费 -- 网页对话框

http://10.1.0.16:8080/netinnet_sandtable/dojsp?jsp=showModalDialogFrame.jsp

投放广告费

已投广告费	产品	当前市场	下一市场	距下一市场差额	操作
0.00	高清数字机顶盒	国内初级市场(一类低级)	国内初级市场(一类高级)	800000.00	
0.00	自动早餐机	国内初级市场(一类低级)	国内初级市场(一类高级)	450000.00	
0.00	多士炉	国内初级市场(一类低级)	国内初级市场(一类高级)	650000.00	

投放广告费历史记录

序号	投放产品	投放时间	金额（￥）	备注	状态	操作
对不起,暂时没有记录						

图 2-26 财务总监市场部投放广告界面

5) 生产部

如图 2-27 所示，“生产部”主要提供生产线安装调试、迁移、产品生产、配备操作设置等的查看功能，具体由运营操作。研发投入需由财务总监于每月 5 日之前进行规划决策时制订计划，然后由运营执行。财务总监可在此查询研发效果和产品研发历史记录，如图 2-28 所示。

图 2-27 财务总监生产部界面

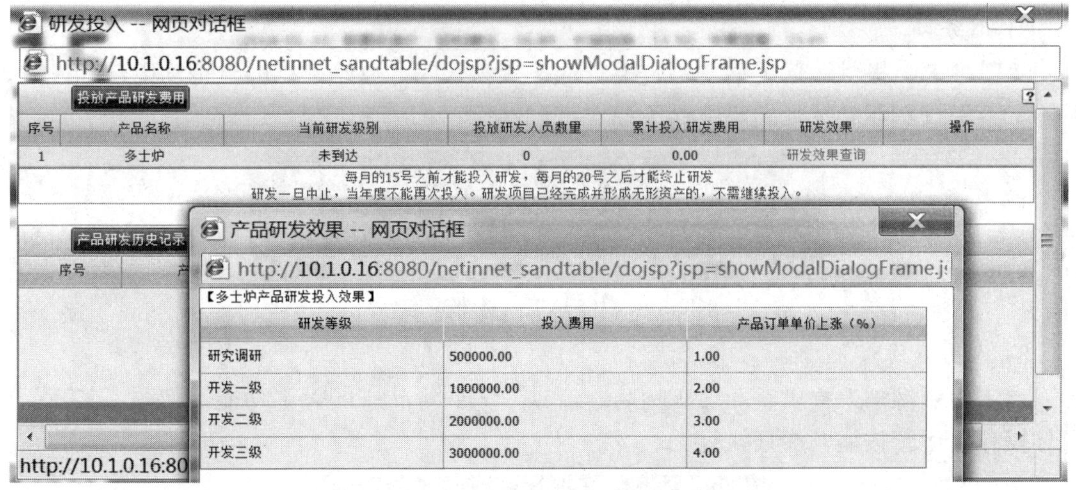

图 2-28 财务总监研发投入界面

6) 物资部

如图 2-29 所示，“物资部”向财务总监提供企业固定资产管理、原材料、产品库存、生产线状态等信息的查看功能。

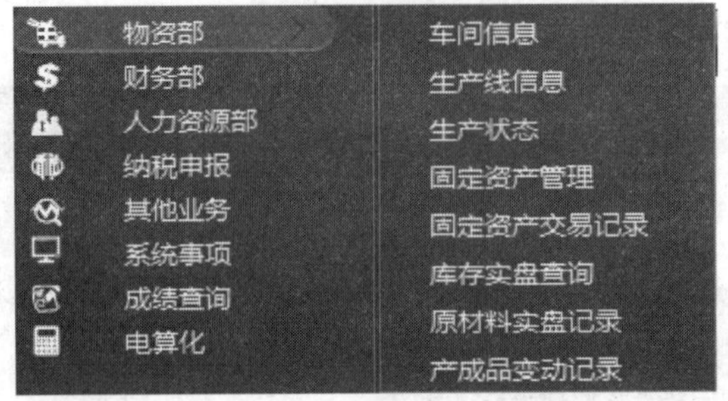

图 2-29　财务总监物资部信息查询界面

财务总监点击“物资部”—“产成品变动记录”进入产品变动记录界面，选择要查询的产品及查询的时间，点击“查询”按钮，即可查看对应的产品入库、出库及结余的数量信息，如图 2-30 所示。

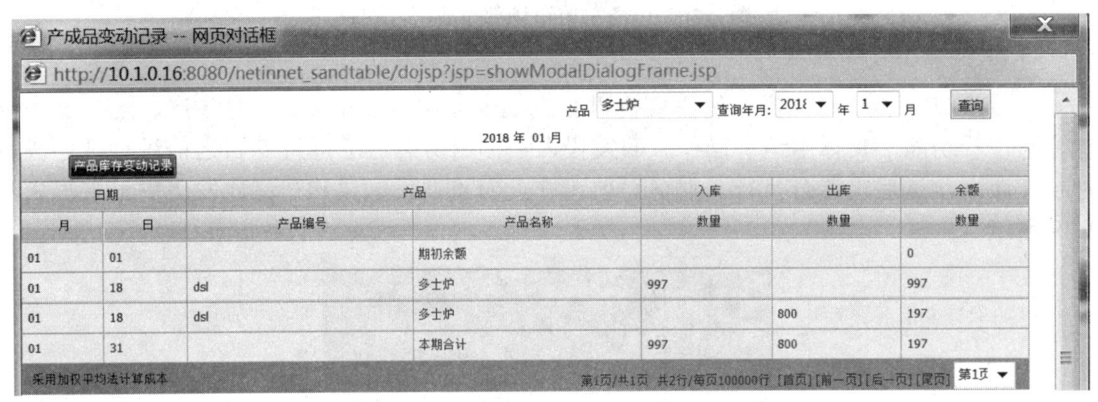

日期		产品		入库	出库	余额
月	日	产品编号	产品名称	数量	数量	数量
01	01		期初余额			0
01	18	dsl	多士炉	997		997
01	18	dsl	多士炉		800	197
01	31		本期合计	997	800	197

图 2-30　财务总监物资部库存信息界面

7) 财务部

“财务部”提供运营规划、筹资投资业务交易记录、原始单据的查询功能，如图 2-31 所示。筹资投资业务执行主要由财务经理进行操作。

图 2-31　财务总监财务部查询界面

8) 人力资源部

“人力资源部”提供企业员工招聘、流动、入职等状态的查询功能，如图 2-32 所示。具体操作由运营按运营规划执行。

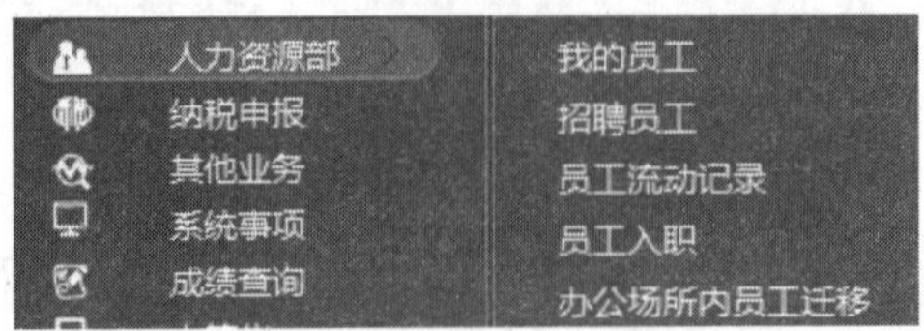

图 2-32　财务总监人力资源部查询界面

9) 纳税申报

“纳税申报”提供企业纳税申报审批功能。在次月初(1～15 日)，会计需填写纳税申报表(国税、地税)，提交财务总监审批申报。财务总监点击“网上申报国税”进入纳税申报界面，选择申报的时间，进入审批界面，如图 2-33 所示。此处还可查看国税申报历史记录(详见第 5 章纳税申报相关内容)。

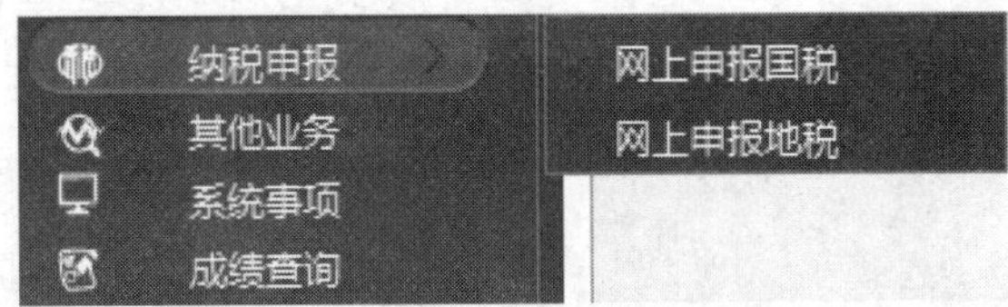

图 2-33　财务总监纳税申报界面

10) 其他业务

“其他业务”提供企业或有事项记录和其他业务事项查询。如图 2-34 所示，财务总监点击“其他业务”—“或有事项及突发事项”，进入或有事项记录界面，即可进入查看。

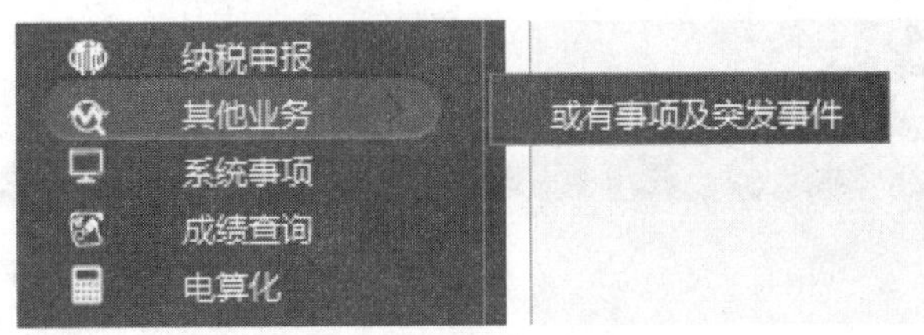

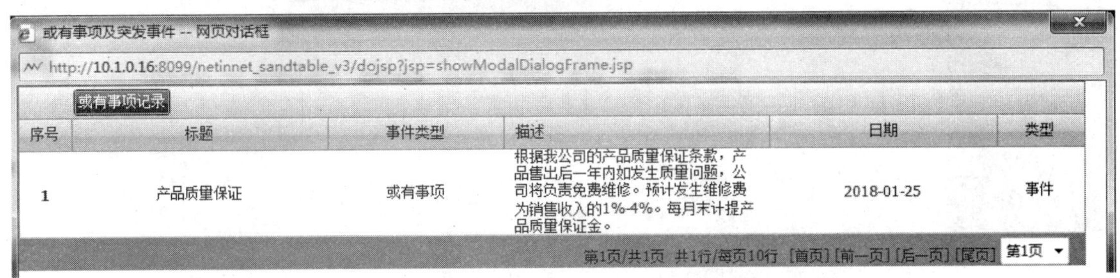

图 2-34　财务总监其他业务查询界面

11) 系统事项

财务总监可在此功能菜单查看近期应付事项、已办事项、系统消息、任务列表，如图

2-35 所示。“任务列表”所列事项为当日企业任务，涉及的相关角色需在当日完成对应的任务，否则不能下班，无法进入到“下一天”。完成的任务事项会在右侧打“√”，表示已完成。财务总监要关注“我的审批单”，所有需审批的事项都会列示在“我的审批单”和“待办事项”内，财务总监应及时进行审批处理。

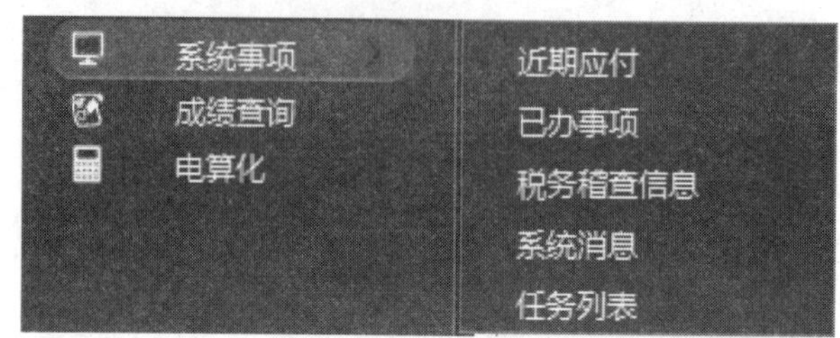

图 2-35 财务总监系统信息查询界面

12) 电算化

在电算化模块中，财务总监主要负责直接录入无原始单据凭证和稽核录入原始单据凭证，进行成本计算、产品出库、入库成本结转的核算等。

2.2.3 财务经理界面

1. 财务经理主功能界面

财务经理主功能界面如图 2-36 所示。

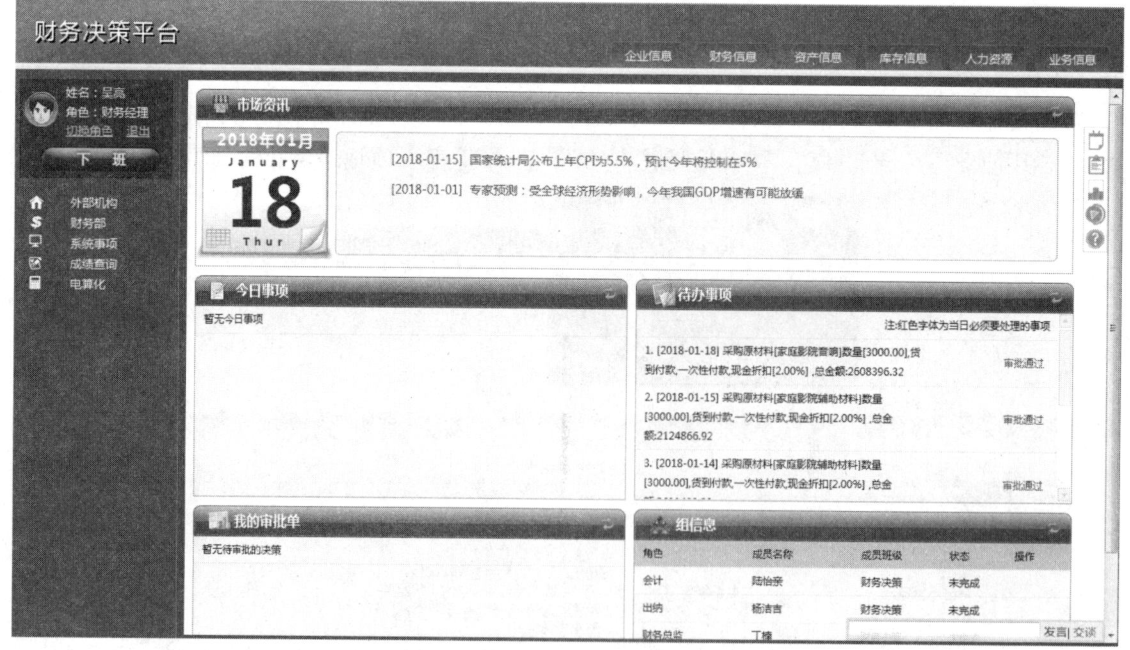

图 2-36 财务经理主功能界面

2. 信息查询

财务经理主功能界面右上角为信息查询按钮，点击各信息查询按钮可进入财务信息、资产信息等信息的查看界面。如图 2-37 所示，财务经理点击“人力资源”可查看企业目前人员工作状况。

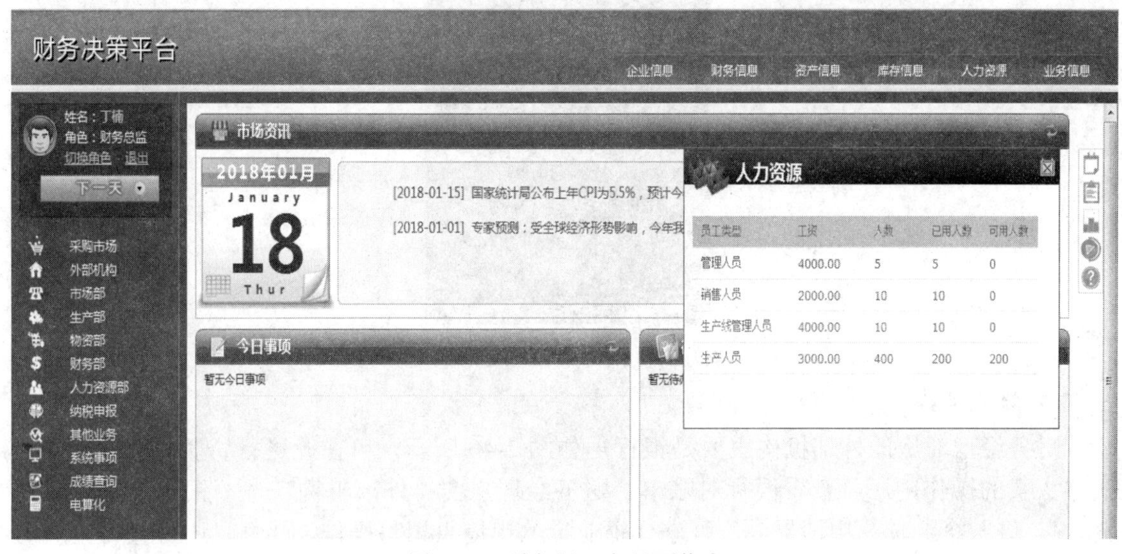

图 2-37　财务经理主界面信息

3．市场资讯

财务决策平台模拟企业市场化运作，财务经理必须要时时关注市场的变化，包括宏观经济政策、专家预测、证券市场的涨跌等，以把握企业经营的良好时机，控制企业经营的风险。财务经理还要负责特别股票投资，更要时时关注市场行情的变化。

4．今日事项、待办事项、我的审批单

这三个栏目主要列示财务经理必须处理的业务事项。财务经理需关注“今日事项”“待办事项”和“我的审批单”栏显示的事项，如图 2-38 所示。一般“今日事项”所列事项为必须当日处理完毕的业务；“待办事项”一般为需要审批的付款事项；已执行完成的事项会列示在“我的审批单”中。

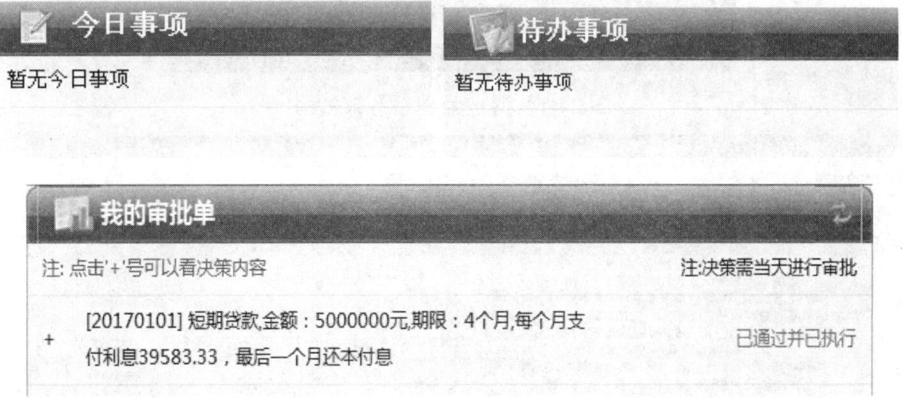

图 2-38　财务经理任务界面

5．主功能菜单

财务经理主功能菜单有：外部机构、财务部、系统事项和电算化，如图 2-39 所示。

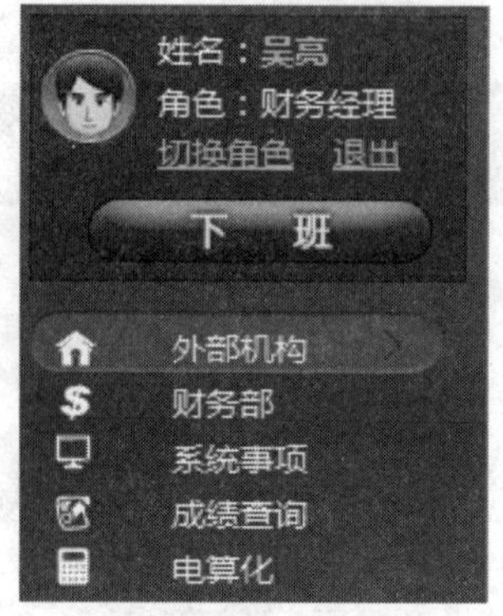

图 2-39　财务经理主功能菜单

1) 外部机构

财务经理对应的外部机构主要是银行，如图 2-40 所示，可在此进行贷款、委托贷款、债券买卖的操作，还可查看银行对账单。财务经理点击“外部机构”—“银行”—“我要贷款”，进入企业贷款申请界面，可进行企业贷款申请表填写操作，此外，还可查看企业历史贷款记录。

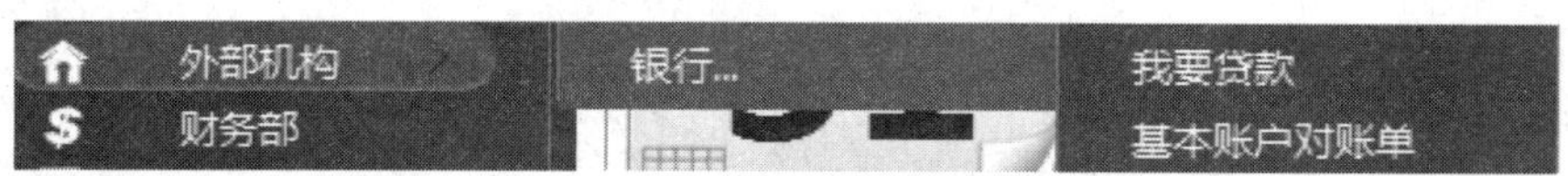

图 2-40　财务经理外部机构

2) 财务部

“财务部”提供企业运营规划、原始单据查询功能，如图 2-41 所示，还可进行筹资投资业务执行和筹资投资业务交易记录查看。财务经理点击“财务部”—“筹资投资业务执行”，进入筹资投资业务执行界面，如图 2-42 所示，可查看已完成的投资事项，也可以查看其他可投资的事项。

图 2-41　财务经理财务部机构

筹资投资业务执行 -- 网页对话框

http://10.1.0.16:8099/netinnet_sandtable_v3/dojsp?jsp=showModalDialogFrame.jsp

筹资、投资等其他业务

业务标题	业务描述	业务日期范围	业务是否可选	业务状态	操作
股票投资	交通银行市价：5.54 上年三季度：每股净资产3.82 每股收益0.56 每股现金流-1.03 总股本：618.9亿	2018-01-02 -- 2018-01-02	可选	未执行	查看
股票投资	美的电器市价：16.37 上年三季度：每股净资产3.84 每股收益0.84 每股现金流2.79 总股本：31.2亿	2018-01-02 -- 2018-01-02	可选	未执行	查看
股票投资	深万科市价：8.20 上年三季度：每股净资产3.66 每股收益0.3 每股现金流-0.11 总股本：109亿	2018-01-02 -- 2018-01-02	可选	未执行	查看
股票投资	交通银行市价：5.65 上年三季度：每股净资产3.82 每股收益0.56 每股现金流-1.03 总股本：618.9亿	2018-01-31 -- 2018-01-31	可选	未执行	查看
股票投资	美的电器市价：15.89 上年三季度：每股净资产3.84 每股收益0.84 每股现金流2.79 总股本：31.2亿	2018-01-31 -- 2018-01-31	可选	未执行	查看
股票投资	深万科市价：8.50 上年三季度：每股净资产3.66 每股收益0.3 每股现金流-0.11 总股本：109亿	2018-01-31 -- 2018-01-31	可选	未执行	查看

第1页/共1页　共6行/每页10行　[首页] [前一页] [后一页] [尾页]　第1页

图 2-42　财务经理筹资投资业务执行界面

3) 系统事项

如图 2-43 所示，“系统事项”提供近期应付事项、已办事项、税务稽查信息、系统消息和任务列表的查看。

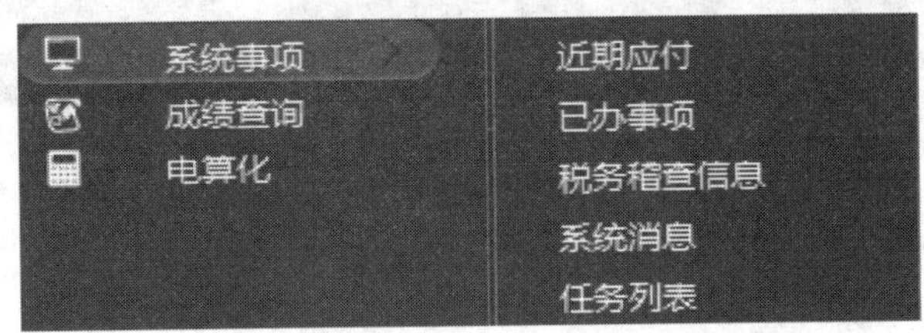

图 2-43　财务经理系统事项界面

4) 电算化

系统的电算化模块为专门的会计账务处理模块，在此模块中，除财务总监、财务经理外，其他角色均要由财务经理重新分工。在电算化模块，财务经理主要负责会计角色分岗设置、凭证审核、凭证检查、凭证过账、结转损益、期末结账的操作。

2.2.4　会计界面

1. 会计主功能界面

如图 2-44 所示，界面右上角为信息查询按钮，会计点击各信息查询按钮可进入财务信息、资产信息、库存信息等查看界面。如图 2-45 所示，会计点击“财务信息”—“财务基本信息”后，可进行相关操作。

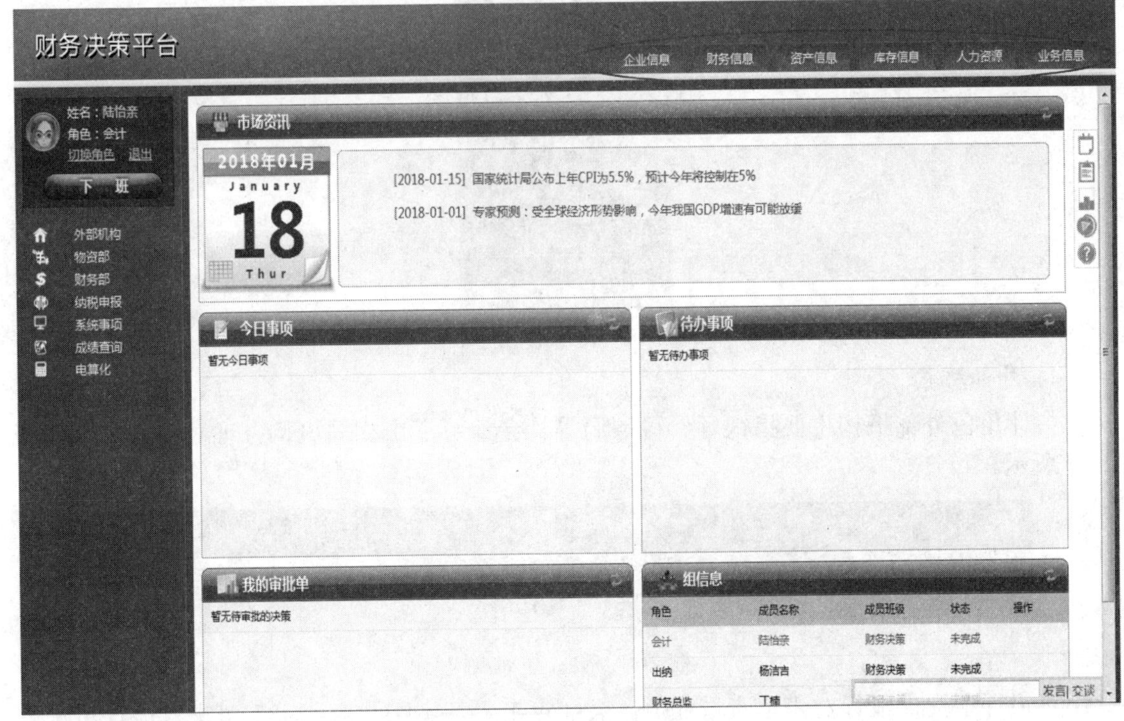

图 2-44　会计主功能界面

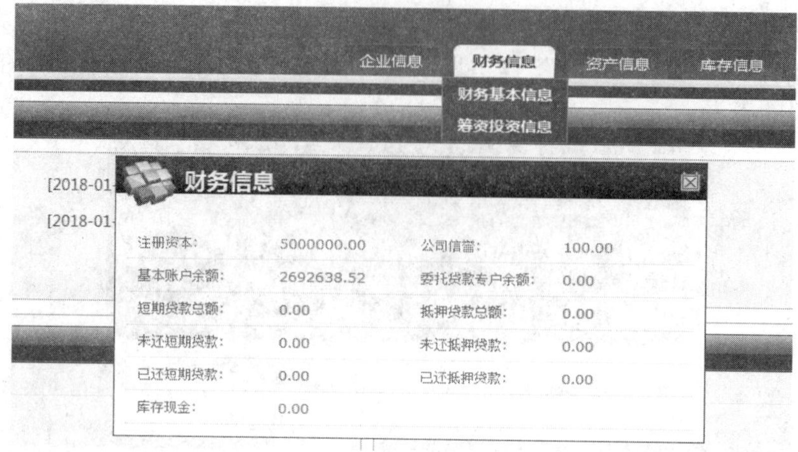

图 2-45　会计主界面信息查询

2．今日事项、待办事项、我的审批单、组信息

“今日事项”“待办事项”和“我的审批单”三个栏目主要列示需处理的业务事项内容。会计需关注“今日事项”和“待办事项”栏显示的事项，一般“今日事项”所列事项为当日必须处理完毕的业务。会计一般没有审批的事项。

3．主功能菜单

会计角色的主功能菜单有：外部机构、物资部、财务部、纳税申报、系统事项、成绩查询、电算化等，如图 2-46 所示。会计人员可在相应菜单进行操作。

图 2-46　会计主功能菜单

1) 外部机构

会计角色外部机构主要指银行、税务局等。会计可点击相关机构办理对应业务，如图 2-47 所示。

图 2-47　会计外部机构

“银行”提供银行对账单查看业务。会计点击“基本账户对账单”可进入银行对账单查看界面，设置查询的起讫时间，点击“查询”，即可查看企业某时期的基本账户银行对账

单，如图 2-48 所示。会计可以到“税务局”办理税收优惠，如图 2-49 所示。

银行对账单

日期时间 [　　] 至 [　　] 查询

序号	时间	对方单位	摘要	借方金额	贷方金额	余额
1	2018-01-01		实收资本		5000000.00	5000000.00
2	2018-01-01	北京景深房地产有限公司	支付租赁办公用房A[房产固定资产]金额(第1季度)	33332.00		4966668.00
3	2018-01-01	北京宏远地产股份有限公司	支付租赁厂房A[房产固定资产]金额(第1季度)	133332.00		4833336.00

图 2-48　会计外部机构——银行

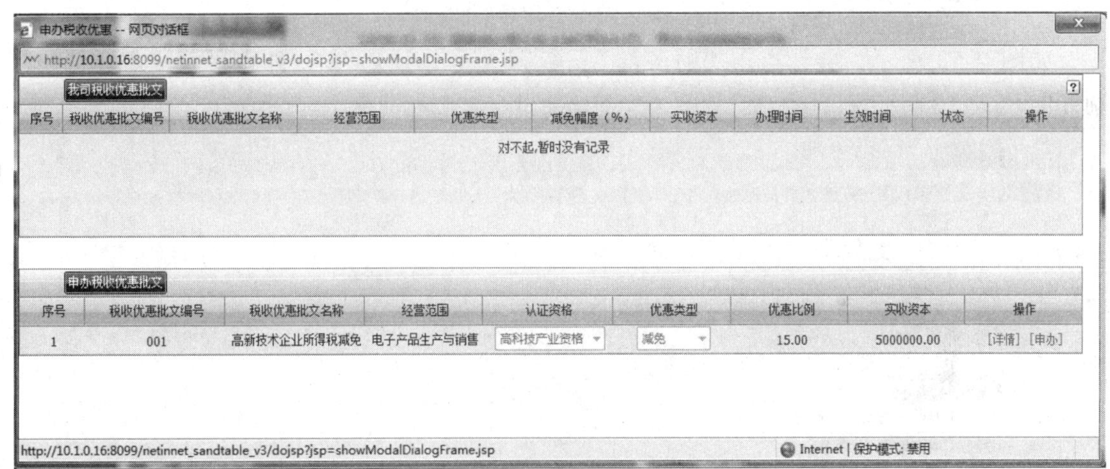

申办税收优惠 -- 网页对话框

http://10.1.0.16:8099/netinnet_sandtable_v3/dojsp?jsp=showModalDialogFrame.jsp

我司税收优惠批文

序号	税收优惠批文编号	税收优惠批文名称	经营范围	优惠类型	减免幅度（%）	实收资本	办理时间	生效时间	状态	操作
对不起,暂时没有记录										

申办税收优惠批文

序号	税收优惠批文编号	税收优惠批文名称	经营范围	认证资格	优惠类型	优惠比例	实收资本	操作
1	001	高新技术企业所得税减免	电子产品生产与销售	高科技产业资格	减免	15.00	5000000.00	[详情] [申办]

http://10.1.0.16:8099/netinnet_sandtable_v3/dojsp?jsp=showModalDialogFrame.jsp　Internet | 保护模式: 禁用

图 2-49　会计外部机构——税务局

2) 物资部

“物资部”菜单可供会计查询企业内部资产的信息，包括固定资产、原材料、产成品等的相关信息。如图 2-50 所示，会计点击“固定资产交易记录”，可进入固定资产交易记录界面，查看企业已执行的固定资产租赁、交易情况。

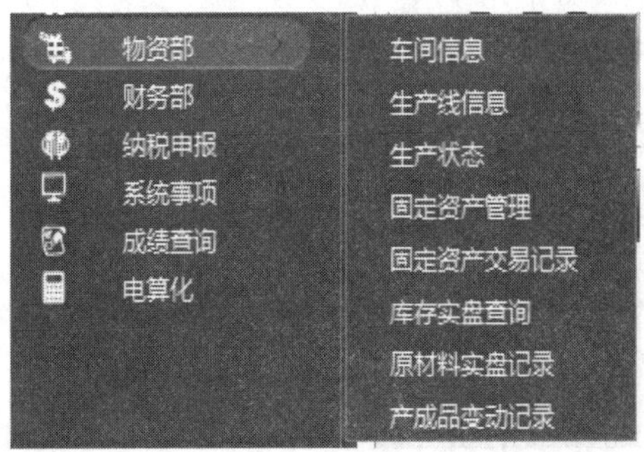

图 2-50　会计物资部

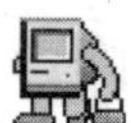

3) 财务部

“财务部”提供查看索取采购发票、开具产品销售发票、运营规划、原始单据查询等业务操作，如图 2-51 所示。若发票已索取或开具，则点击对应菜单可进行查看。会计应在业务完成后及时索取和开具发票，否则后续的会计核算将无法进行。此外，月末会计还应在此功能菜单处进行成本计算的相关计算单据的增设和填制。

财务部
纳税申报
系统事项
成绩查询
电算化
索取采购发票
开具产品销售发票
售材料_固定资产开票
易货索票_开票
填制成本计算表
筹资投资业务交易记录
原始单据查询

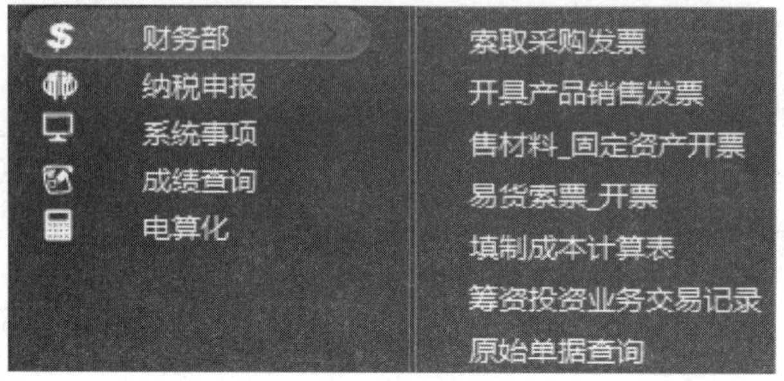

图 2-51　会计财务部

如图 2-52 所示，会计点击“财务部”—“填制成本计算表”，即可进入成本计算表填制界面。

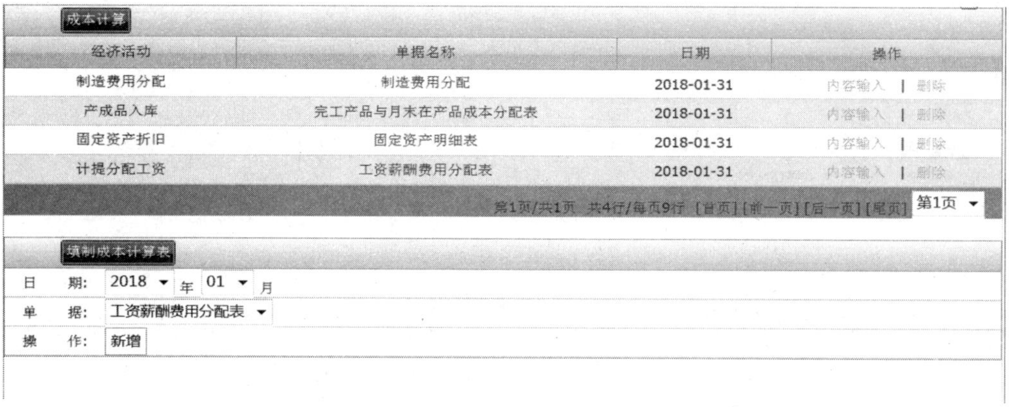

成本计算
经济活动
单据名称
日期
操作
制造费用分配
制造费用分配
2018-01-31
内容输入 | 删除
产成品入库
完工产品与月末在产品成本分配表
2018-01-31
内容输入 | 删除
固定资产折旧
固定资产明细表
2018-01-31
内容输入 | 删除
计提分配工资
工资薪酬费用分配表
2018-01-31
内容输入 | 删除
第1页/共1页 共4行/每页9行 [首页] [前一页] [后一页] [尾页]
第1页
填制成本计算表
日　期: 2018 年 01 月
单　据: 工资薪酬费用分配表
操　作: 新增

图 2-52　会计填制成本计算表界面

4) 纳税申报

“纳税申报”提供税收申报表填制，次月由会计在规定时间前进行纳税申报。如图 2-53 所示，会计点击“纳税申报”进行税收申报(参见第 5 章纳税申报相关内容)。

纳税申报
系统事项
网上申报国税
网上申报地税

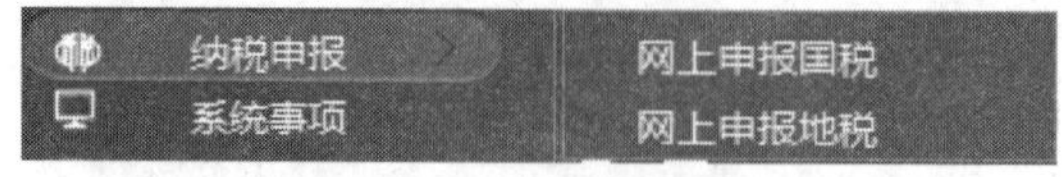

图 2-53　会计纳税申报界面

5) 系统事项

此功能菜单可供会计查看近期应付事项、已办事项、税务稽查信息、系统消息、任务列表，如图 2-54 所示。“任务列表”所列事项为当日企业任务，涉及的各角色需在当日完成对应的任务，否则不能下班，无法进入到“下一天”。已完成任务事项的右侧会有“√”，表示已完成。

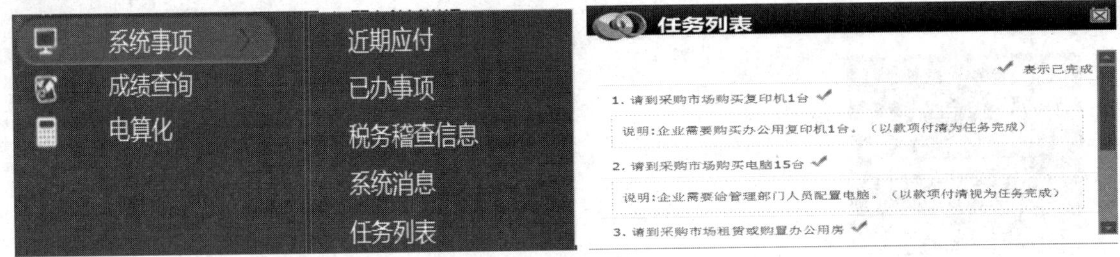

图2-54　会计系统事项界面

6) 电算化

系统的电算化模块为专门的会计账务处理模块，在此模块中，除财务总监、财务经理外的其他角色均要由财务经理进行重新分工，会计角色分工后主要负责企业业务的核算，角色转换为“会计3”。

2.2.5　出纳界面

1. 信息查看

出纳角色主功能界面类似于其他角色的主功能界面，其右上角提供了多个信息查询按钮，但出纳角色只能查看“企业信息”“财务信息”，不能查看其他信息。出纳点击相应按钮可查询企业相关信息。

出纳业务流程如图2-55所示，出纳根据财务经理已审批事项，办理款项支付业务。系统会在“待办事项”处提示，需由出纳处理的款项收付事项，出纳根据企业资金情况可作出“银行支付”或“拒绝支付”的选择。

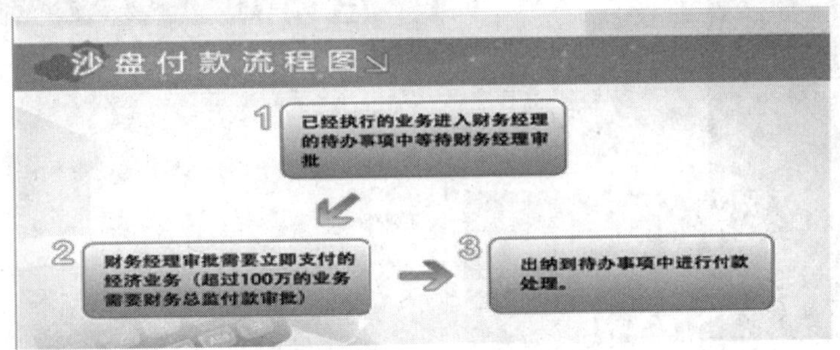

图2-55　出纳业务流程

出纳根据系统消息提示，点击“处理”或“待办事项”，查看待办的相关事项。

出纳按应待办事项逐一进行支付款项的审核，无误时按付款流程办理支付。符合支付要求的，点击“银行支付”；不符合支付条件或企业资金不足、无款支付时，则点击“拒绝支付”。

2. 主功能菜单

出纳的主功能菜单分别是：外部机构、财务部、系统事项、电算化等。

1) 外部机构

出纳角色的“外部机构”主要指的是银行。如图2-56所示，出纳点击“外部机构”—“银行”，可进入现金管理、转账管理、基本账户对账单等事项的管理界面。出纳进入对应

菜单界面可查询需了解的信息详情。

图 2-56　出纳主功能菜单

2) 财务部

“财务部”提供原始单据查询功能，如图 2-57 所示。

图 2-57　出纳财务部界面

3) 系统事项

出纳在“系统事项”中可以查看近期应付事项、已办事项、税务稽查信息、系统消息和任务列表的详细信息。“任务列表”列示的事项为企业当日应完成的事项，只有各角色都完成相关操作，才会打“√”表示已完成，如图 2-58 所示。

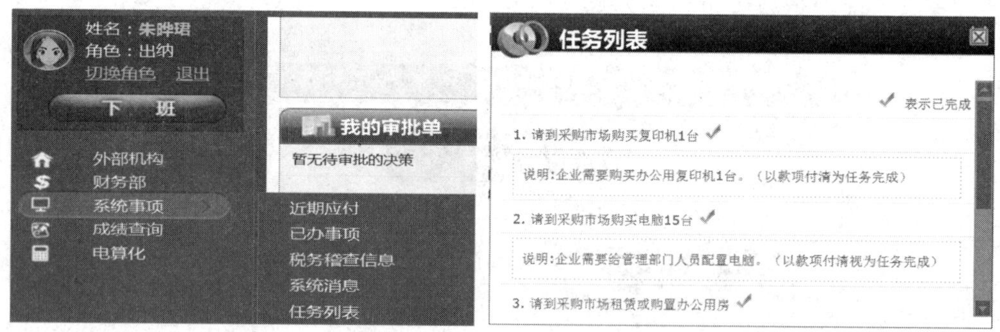

图 2-58　出纳系统事项界面

4) 电算化

系统的电算化模块为专门的会计账务处理模块，在此模块中，除财务总监、财务经理外，其他角色均要由财务经理重新进行分工，出纳角色分工后主要负责采购业务的核算，角色转换为“会计 1”。

2.2.6　各角色相同界面的操作

1. 角色登录

各角色在用户登录界面输入用户名及密码，以学生身份登录系统，进入角色主界面，如图 2-59 所示。

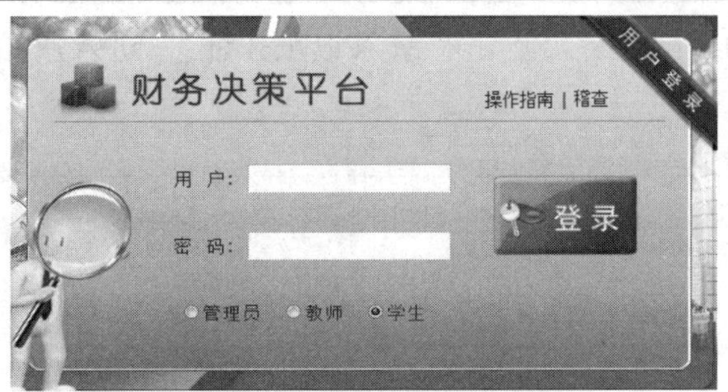

图 2-59　角色登录界面

2．组信息

各角色主功能界面右下角显示的是组成员信息，即游戏中各角色的工作状态——完成或“未完成”，如图 2-60 所示。若当日某角色已下班，但存在未完成的工作，可由财务总监点击该角色状态栏右侧的“加班”将其召回工作岗位。另外，系统在屏幕右下角提供了游戏中组内各成员交流的工具(“发言/交谈”)，方便各成员及时沟通。

组信息

角色	成员名称	成员班级	状态	操作
会计	陆怡亲	财务决策	未完成	
出纳	杨洁吉	财务决策	未完成	
财务总监	丁楠	财务决策	未完成	
财务经理	吴亮	财务决策	未完成	
运营	朱晔珺	财务决策	未完成	

发言| 交谈

图 2-60　组信息界面

2.3　电算化模块功能使用

2.3.1　录入凭证

如图 2-61 所示，各会计角色点击“电算化”—“凭证录入”，进入选择经济业务页面。

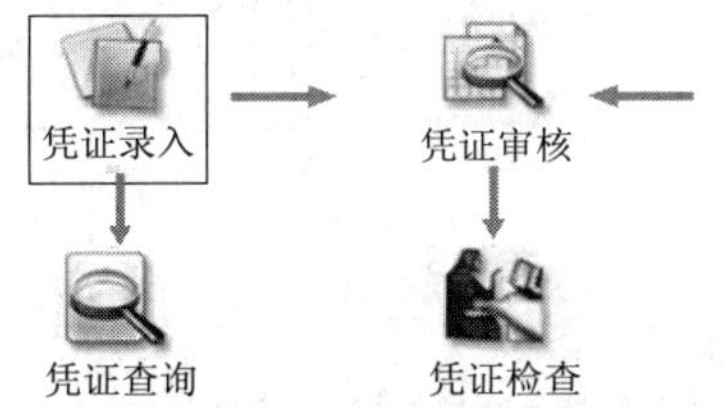

图 2-61　凭证录入界面

在经济业务选择界面内，各会计角色有三种方式可进行凭证录入：

1．根据经济业务录入记账凭证

根据企业运营所产生的经济业务，系统自动将同一经济业务的相关单据进行汇总，各

会计角色通过列表中的经济业务，点击“录入记账凭证”，进入原始单据选择界面，如图 2-62 所示。

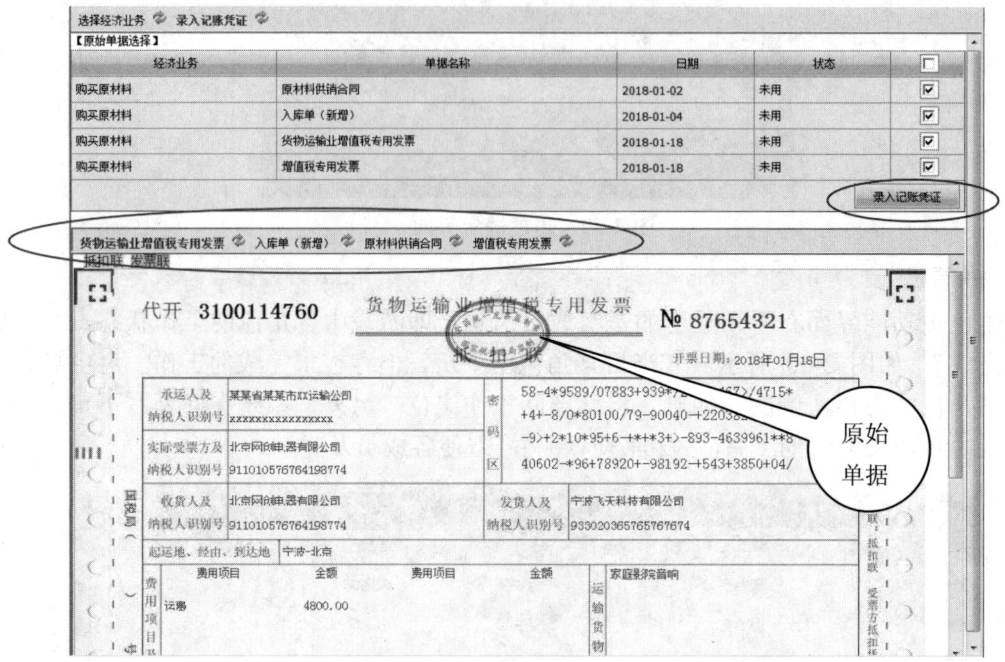

图 2-62　原始单据

在原始单据选择界面，会计勾选需要附加到凭证上的原始单据，点击“录入记账凭证”，进入记账凭证录入界面；录入凭证完成后，点击“保存”，即完成一张记账凭证的录入，如图 2-63 所示。系统会将与该业务相关的凭证全部集中在一起，在进行会计处理时应根据业务需要进行选择，已被选择使用的原始单据将不能再用，如因选择性错误导致后期会计处理时无原始单据可用，需进行凭证修改，取消已经被选用凭证的关联性。

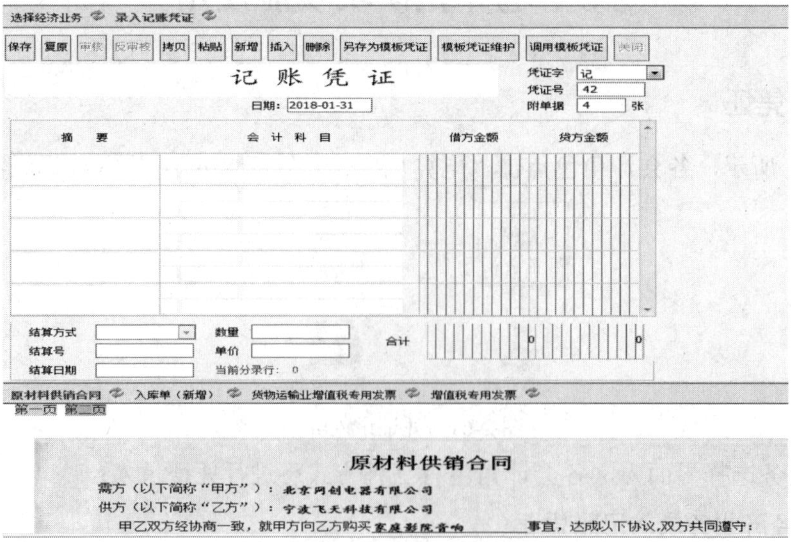

选择经济业务　录入记账凭证

保存　复原　审核　反审核　拷贝　粘贴　新增　插入　删除　另存为模板凭证　模板凭证维护　调用模板凭证　关闭

记 账 凭 证

凭证字 记　凭证号 42　附单据 4 张

日期：2018-01-31

摘要	会计科目	借方金额	贷方金额

结算方式　数量
结算号　单价　合计 0 0
结算日期　当前分录行：0

原材料供销合同　入库单（新增）　货物运输业增值税专用发票　增值税专用发票

第一页　第二页

原材料供销合同

需方（以下简称“甲方”）：北京网创电器有限公司

供方（以下简称“乙方”）：宁波飞天科技有限公司

甲乙双方经协商一致，就甲方向乙方购买家庭影院音响事宜，达成以下协议，双方共同遵守：

图 2-63　录入记账凭证

2．直接录入，不附带原始单据

在电算化模块中，财务总监负责无原始单据凭证的处理。如图2-64所示，财务总监点击“直接录入，无原始单据凭证”，可跳过原始单据选择界面，进入记账凭证录入界面。

选择经济业务　录入记账凭证

【经济业务】

查询条件：　日期时间 2018-01-01 至 2018-01-31　查询

经济业务	业务起始日期	本期业务日期	单据数	未用	已用	操作
购买固定资产	2018-01-10	2018-01-11	2	0	2	录入记账凭证
购买固定资产	2018-01-10	2018-01-11	2	0	2	录入记账凭证
购买固定资产	2018-01-10	2018-01-11	2	0	2	录入记账凭证
仓储费用	2018-01-15	2018-01-15	2	0	2	录入记账凭证
生产用电费	2018-01-28	2018-01-28	2	0	2	录入记账凭证
低值易耗品	2018-01-28	2018-01-28	2	0	2	录入记账凭证
生产用水费	2018-01-28	2018-01-28	2	0	2	录入记账凭证
支付银行手续费	2018-01-31	2018-01-31	1	0	1	录入记账凭证

第1页/共1页　共8行/每页15行　[首页] [前一页] [后一页] [尾页]　第1页

直接录入,无原始单据凭证

录入,稽核原始单据凭证

录入凭证前请先考虑是否设置明细科目，如该科目第一次使用时未设置下级明细科目，在后期设置下级科目的时候，一级科目的数据会全部自动转入新设置的第一个下级科目中。

财务总监负责成本计算、稽核以及没有原始单据的凭证的录入。成本稽核等凭证在处理时，需要会计先到财务室去填制相关成本计算单据，保存后，该单据会以原始凭证的形式出现在电算化模块，作为记账凭证的依据。

图2-64　直接录入无单据凭证

3．录入稽核原始单据凭证

针对月末成本计算等需要在月末进行统计分配的经济业务，财务总监需点击“凭证录入”—“录入，稽核原始单据凭证”，进入选择经济业务界面，如图2-65所示，然后点击页面中央“经济业务”右侧下拉菜单，选择经济业务类型，如产成品入库、制造费用分配等，进入原始单据选择页面。

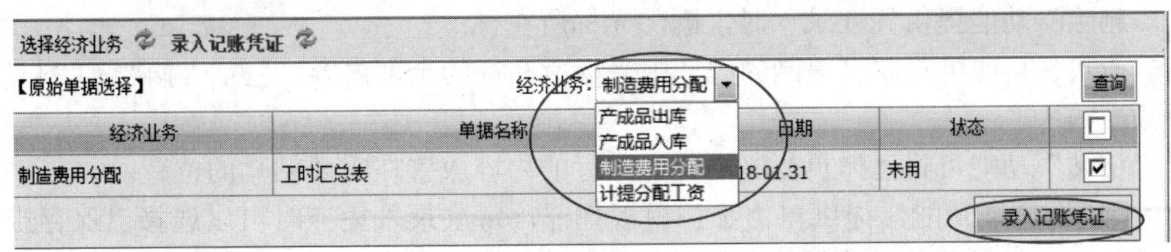

图2-65　录入、稽核原始单据凭证界面

财务总监选择经济业务，点击右端“查询”按钮，可查询当期对应核算需附带的原始单据；点击“录入记账凭证”，可进入记账凭证录入界面，如图 2-66 所示。

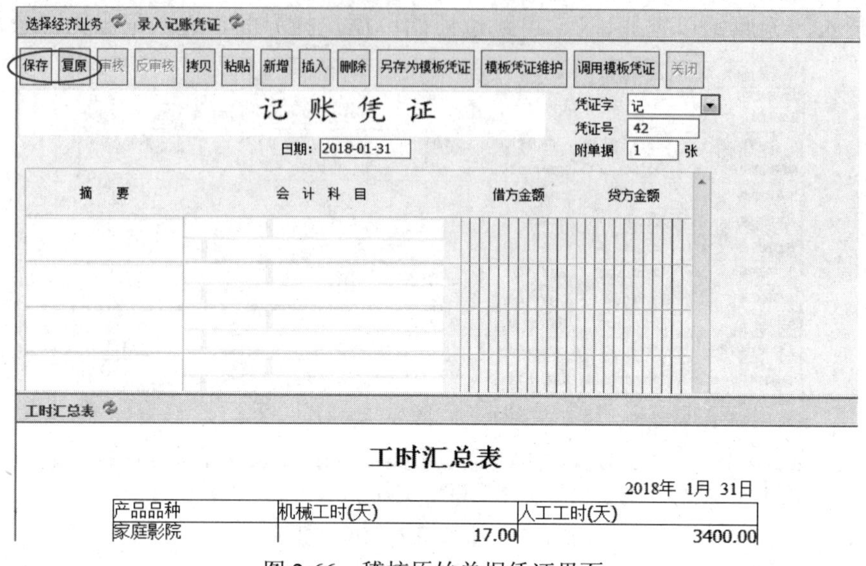

图 2-66　稽核原始单据凭证界面

如图 2-66 所示，在录入记账凭证页面中，各会计角色输入摘要，双击会计科目栏选择会计科目，输入金额，完成一条会计分录的录入，最后保存。

4. 录入保存凭证相关提示

(1) 记账凭证的凭证号是自动生成的。

(2) 记账凭证的凭证日期可以选择，但不能选择当期最末张凭证的日期之前的日期(即如果 1 月份已经保存的记账凭证的日期为 1 月 5 日，接下来录入的凭证日期不能选择 5 日之前的日期)，并且不可选择上期已结账的日期或超出本期会计期间的日期。

(3) 录入凭证时，涉及的资产类科目若出现余额为负时，将不能继续进行该项业务的处理；如支付某笔业务款项时，导致“库存现金”余额为负，则暂停该业务的处理，调查清楚原因后对之前录入的记账凭证的时间或凭证号进行调整后再行处理。

(4) 当会计科目为原材料或库存商品时，需要点选那条会计分录，在下方数量单价框输入数量，单价根据借贷方金额与数量自动换算。

(5) 凭证上方提供了一列功能按钮，如插入、新增、删除、拷贝、粘贴等，用于凭证填制中所需的功能性操作：

“插入”功能提供凭证录入时，在光标所处行的上方插入一个空行；

“新增”功能提供凭证录入时，在光标所处行的下方插入一个空行；

“删除”功能提供凭证录入时，删除光标所在行；

“拷贝”功能可复制已填制的凭证中光标所在行的全部内容，包括“摘要”“科目”及“金额”等；

“粘贴”功能可将已拷贝复制的凭证某行的内容放置在需要粘贴的位置。

(6) 模板凭证功能，提供自由维护模板凭证，每次录入凭证时可以选择已保存维护的模板凭证，进行会计分录摘要、会计科目的快速选择，之后只需要输入金额即可，大大提高录入凭证的效率。当然，需先将该凭证保存为模板凭证，日后方可调用。

(7) 另存为模板凭证，对于已经录入完成的凭证可保存为模板凭证，日后在凭证录入时可直接调用。

(8) 录入无原始单据凭证、录入稽核原始单据凭证只能由财务总监完成。

2.3.2 凭证查询

如图 2-67 所示，财务经理点击“凭证查询”，进入会计分录序时簿界面，可查看各会计角色已录入完成的所有会计凭证。

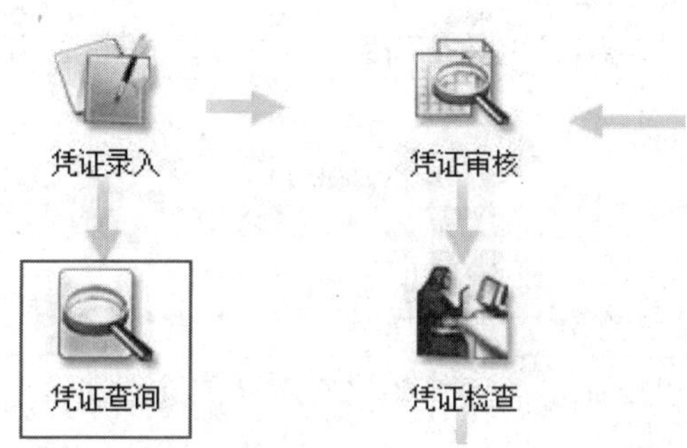

图 2-67　凭证查询界面

如图 2-68 所示，在会计分录序时簿中，财务经理可双击每条会计分录或点击“查看”，即可查看已完成的每一张凭证的详细内容。

【会计分录序时簿】

查询条件:　会计科目 [　] □所有科目　日期时间 2018-01-01 至 2018-01-31　凭证号 [　] 至 [　]　查询

日期	凭证字号	附件数	摘要	科目代码	科目名称	借方金额	贷方金额	数量	单价	操作	审核	过账
2018-01-01	记 -1	1	收到投资款	100201	银行存款 -- 建设银行	5000000.00				查看	×	×
			收到投资款	4001	实收资本		5000000.00				×	×
2018-01-31	记 -2	2	购买笔记本电脑	160101	固定资产 -- 笔记本电脑	66780.00				查看	×	×
			购买笔记本电脑	22210101	应交税费 -- 应交增值税 -- 进项税额	11352.60					×	×
			购买笔记本电脑	100201	银行存款 -- 建设银行		78132.60				×	×
2018-01-31	记 -3	2	购买打印机	160102	固定资产 -- 打印机	2603.00				查看	×	×
			购买打印机	22210101	应交税费 -- 应交增值税 -- 进项税额	442.51					×	×
			购买打印机	100201	银行存款 -- 建设银行		3045.51				×	×
2018-01-31	记 -4	3	租赁生产线	50010101	生产成本 -- 家庭影院 -- 制造费用	512820.51				查看	×	×
			租赁生产线	112304	预付账款 -- 北京上佳机械制造	170940.17					×	×
			租赁生产线	22210101	应交税费 -- 应交增值税 -- 进项税额	116239.32					×	×
			租赁生产线	100201	银行存款 -- 建设银行		800000.00				×	×
2018-01-31	记 -5	2	购买复印机	160103	固定资产 -- 复印机	5261.00				查看	×	×
			购买复印机	22210101	应交税费 -- 应交增值税 -- 进	894.37					×	×

完成　Internet | 保护模式: 禁用　100%

图 2-68　会计分录序时簿

除财务经理外，各会计角色也可通过“凭证查询”查看各自已经录入完成的会计凭证。若在审核之前发现凭证有差错，会计可点击“修改”按钮进入凭证修改状态；若财务经理已对凭证进行了审核，发现差错需进行修改时，应先进行反审核，如图 2-69 所示，然后由凭证原填制人进行修改，财务经理无法对他人填制的出错凭证进行修改。

【会计分录序时簿】

查询条件：　会计科目 [　] □所有科目　日期时间 2018-01-01 至 2018-01-31　凭证号 [　] 至 [　]　查询

日期	凭证字号	附件数	摘要	科目代码	科目名称	借方金额	贷方金额	数量	单价	操作	审核	过账
2018-01-31	记 -2	2	购买笔记本电脑	160101	固定资产 －笔记本电脑	66780.00				修改 | 单据关联	×	×
			购买笔记本电脑	22210101	应交税费 －应交增值税 －进项税额	11352.60					×	×
			购买笔记本电脑	100201	银行存款 －建设银行		78132.60				×	×
2018-01-31	记 -3	2	购买打印机	160102	固定资产 －打印机	2603.00				修改 | 单据关联	×	×
			购买打印机	22210101	应交税费 －应交增值税 －进项税额	442.51					×	×
			购买打印机	100201	银行存款 －建设银行		3045.51				×	×
2018-01-31	记 -5	2	购买复印机	160103	固定资产 －复印机	5261.00				修改 | 单据关联	×	×
			购买复印机	22210101	应交税费 －应交增值税 －进项税额	894.37					×	×
			购买复印机	100201	银行存款 －建设银行		6155.37				×	×
2018-01-31	记 -6	2	支付仓储费	660201	管理费用 －仓储费	9464.15				修改 | 单据关联	×	×
			支付仓储费	22210101	应交税费 －应交增值税 －进项税额	567.85					×	×

图 2-69　会计分录修改界面

已填制完成生成的记账凭证，如修改时涉及原始单据的关联问题，则应先取消已用原始单据的关联性，再进行修改或重新填制。操作步骤：会计先点击进入凭证查询界面，找到需修改的凭证，点击“关联单据”进入取消关联记账凭证页面，勾选与修改后的凭证无关的原始单据，再点击“取消关联记账凭证”按钮(修改后的凭证只保留与之相关的原始单据)，如图 2-70 所示。不能直接删除凭证，否则凭证会不连续，不能过账。

已关联原始凭证

经济业务	单据名称	日期	状态	□
购买固定资产	银行进账单	2018-01-10	已用	□
购买固定资产	增值税专用发票	2018-01-11	已用	□

取消关联记账凭证

图 2-70　取消关联原始凭证界面

2.3.3　凭证审核

与凭证查询相同，凭证过账前，财务经理在凭证查询的基础上查看并审核凭证。对于审核有误需进行修改的凭证，仍应由凭证的原填制人进行修改更正。如图 2-71 所示，财务经理点击“凭证审核”进入会计分录序时簿，点击屏幕右侧“查看”按钮，即可对某字号凭证进行查看。如图 2-72 所示，在屏幕右侧勾选要进行审核的凭证，然后点击屏幕右下角“审核”按钮，进入凭证审核界面。经过审核的凭证在“审核”栏会显示“√”，未审核的凭证则“审核”栏显示“×”。已审核过的凭证如之后又发现差错需进行修改的，应进行反审核操作，即点击屏幕右下角“反审核”键，取消审核。

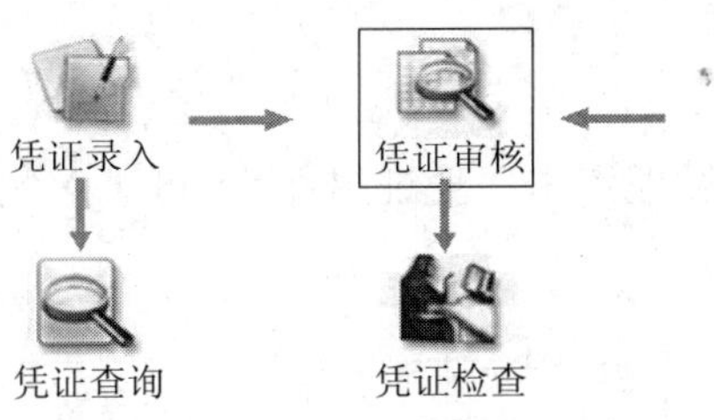

图 2-71　凭证审核界面

2018-01-31	记 -41	4	购入原材料	140302	原材料 －电暖气辅助材料	1629761.40		3000.00	543.2500	查看	√	×	□
			购入原材料	22210101	应交税费 －应交增值税 －进项税额	276429.44					√	×	□
			购入原材料	220202	应付账款 －江西复兴电子		1906190.84				√	×	□
												审核	反审核

图 2-72　反审核界面

2.3.4　凭证检查

如图 2-73 所示，期末财务经理点击“凭证检查”，可进入凭证检查整理页面。此功能需结合明细账预览一起使用，在明细账预览中，对因凭证顺序录入失误导致资产类会计科目出现某日余额负数的问题，可通过凭证整理来解决。将某一记账凭证调整至末号凭证，等同于对凭证进行重新排序，不过凭证日期只能保存为当期最末的凭证日期。

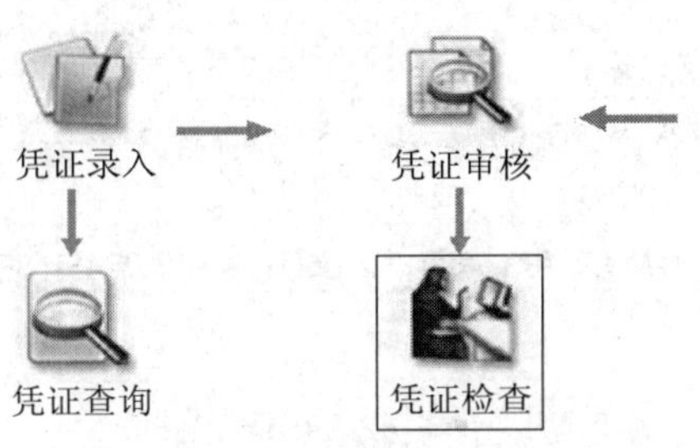

图 2-73　凭证检查界面

例如：根据明细账预览，需将序号 3，即记字第 3 号凭证进行重新排序，可点击右侧“调整为末号凭证”，则可将该凭证填制日期调整为当期最末的凭证日期，如图 2-74 所示。

凭证检查 -- 网页对话框

http://10.1.0.16:8099/netinnet_sandtable_v3/dojsp?jsp=showModalDialogFrame.jsp

【凭证检查】

序号	日期	凭证字号	附件数	摘要	借方金额	贷方金额	操作
1	2018-01-01	记 -1	1	收到投资款	5000000.00	5000000.00	查看 | 调整为末号凭证
2	2018-01-31	记 -2	2	购买笔记本电脑	78132.60	78132.60	查看 | 调整为末号凭证
3	2018-01-31	记 -3	2	购买打印机	3045.51	3045.51	查看 | 调整为末号凭证
4	2018-01-31	记 -4	3	租赁生产线	800000.00	800000.00	查看 | 调整为末号凭证
5	2018-01-31	记 -5	2	购买复印机	6155.37	6155.37	查看 | 调整为末号凭证
6	2018-01-31	记 -6	2	支付仓储费	10032.00	10032.00	查看 | 调整为末号凭证
7	2018-01-31	记 -7	3	租赁生产线	960000.00	960000.00	查看 | 调整为末号凭证

图 2-74　凭证整理界面

2.3.5 凭证过账

如图 2-75 所示，财务经理点击“凭证过账”，可进入凭证过账页面。

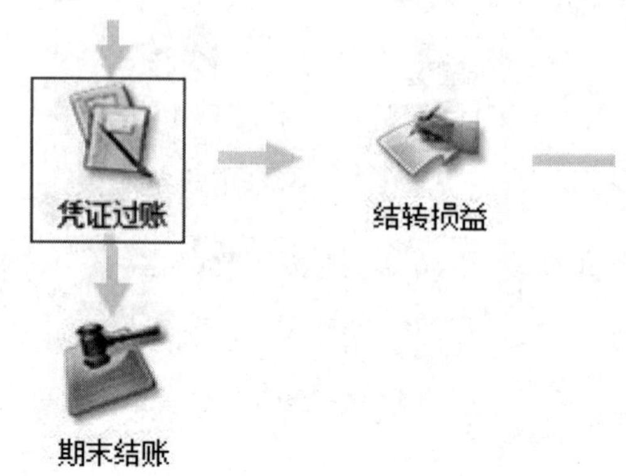

图 2-75　凭证过账界面

如图 2-76 所示，列表中，财务经理根据目前运营到的年份月份，列出可以过账的年月，点击“过账”即可对该年月进行凭证过账；若出现当期存在未审核凭证或凭证号重复不连续等情况，系统将提示，应取消当前过账操作。正常过账后，当期可继续录入凭证并重复过账。请按系统提示逐步进行操作。

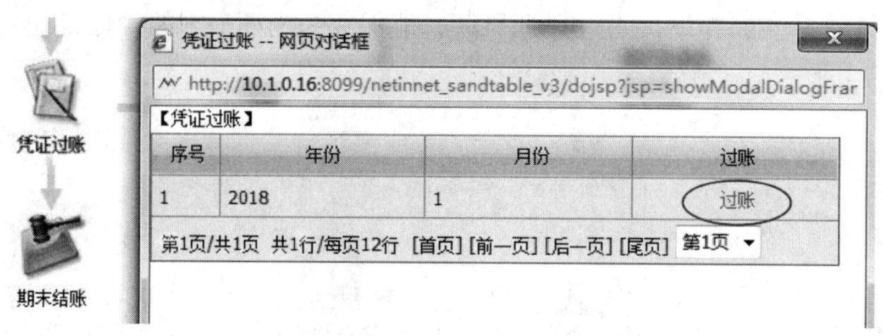

图 2-76　凭证过账

3.2.6 结转损益

本财务决策平台损益的结转操作步骤如下：

(1) 会计将企业本期发生的所有经济业务全部处理完毕，并填制会计凭证，保证没有遗漏，即确保损益结转的凭证为本期最后一张凭证。

(2) 财务经理对所有凭证进行审核，确保凭证无误。

(3) 财务经理对审核无误的凭证进行过账。

(4) 过账后，财务经理进行损益结转，系统自动生成结转损益的凭证。

(5) 财务经理对系统自动生成的损益结转凭证再进行审核、过账的操作；预生成资产负债表和利润表。

(6) 财务经理审核预生成的资产负债表、利润表，确保无误后，方可进行结账。当期结账后将不能再进行录入凭证等账务处理操作，系统自动跳转到下个会计月度。

如图 2-77 所示，财务经理点击“结转损益”，进入结转损益界面。结账损益前应保证所有业务全部处理完成，即结转损益的凭证一定是本期最后一张凭证。

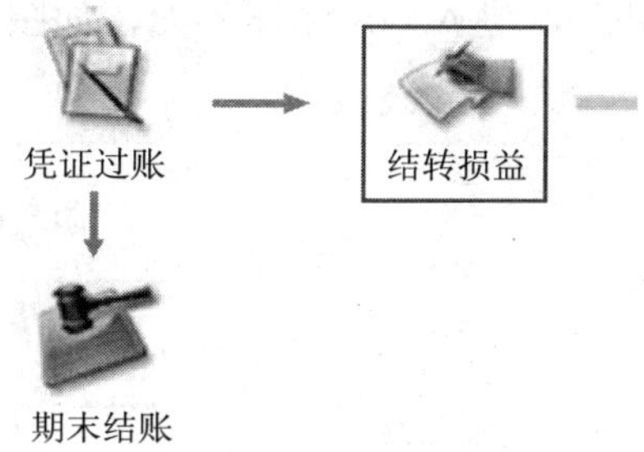

【结转损益】

序号	年份	月份	过账	结转损益
1	2018	1	已过账	结转损益

第1页/共1页 共1行/每页12行 [首页] [前一页] [后一页] [尾页] 第1页

图 2-77 结转损益界面

如图 2-78 所示，列表中，根据目前运营到的年份月份，列出可以结转损益的年月，财务经理点击“结转损益”即可对当年月进行损益结转，系统将根据已过账的凭证中的损益类科目进行余额结转，生成一张结转损益的记账凭证，之后需由财务经理审核，并重新过账。

系统会提示结转凭证未重新过账。财务经理应先对生成的结转凭证进行审核，然后再进行过账。

【损益类科目对应的本年利润科目】

序号	科目代码	科目名称	借方金额	贷方金额	本年利润科目
1	600101	家庭影院	3843382.00	0.00	4103-本年利润
2	600102	电暖气	4275898.00	0.00	4103-本年利润
3	660101	业务招待费	0.00	81192.80	4103-本年利润
4	660201	仓储费	0.00	9464.15	4103-本年利润
5	660202	租赁费	0.00	8333.00	4103-本年利润
6	660203	办公费	0.00	10208.03	4103-本年利润
7	660204	通信费	0.00	5383.14	4103-本年利润
8	660205	差旅费	0.00	39515.11	4103-本年利润
9	660207	办公用电费	0.00	1159.68	4103-本年利润
10	660208	办公用水费	0.00	1693.55	4103-本年利润
11	660301	手续费	0.00	38.00	4103-本年利润
12	660302	现金折扣	106387.92	0.00	4103-本年利润

确定

图 2-78 结转损益

2.3.7 期末结账

财务经理点击“期末结账”，进入期末结账界面，如图 2-79 所示。

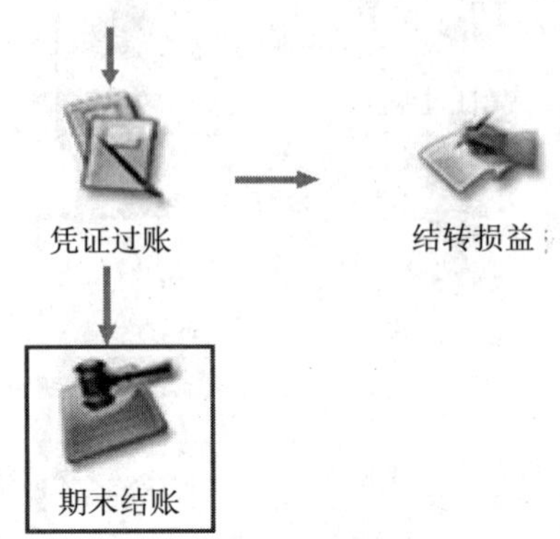

图 2-79　期末结账界面

如图 2-80 所示，列表中，根据目前运营到的年份月份，列出可以期末结账的年月，财务经理点击“期末结账”，即可对当年月进行期末结账。结账之后该年月不可再进行凭证过账、结转损益等账务处理，如图 2-81 所示。

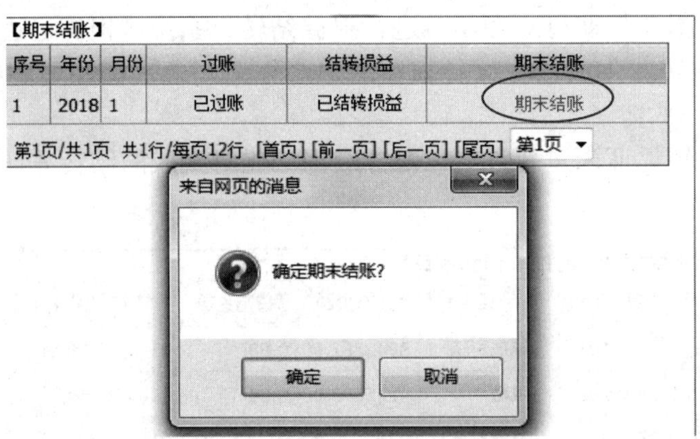

图 2-80　期末结账

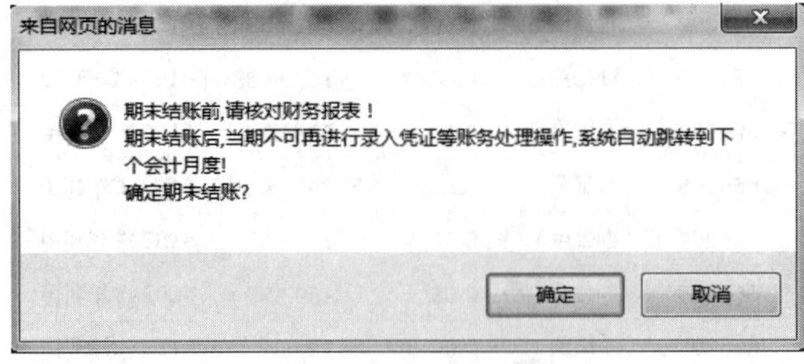

图 2-81　期末结账提示

系统提供未结账前预生成报表功能，点击“生成报表”可以进行报表预览。财务经理需点击“查看报表”以核对报表，确认报表无误后可再行结账，图 2-82 和图 2-83 分别为资产负债表和利润表的预览图。

【资产负债表】

序号	年份	月份	过账	结转损益	期末结账	操作
1	2018	1	已过账	已结转损益	未期末结账	生成报表　查看报表

第1页/共1页　共1行/每页12行　[首页] [前一页] [后一页] [尾页]　第1页 ▼

资产负债表

会企01表

编制单位：北京网创电器有限公司　　2018 年 01 月 31 日　　单位：元

资　产	期末余额	年初余额	负债和所有者权益(或股东权益)	期末余额	年初余额
流动资产:			流动负债:		
货币资金	9896329.44	0.00	短期借款	0.00	0.00
交易性金融资产	0.00	0.00	交易性金融负债	0.00	0.00
应收票据	0.00	0.00	应付票据	0.00	0.00
应收账款	0.00	0.00	应付账款	17655846.18	0.00
预付账款	713565.38	0.00	预收账款	0.00	0.00
应收利息	0.00	0.00	应付职工薪酬	0.00	0.00
应收股利	0.00	0.00	应交税费	0.00	0.00
其他应收款	0.00	0.00	应付利息	0.00	0.00
存货	18880303.72	0.00	应付股利	0.00	0.00
一年内到期的非流动资产	0.00	0.00	其他应付款	0.00	0.00
其他流动资产	1133105.17	0.00	一年内到期的非流动负债	0.00	0.00
流动资产合计	30623303.71	0.00	其他流动负债	0.00	0.00

图 2-82　系统生成的资产负债表预览

利　润　表

会企02表

编制单位：北京网创电器有限公司　　2018年　1月　　单位：元

项　目	本 期 金 额	上 期 金 额
一、营业收入	8119280.00	0
减：营业成本	0.00	0
营业税金及附加	0.00	0
销售费用	81192.80	0
管理费用	75756.66	0
财务费用	-106349.92	0
资产减值损失	0.00	0
加：公允价值变动收益 （损失以 “ - ” 填列）	0.00	0
投资收益 （损失以 “ - ” 填列）	0.00	0
其中：对联营企业和合营企业的投资收益	0	0
二、营业利润（亏损以 “ - ” 填列）	8068680.46	0
加：营业外收入	0.00	0
减：营业外支出	0.00	0
其中：非流动资产处置损失	0	0
三、利润总额（亏损总额以 “ - ” 号填列）	8068680.46	0
减：所得税费用	0.00	0
四、净利润（净亏损以 ” - “ 号填列）	8068680.46	0
五、每股收益：		
（一）基本每股收益		
（二）稀释每股收益		

单位负责人　　会计主管　　复核　　制表

图 2-83　系统生成的利润表预览

财务经理对预生成的报表进行审核时，如发现问题，可进行相应的修改；期末结账后，财务经理可进行反结账操作。

2.3.8　账簿报表

各会计角色可根据需要查询通过账务处理生成的账簿报表。如图 2-84 所示，“预览”功能提供即时查询，只要凭证填制完成，就可以进行预览；“试算平衡表、科目余额表”也可进行即时查询，目的是对各会计角色所做的账务处理进行检查；“总账”“明细账”“数量金额明细账”等账簿需等期末结账后方可查看，目的是对账簿进行检查。期末过账、损益

结转后，结账前可预生成账务报表(资产负债表、利润表)，并且可点击“资产负债表”“利润表”进行查看。

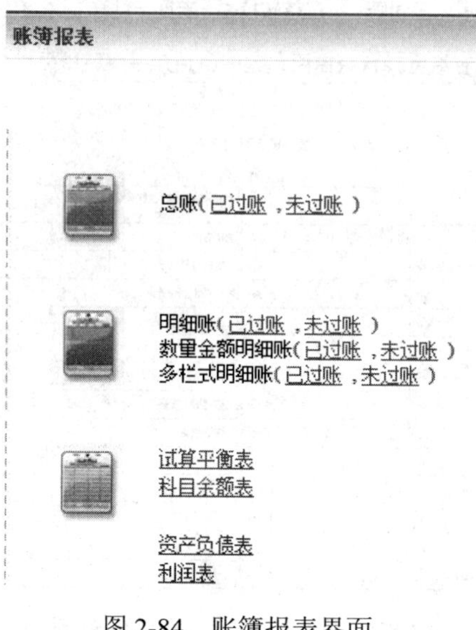

图 2-84　账簿报表界面

各会计角色点击“明细账”右侧的“预览”，可进入明细账查询界面。如图 2-85 所示，双击屏幕中间“会计科目”栏，可选择需要查询的会计科目，并可设置查询的时间，点击右侧“查询”按钮，即可进行相应查询。

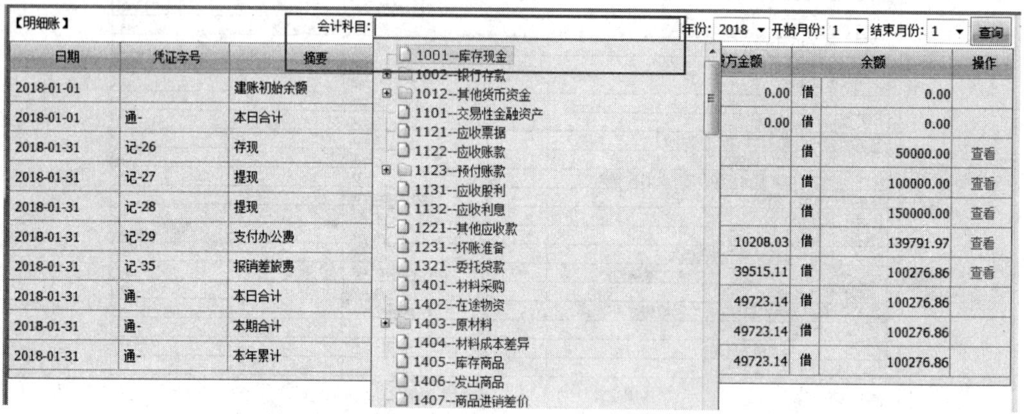

【明细账】　会计科目:　年份: 2018　开始月份: 1　结束月份: 1　查询

1001--库存现金
1002--银行存款
1012--其他货币资金
1101--交易性金融资产
1121--应收票据
1122--应收账款
1123--预付账款
1131--应收股利
1132--应收利息
1221--其他应收款
1231--坏账准备
1321--委托贷款
1401--材料采购
1402--在途物资
1403--原材料
1404--材料成本差异
1405--库存商品
1406--发出商品
1407--商品进销差价

日期	凭证字号	摘要	方金额		余额	操作
2018-01-01		建账初始余额	0.00	借	0.00	
2018-01-01	通-	本日合计	0.00	借	0.00	
2018-01-31	记-26	存现		借	50000.00	查看
2018-01-31	记-27	提现		借	100000.00	查看
2018-01-31	记-28	提现		借	150000.00	查看
2018-01-31	记-29	支付办公费	10208.03	借	139791.97	查看
2018-01-31	记-35	报销差旅费	39515.11	借	100276.86	查看
2018-01-31	通-	本日合计	49723.14	借	100276.86	
2018-01-31	通-	本期合计	49723.14	借	100276.86	
2018-01-31	通-	本年累计	49723.14	借	100276.86	

图 2-85　账簿报表查询界面

第3章 运 营 实 战

3.1 规划与预算制定

【知识提点 1】

企业初创成立后，创始人应确立企业的远景、使命和目标，并在此基础上制定企业的发展规划，这将成为企业运营中的一种常态。企业不仅要着手设计战略规划(它要成为什么)，还要设计各个层次的运营计划及应急计划。这些均是企业战略的重要组成部分，为确保企业的实际运营与外部环境动态变化保持协调一致、推动企业成功发展提供了具体内容和实施步骤。

作为一种社会组织，企业的运营是其基本活动。所谓运营，是指一切组织将其输入转换为输出的过程，对于企业而言，将资源转换为产品或服务的生产活动则是其重要的运营活动，所以针对生产运作系统进行的运营管理就成为企业管理的重点。具体而言，运营管理就是对企业的生产运营系统的设计、运行、维护与优化过程的管理，它包括对运营活动进行的计划、组织与控制。其中，运营活动的计划主要包括生产运营规划及其子计划。而生产运营规划是指为实现企业生产目标，对未来一定时期内的生产作业活动和各项资源的使用作出的统筹安排。广义的生产运营规划指生产系统的建立和运营的规划；狭义的生产运营规划是指生产系统的运行计划，是对一定时期内生产或提供的产品或服务的品种、质量、产量和进度的计划，是进行生产作业活动的纲领和依据。

在企业的总体战略和运营规划流程明确后，企业应重视发挥财务管理作用，将有限的资源优化配置，创造更大的企业价值。所以，企业还应制定相应的投资筹资规划和实施预算管理。

投资筹资规划是企业主体为平衡资金需求和提高资金运用效益，根据企业的生存和发展对未来企业资金筹措及资金运用做出的统筹安排。该规划要求对企业的投资和筹资两类活动进行预先筹划，以期实现未来资金的优化配置。其中，投资活动是指企业以自有的资产投入，承担相应的风险，以期合法地取得更多的资产或权益的一种经营活动；而筹资活动是指企业从自身生产经营现状及资金运用情况出发，根据企业未来经营与发展策略的需要，通过一定的渠道和方式，向企业的投资者及债权人筹集生产经营所需资金的一种经营活动。

在实施预算管理中，新创企业尤其要关注缺乏流动性带来的风险和经营困境。流动性是指有足够的手段偿付眼前的购买支出以及到期债务，无流动性通常是指拥有足够的财富购买或清偿债务，但没有手段立即支付。所以，为了避免无流动性引发的企业经营失败，

企业需要仔细预测现金的流入和流出，而这样的计划被称为“现金预算”。

【知识关键词 1】

战略　运营管理　财务管理

【经营关键点 1】

(1) 洞悉企业现有业务变化和市场机会，结合外部环境变化和自身资源及能力，提出和制定企业远景、使命和目标。

(2) 在符合和保证实现企业使命的条件下，制定促使企业长期生存和发展的战略，对企业的经营范围进行科学规定。

(3) 重视公司业务战略和职能战略的制定，在指导和管理具体经营单位的计划和行动的同时确定和协调企业的短期经营活动。

(4) 构造全面预算管理机制，充分发挥财务指标评价基础优势。

【实战思路 1】

本平台要求财务总监进行的规划制定主要包括：生产运营规划、投资筹资规划、现金预算、规划描述等。本平台生产运营规划需要完成八个子计划制定，分别是原材料购买计划、生产投料计划、承接订单计划、人员招聘计划、研发计划、广告投放计划、其他业务计划及出售原材料计划。本平台投资筹资规划需要完成八个子计划制定，分别是投资生产线(购买)计划、投资生产线(租赁)计划、投资房产计划(购买)、投资房产计划(租赁)、投资债券计划、短期贷款计划、抵押贷款计划和委托贷款计划。

财务总监在遵守平台规则的基础上，根据所掌握的市场资讯、公司现状(如资金状况)、长期发展规划来制定初始运营月的运营规划。

财务总监在制定生产运营规划时，首先应选择要生产的产品，根据以销定产的原则决定订单承接计划，再确定生产数量，然后根据生产数量制定原材料采购及投料计划，并关注材料库存数量。如果想接更多更大的订单，可以考虑投入广告费；如果想要提升产品质量，从而赢得更多的市场和销售优势，可以进行研发投入；如果想要扩大经营范围，做其他业务，也可以在这个方面进行规划。

财务总监在制定投资筹资规划时，要根据运营规划已选定的生产产品品种和数量选择要投资的生产线和房产，其中，生产线的选择要结合产能标准和废品率来考虑，房产的选择要结合生产线占用面积的大小和雇用的员工人数来考虑(具体可参考系统规则中占地面积和雇用员工人数的规定)。生产线、房产和其他资产选择采用购买或租赁方式，要结合公司现金流和财务风险等因素进行决策。另外，选择研发投入可以提高产品价格；选择进行国债、股票和委托贷款等投资活动，可以提高资金使用效益。筹资规划的制定需要结合上述投资规划和公司信誉值进行综合考虑。

财务总监在制定现金预算时，要根据已经完成的生产运营规划，对现金收入、现金支出、现金余缺及未来现金的筹集和运用这四个方面进行计划和安排，保证企业资金有良好的流动性。

财务总监填写的规划描述，是对规划主要内容和未尽事宜进行的文字描述。

【实战流程 1】

规划和预算制定流程如图 3-1 所示。

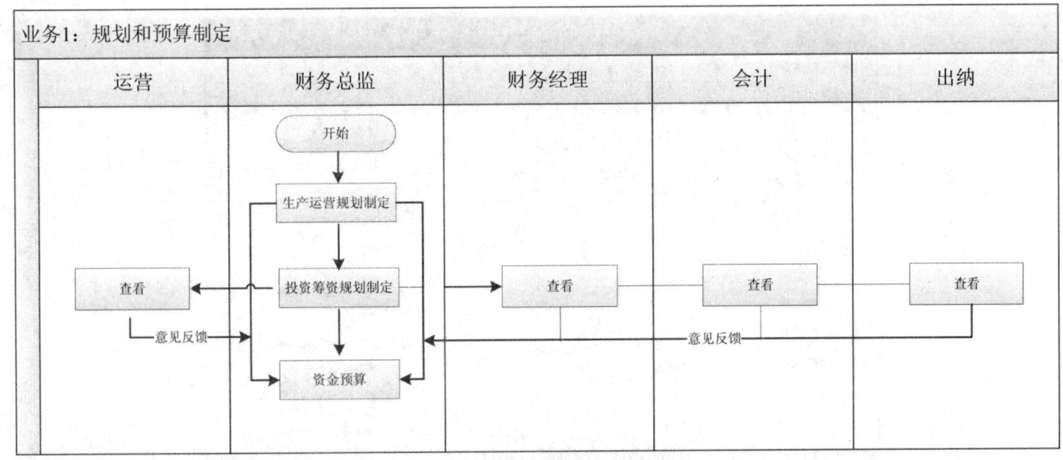

图 3-1　规划和预算制定流程

【实战案例 1】

华厦科技有限公司选择主营生产多士炉，首批规划生产 1000 台，承接订单 1000 台，采购原材料多士炉烘烤装置和辅助材料各 1300 套，投料各 1010 套；招聘生产人员 200 人，研发人员 10 人；投入广告费 100 万元，进入“一类高级市场”，为提高产品的技术含量，增加产品销售价格，公司拟投入 50 万元进行产品研发。

考虑到资金状况、员工人数、经营面积等因素，公司拟租赁生产线 1 条，厂房 A1 间，按揭贷款购买办公用房 B1 间。为维持正常生产经营，结合公司信誉值，拟申请银行短期贷款 500 万元；为提高资金使用效益，运用剩余资金购买国债 50 万元，委托贷款 100 万元。

【实战操作 1】

(1) 财务总监点击“财务部”—“规划和预算”进入制定运营规划界面，点击“新增”具体制定 2018 年 1 月运营规划；点击“规划和预算”查看、编写和修改具体的运营规划，点击规划表格后的“保存”完成规划提交，如图 3-2 所示。

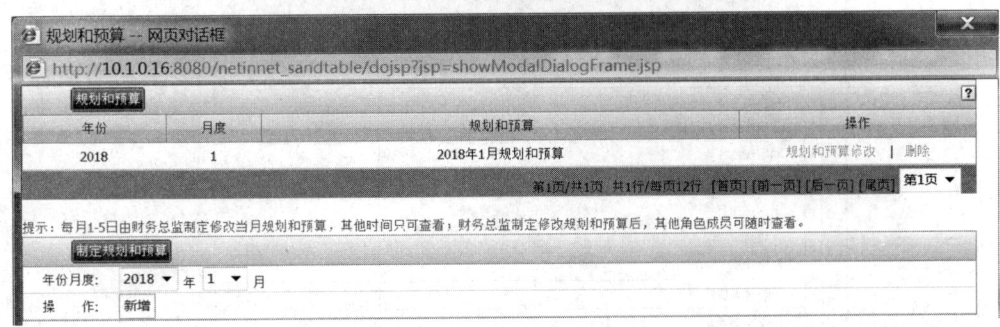

图 3-2　财务总监制定规划和预算界面

(2) 财务总监进入生产运营规划界面，完成相应子计划填写，如图 3-3 所示。

本月规划制定(2018年1月)

生产运营规划　投资筹资规划　现金预算　规划描述

1.原材料购买计划		
数字机顶盒辅材	数量:	备注:
数字机顶盒主材	数量:	备注:
早餐机传输配置	数量:	备注:
早餐机电路配置	数量:	备注:
早餐机辅助材料	数量:	备注:
多士炉辅助材料	数量:	备注:
多士炉烘烤装置	数量:	备注:
2.生产投料计划		
高清数字机顶盒	数量:	备注:
自动早餐机	数量:	备注:
多士炉	数量:	备注:
3.承接订单计划		
高清数字机顶盒	数量:	备注:

图 3-3　生产运营规划子计划填写

(3) 财务总监进入规划描述界面，对运营规划进行描述并保存，如图 3-4 所示。

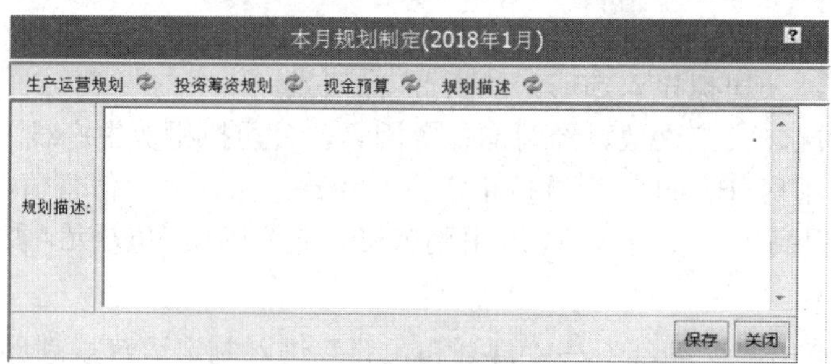

图 3-4　规划描述界面

(4) 财务总监进入现金预算界面，编制现金预算表，如图 3-5 所示。

本月规划制定(2018年1月)

生产运营规划　投资筹资规划　现金预算　规划描述

现金预算

单位:

摘要	本月
期初现金余额	
加：现金收入	——
应收账款收回及销售收入	
可动用现金合计	
减：现金支出	——
采购直接材料	
支付直接人工	
制造费用	
销售及管理费用	
购置固定设备	
支付所得税	

图 3-5　现金预算界面

3.2 租赁厂房、生产线

【知识提点2】

企业租赁厂房和生产线均属于生产运营管理决策的内容，其中，厂房的选择首先要解决企业的选址问题。好的选址会给企业带来许多有利条件，增强企业竞争力。企业选址应需最先把握影响选址的因素，例如国家政策、市场需求、资源利用、气候与地质等自然条件，以及相关配套设施等。具体到产品制造业，原料动力能源供应及位置、劳动力条件、自然条件都是企业选址要考虑的重要因素，因为这些因素将直接影响企业的生产成本、生产周期。其次，企业选址还需掌握科学的选址方法，比如投资费用比较法、分等加权法、重心法等。

企业购置生产线，属于设备布置决策，要考虑设备的类型及布置方式。具体到生产线方面，应结合产品加工工艺及程序考虑多种因素，如生产性(生产线的工作效率)、可靠性(加工精度、准确度的保持)、维修性(方不方便维修，零件是否易拆卸、检查，零件的标准化程度如何)、环保性、节能性(经济性)、灵活性(能否适应不同工作条件和环境)、难易性(操作是否简单，是否人性化)等。另外，在生产线的选择方面，亦可采用多种方法进行权衡比较，如成本比较法、投资回收期法、投资利润率法、净现值法等。

【知识关键词2】

生产运作 设施选址 设施布置

【经营关键点2】

(1) 企业不仅要重视生产运作的物质准备，还应重视技术准备和组织准备。

(2) 企业应强化预算控制观念，科学决策生产运作所需设施的初始投资。

【实战思路2】

初始运营月开始，企业需要购置厂房、生产线及办公用房。本平台提供租赁或购买两种取得方式。

运营角色首先需查看财务总监已制定发布的运营规划，根据运营规划中的投资筹资规划选择租赁房产及生产线，选择时主要考虑面积、价格、付款方式、对成本的影响等因素，其中，生产线务必要考虑产能并与厂房匹配，同时需遵循平台投资规则。财务总监根据运营提交的投资计划，结合月初制定的运营规划、经营成本、资金现状和未来计划等因素进行审批。财务经理根据合同审批付款申请，出纳执行付款。

【实战流程2】

租赁厂房、生产线的操作流程如图3-6所示。

备注：会计角色的相关账务处理及操作在会计业务实战篇讲解，以下任务均相同。

【实战案例2-1】

2018年1月1日，华厦科技有限公司租赁厂房A一套，厂房原价400万元。该厂房由“北京宏远房地产股份有限公司”提供，租赁厂房面积为400平方米。厂房年租金399 996元，每月租金33 333元，租金按季度结算，付款方式选择“一次性付款”，首付金额133 332

元(含 1 个月押金)。

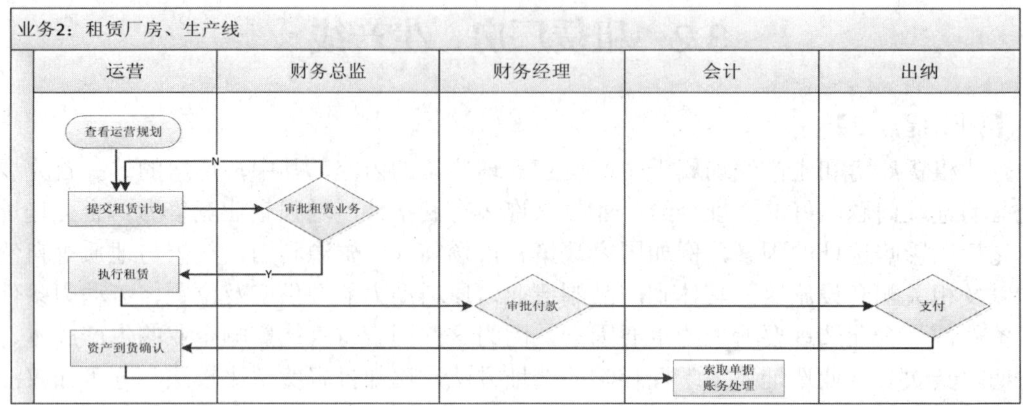

图 3-6　租赁厂房、生产线流程

【实战操作 2-1】

(1) 运营点击“财务部”—“规划和预算”，进入运营规划界面，点击“规划明细查看”，如图 3-7 所示。

图 3-7　规划明细查看

(2) 运营点击“采购市场”—“购买租赁房产”，进入购买租赁资产界面，选择需要租赁的厂房，如图 3-8 所示。

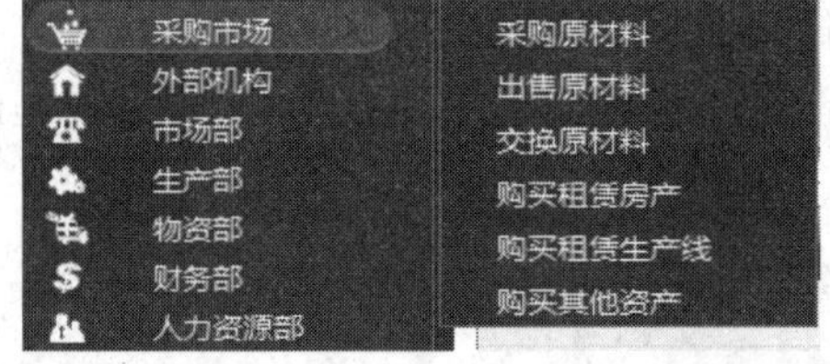

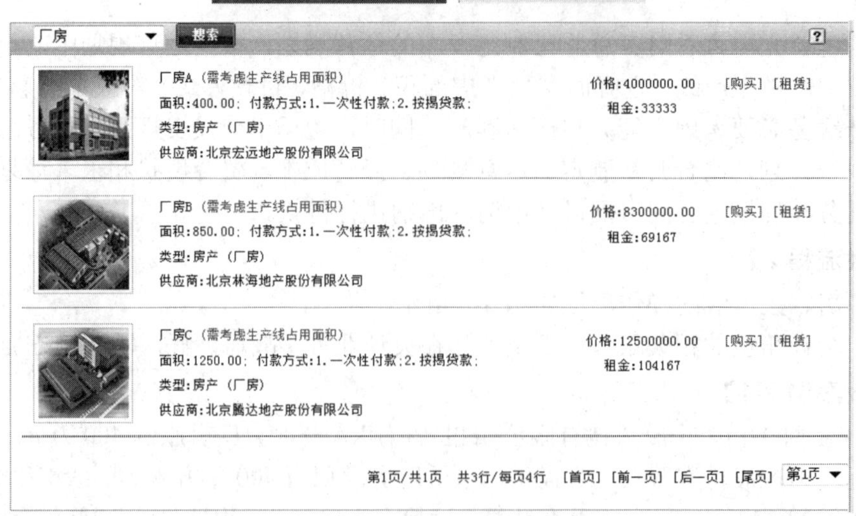

图 3-8　运营租赁房产

运营点击“租赁”进入房产租赁合同对话框，点击“提交审批”并填写决策单，如图 3-9 所示。

房产租赁合同 -- 网页对话框

http://10.1.0.16:8099/netinnet_sandtable_v3/dojsp?jsp=showModalDialogFrame.jsp

租赁固定资产合同信息

资产名称:	厂房A	资产价格:	4000000.00
供应商:	北京宏远地产股份有限公司	固定资产类型:	房产
类别用途:	厂房	面积(平方米):	400.00
付款方式:	一次性付款	租金(每月):	33333
租赁数量:	1	年租金:	399996
首付金额:	133332		
注意:	租赁租期为1年，首次支付(1+3)个月租金，后面按季度收取租金(一季度一付)		

提交审批　取消提交

*租赁或购买后，可以到物资部我的固定资产给资产进行自定义编号。

*鉴于现有公司规模和注册资本，公司规定招聘员工上限为600人。（不包括管理人员和销售人员）

http://10.1.0.16:8099/netinnet_sandtable_v3/dc Internet | 保护模式: 禁用

图 3-9　运营提交租赁厂房请示

(3) 财务总监在我的审批单界面查看待审批的事项——“租赁厂房”。还可点开左上角的“+”查看辅助决策的信息，如图 3-10 所示，然后点击“通过”完成审批。

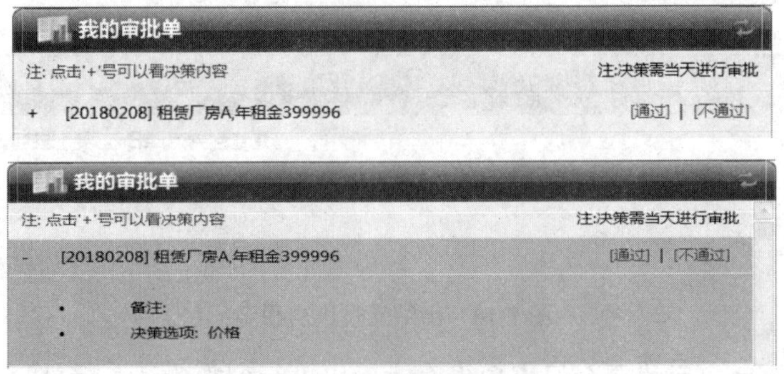

图 3-10　财务总监审批租房请示

(4) 运营在我的审批单界面点击“执行”，如图 3-11 所示。待运营角色“执行”后，财务总监可在自己的工作界面查看到如图 3-12 所示的状态。

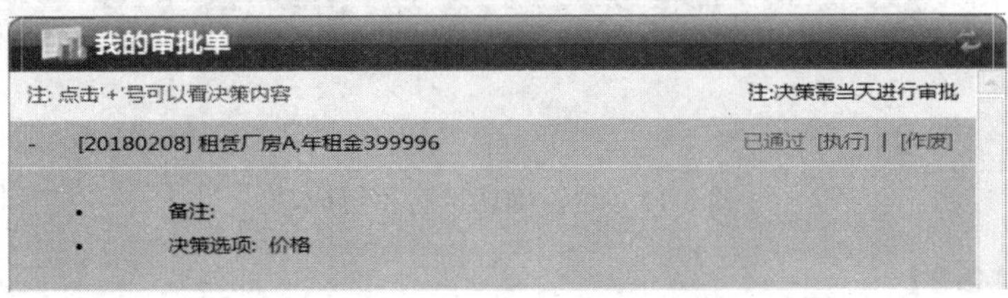

图 3-11　运营执行租赁厂房指令

图 3-12　财务总监查看租赁厂房

(5) 财务经理点击“财务部”—“规划和预算”，查看企业运营规划中的“投资筹资规划”；然后进入待办事项界面，点击“待办事项”—“审批通过”，并按“确定”，如图 3-13 所示。

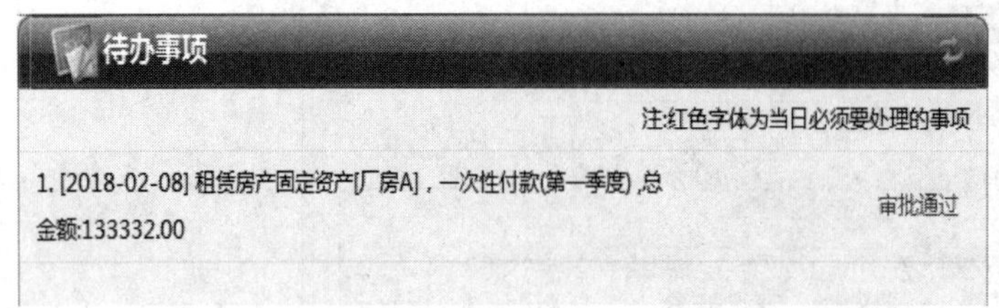

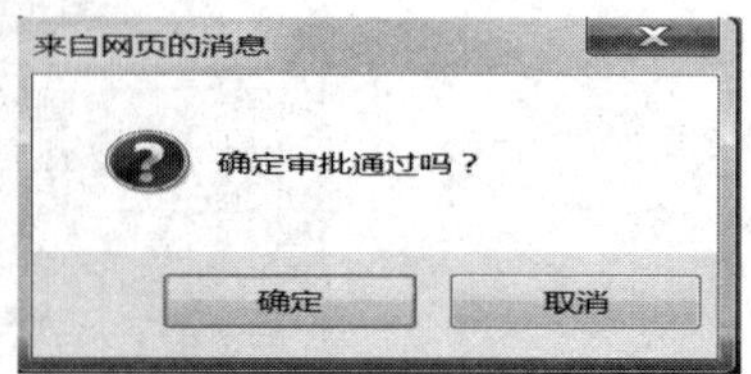

图 3-13　财务经理审批支付厂房租金申请

(6) 出纳点击“财务部”—“规划和预算”，查看企业运营规划中的“投资筹资规划”。

出纳根据财务经理已审批事项，办理款项支付业务。然后进入“待办事项”，按应待办事项逐一进行支付款项的审核，无误时按付款流程办理支付。若符合支付要求，则点击“银行支付”；若不符合支付条件或企业资金不足无款支付时，则点击“拒绝支付”，如图 3-14 所示。

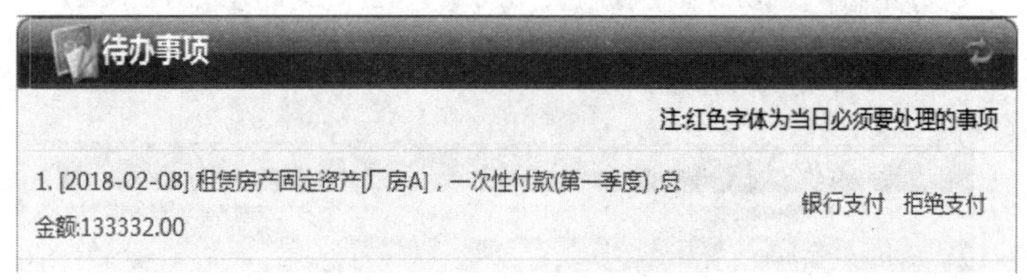

图 3-14　出纳支付厂房租金

(7) 出纳付款后，运营在今日事项界面对厂房进行到货确认，确认厂房租赁成功的界面如图 3-15 所示。

图 3-15　运营确认厂房租赁成功

【实战案例 2-2】

2018 年 1 月 1 日，华厦科技有限公司租赁空调生产线 B，价格 2400 万元。该生产线占用面积 400 平方米，产能 1000 台，单位耗时 1.5 天，废品率 0.3%，安装天数 10 天，用工人数上限 200 人，由北京裕丰机械制造有限公司提供。该生产线年租金 2 880 000 元，月租金 240 000 元，租金按季度结算，付款方式选择“一次性付款”，首付金额 960 000 元(含 1 个月押金)。

【实战操作 2-2】

具体操作同【实战操作 2-1】，请使用者根据案例数据自行操作。

3.3　根据运营规划按揭贷款购买房产

【知识提点 3】

房产和前述的厂房及生产线类似，均属于企业生产运营投资决策。鉴于该类资产价值较大，企业可根据自身财务状况选择不同的增加方式，其中，按揭贷款购买就是一种。按揭贷款在这里是指企业向银行等金融机构融资，然后向供货商购置所需固定资产，并分期归还本息的一种贷款方式。企业签订了按揭贷款合同后，需首期支付一定数额，其后要在按揭期内按选定的还款方式逐期偿还本息。

【知识关键词 3】

期款　担保　购房综合保险　合同风险

【经营关键点 3】

(1) 根据企业经营与发展需要，有效配置流动资产与固定资产，结合财务状况进行自营自用大型固定资产投资的决策。

(2) 企业选择按揭贷款方式进行固定资产融资的，应关注提供按揭贷款银行要求的担保方式、贷款发放方式、还款方式及还贷周期等。

(3) 对按揭购买的房产，企业除关注面积、价格等主要因素外，还应关注购房中的法律风险，尤其是合同风险，并进行合理规避。

【实战思路 3】

运营角色首先需查看财务总监已制定发布的运营规划，根据运营规划中的投资筹资规划选择按揭购买办公用房，选择时主要考虑面积、价格和管理人员数量等影响因素。选定购买的办公用房类型后，要确定折旧年限、净残值率。建议确定折旧年限时参考税法相关规定，净残值率应当根据资产的性质和使用情况合理确定。另外，《中华人民共和国企业所得税实施条例》规定，固定资产的预计净残值一经确定，不得变更。具体到本平台，确定办公用房折旧年限和净残值率时，还需遵守前述投资规则(编号)。在平台中，按揭年限分为三种，运营需根据企业财务状况进行选择。财务总监根据运营提交的按揭购买计划，结合月初制定的运营规划、经营成本、资金现状和未来计划等因素进行审批。财务经理根据合同审批付款申请，出纳执行付款。

【实战流程 3】

按揭购买办公用房流程如图 3-16 所示。

【实战案例 3】

2018 年 1 月 2 日，华厦科技有限公司按揭贷款购买使用面积 100 平方米的办公用房 A 一套，该办公用房由北京华新房地产有限公司提供。资产原价 1 000 000 元，折旧年限 20 年，净残值率 5%。付款方式选择按揭贷款，按揭期限 3 年，贷款年利率 7.50%。按揭首付 30%，首付款为 305 600 元，按揭贷款采用等额本息还款方式，每月还款额为 21 774.35 元。按揭时发生手续费 2100 元，保险费 3500 元。

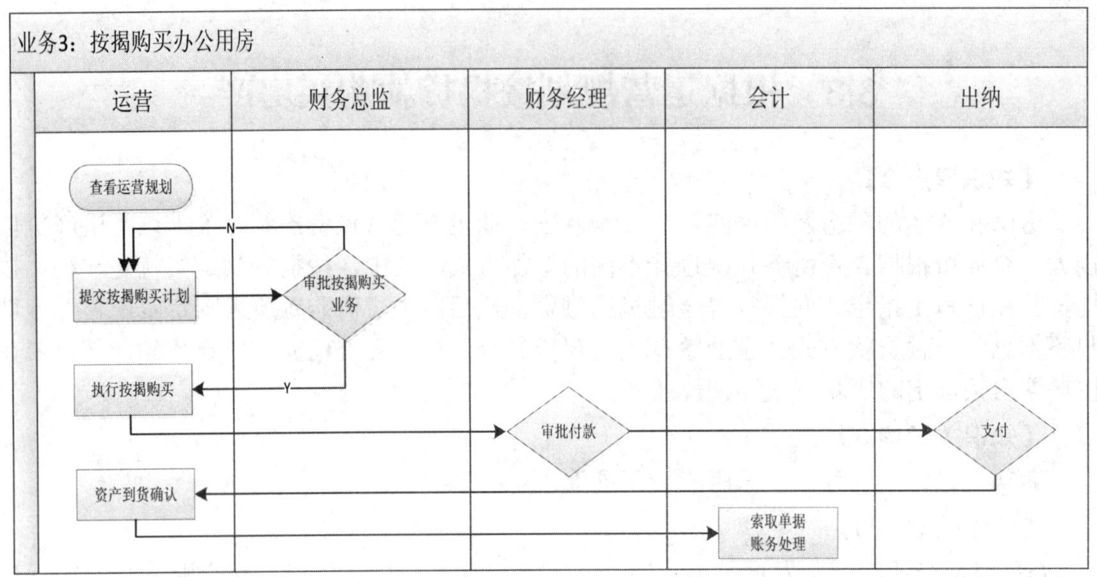

图 3-16　按揭购买办公用房流程

【实战操作 3】

(1) 运营点击“财务部”—“规划和预算”，进入运营规划界面，点击“规划明细查看”。

(2) 运营点击“采购市场”—“购买租赁房产”，进入购买租赁资产界面，选择需要购买按揭的办公用房，如图 3-17 所示。

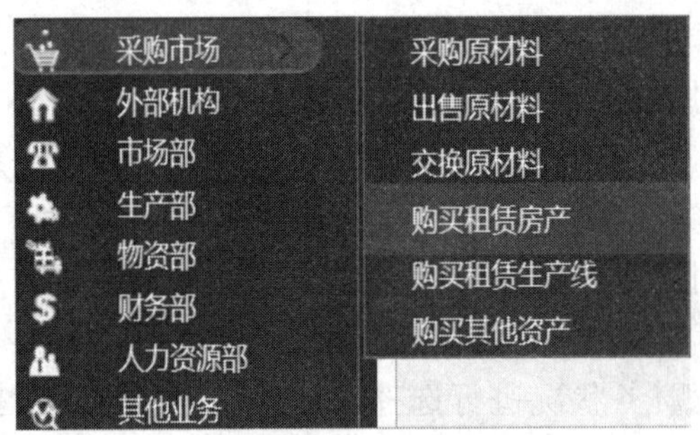

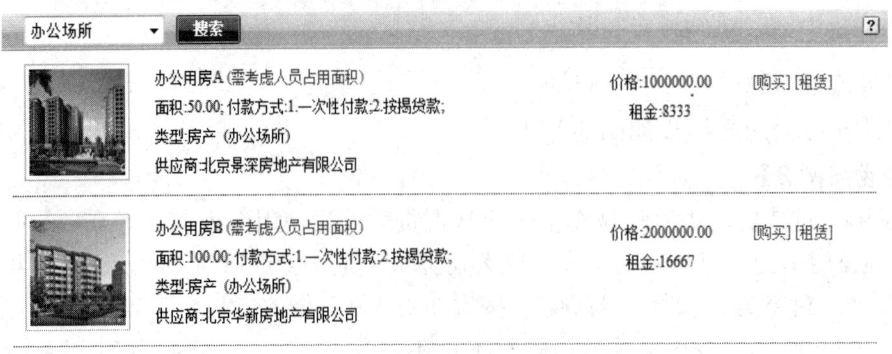

图 3-17　购买办公用房界面

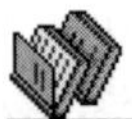

运营点击办公用房 A“购买”，进入采购固定资产合同信息界面，在该界面下填写“折旧月份”“净残值比率”，通过下拉菜单选择“付款方式”及“按揭年限”。填写完毕，点击“确认提交”并填写“决策单”，操作界面如图 3-18 所示。

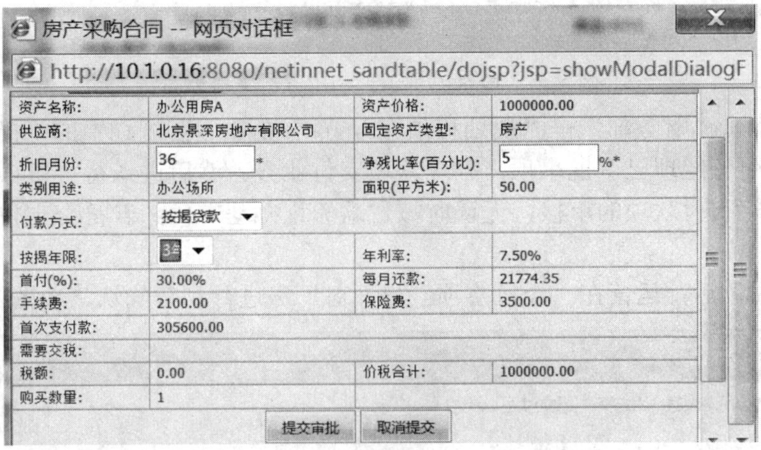

房产采购合同 -- 网页对话框
http://10.1.0.16:8080/netinnet_sandtable/dojsp?jsp=showModalDialogF
资产名称: 办公用房A
资产价格: 1000000.00
供应商: 北京景深房地产有限公司
固定资产类型: 房产
折旧月份: 36 *
净残比率(百分比): 5 %*
类别用途: 办公场所
面积(平方米): 50.00
付款方式: 按揭贷款
按揭年限: 3年
年利率: 7.50%
首付(%): 30.00%
每月还款: 21774.35
手续费: 2100.00
保险费: 3500.00
首次支付款: 305600.00
需要交税:
税额: 0.00
价税合计: 1000000.00
购买数量: 1
提交审批
取消提交

图 3-18 运营提交购买办公用房界面

(3) 财务总监在“我的审批单”查看待审批的事项——“按揭购买办公用房”。还可点开左上角的“+”查看辅助决策的信息，点击“通过”完成审批，如图 3-19 所示。

我的审批单
注: 点击'+'号可以看决策内容
注:决策需当天进行审批
[20180215] 按揭贷款购买办公用房A,贷款期限3年,价格1000000.00,首付30.00%,每月还款21774.35
[通过] | [不通过]
备注: 按揭3年
决策选项: 是否按揭

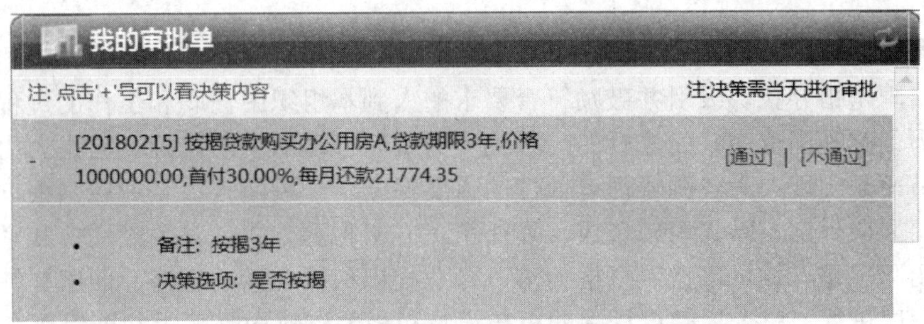

图 3-19 财务总监审批购买办公用房界面

(4) 审批通过后，运营角色在“我的审批单”下点击“执行”，如图 3-20 所示。

我的审批单
注: 点击'+'号可以看决策内容
注:决策需当天进行审批
[20180215] 按揭贷款购买办公用房A,贷款期限3年,价格1000000.00,首付30.00%,每月还款21774.35
已通过 [执行] | [作废]
备注: 按揭3年
决策选项: 是否按揭

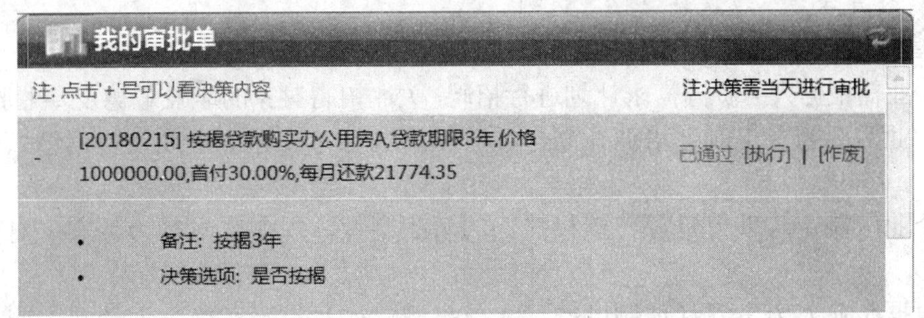

图 3-20 运营执行购买办公用房界面

(5) 财务经理点击“财务部”—“规划和预算”，查看企业运营规划中的“投资筹资规划”；然后进入待办事项界面，点击“待办事项”—“审批通过”，并按“确定”，如图 3-21 所示。

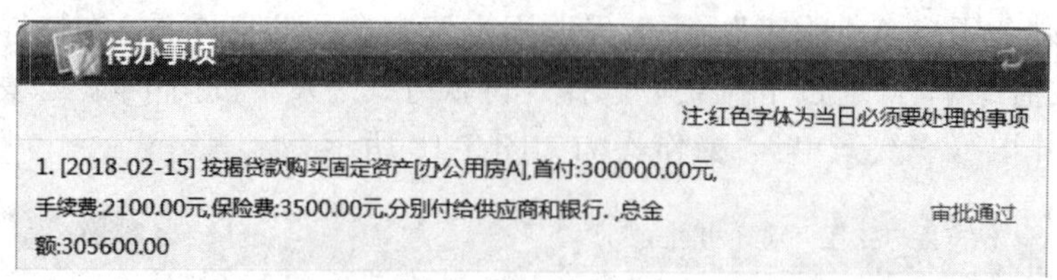

图 3-21　财务经理审批购买办公用房界面

(6) 出纳点击“财务部”—“规划和预算”，查看企业运营规划中的“投资筹资规划”。

出纳根据财务经理已审批事项，办理款项支付业务。然后进入待办事项界面，按应待办事项逐一进行支付款项的审核，无误时按付款流程办理支付。若符合支付要求，则点击“银行支付”。

(7) 出纳付款后，运营在“今日事项”界面对厂房进行到货确认，如图 3-22 所示。

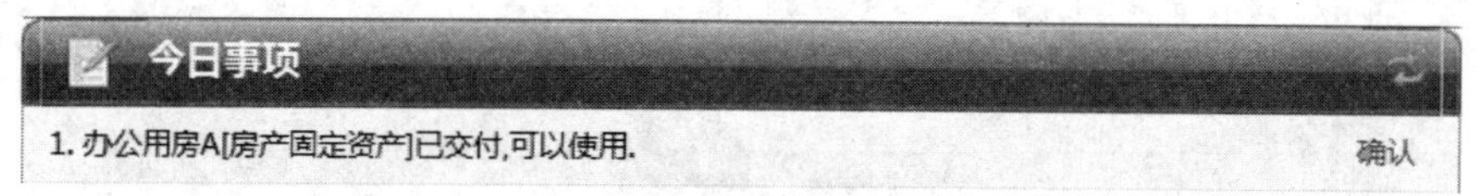

图 3-22　运营确认购买办公用房成功界面

3.4　人员招聘入职业务

【知识提点 4】

人员招聘是指寻找、吸引并鼓励符合要求的人到本组织中任职和工作的过程。人员招聘是企业为了弥补岗位空缺而进行的一系列人力资源管理活动的总称。它是人力资源管理的首要环节，是实现人力资源管理有效性的重要保证。一般而言，企业应当根据人力资源需求计划，采取外部招聘、内部选拔、委托第三方招聘等方式，对关键岗位和紧缺人才进行选拔。招聘工作一般可以按照资格初审、专业知识和综合素质测评、面试与答辩、专家组评审等程序进行。整个招聘过程中的审核记录和相关资料均需妥善归档保存。

【知识关键词 4】

人力资源管理　人力资源考核　薪酬　激励

【经营关键点 4】

(1) 企业需根据人力资源需求计划进行招聘，关注招聘对象的职业道德及专业胜任能力。

(2) 企业需要为员工制订培训计划，并对培训进行考核评价，涉及费用纳入预算并实施控制。

(3) 企业应制定与人力资源考核相挂钩的薪酬制度，规范分配行为，实现对员工的有效激励。

(4) 根据企业人力资源管理制度办理人员离职，如对员工实施辞退处罚，应当符合国家有关劳动保护的法律法规。

【实战思路 4】

运营应在生产线安装期间执行人力资源部招聘生产人员的工作，为产品生产做好准备。运营在招聘时，应首先注意每条生产线的生产工人上限人数规定，超过上限，系统会提示不允许继续招聘。需要运营招聘的人员有研发人员、生产工人、司机(运输业务)、厨师(餐饮业务)。但厨师和司机只有在执行相关业务时才需要招聘。人员招聘结束后，需办理入职。但入职必须在相关办公场所及生产线配置完成后方可进行，并应注意人均占用面积。若移入员工数超过可占用的房屋面积，则不能完成入职。

【实战流程 4】

员工招聘流程如图 3-23 所示。

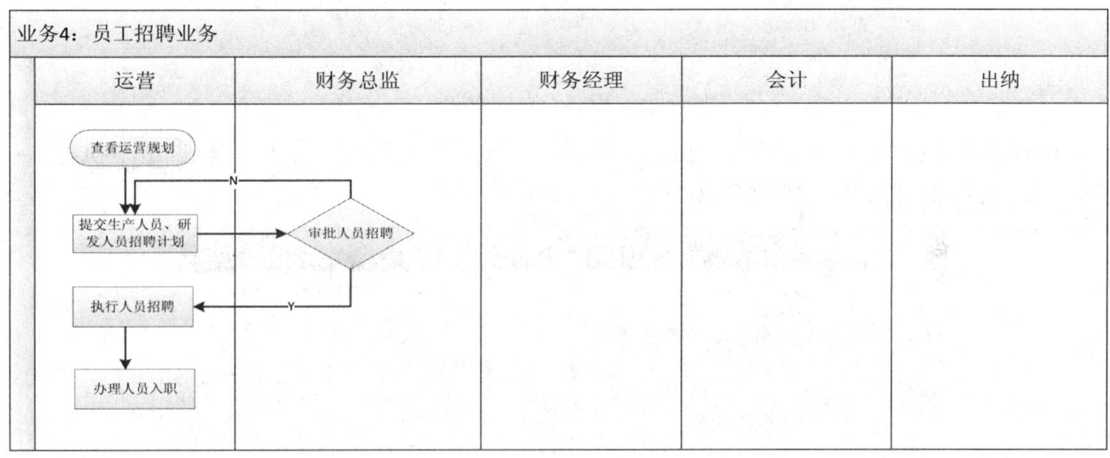

图 3-23 员工招聘流程

【实战案例 4】

2018 年 2 月 9 日，华厦科技有限公司人力资源部根据运营规划进行员工招聘，具体招聘情况为：招聘生产人员 200 人、研发人员 10 人。另外，公司的管理人员、销售人员及车间管理人员均为平台自动配置，不需招聘。

【实战操作 4】

(1) 运营点击“财务部”—“规划和预算”，进入运营规划界面，点击“规划明细查看”，具体查看“生产运营规划”界面中的“人员招聘计划”。

(2) 运营点击“人力资源部”—“招聘员工”，在招聘员工界面下，按运营规划招聘企业所需员工；在“生产人员”栏目下点击“招聘”，输入招聘人数，然后点击“确认招聘”—“确定”，如图 3-24 所示。

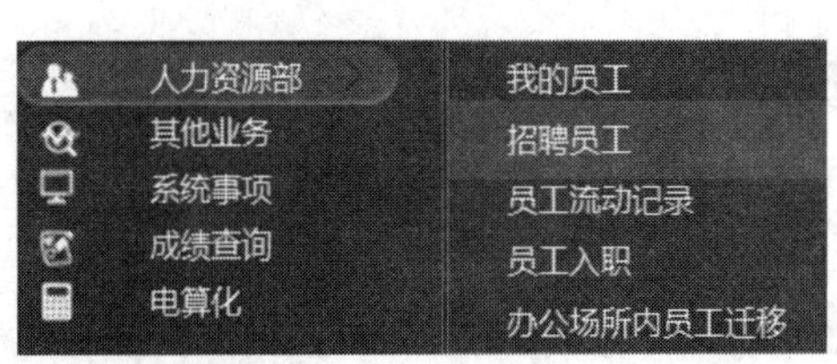

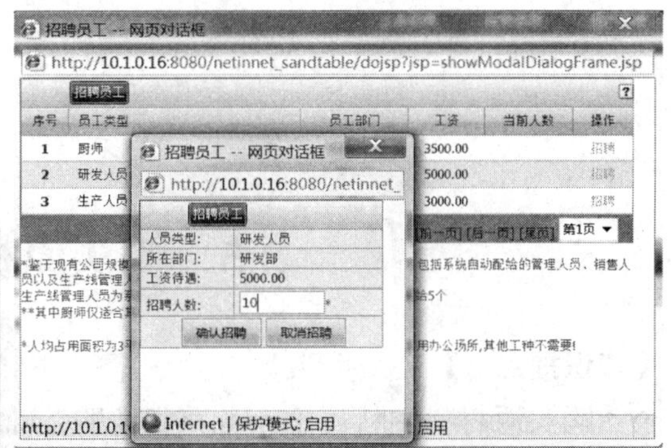

图 3-24 运营招聘员工

(3) 财务总监在“我的审批单”查看待审批的事项——“招聘生产人员”“招聘研发人员”。还可点开左上角的“+”查看辅助决策的信息，点击“通过”完成审批，如图 3-25 所示。

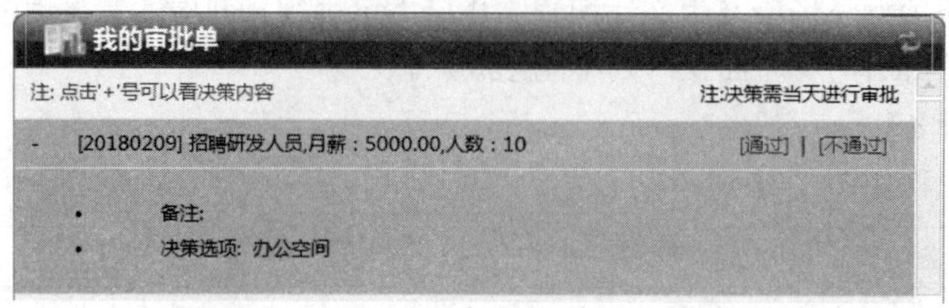

图 3-25　财务总监审批界面

(4) 运营根据系统消息提醒，点击“处理”，然后在“我的审批单”栏点击“执行”，通过后，人员招聘成功，如图 3-26 所示。

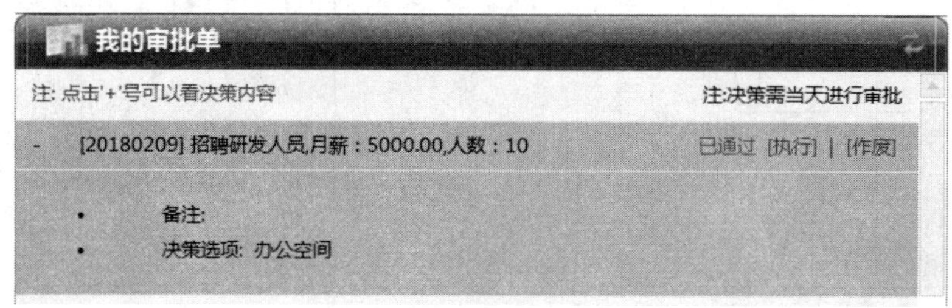

图 3-26　运营执行招聘人员指令

(5) 运营点击“人力资源部”—“员工入职”，进入员工入职界面，通过下拉菜单选择办公场所，选中要移入的员工，输入“移入人数”，点击“移入”，系统提示“操作成功”完成，如图 3-27 所示。

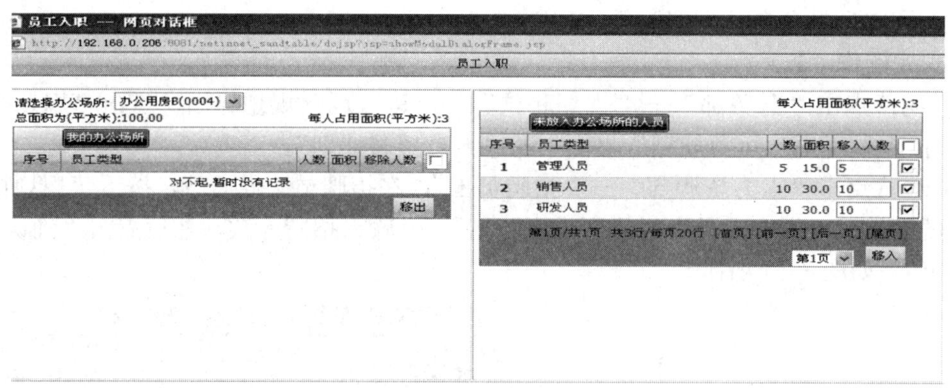

图 3-27　运营办理员工入职

3.5　购买原材料主料

【知识提点 5】

企业购买原材料主料属于企业存货请购范畴。企业存货请购前，应根据仓储计划、资金筹措计划、生产计划、销售计划等制定采购计划，并对存货的采购实行预算管理，合理确定材料、在产品、产成品等存货的比例。存货的采购时机和采购批量的选择应结合企业需求、市场状况、行业特征、实际情况等综合考虑，具体采购时，要在供应商选择、采购方式选择、验收程序及计量方法选择方面进行平衡。

首先，在选择供应商方面，供应商是否为增值税一般纳税人对企业的净利润及现金流量均有影响。企业在采购时，需对这些影响进行判断。具体操作时，可根据两类不同纳税人的净利润无差别点来进行选择。该无差别点计算过程具体如下：

甲公司为增值税一般纳税人，适用城市维护建设税率为7%，教育费附加为3%，所得税率为25%。商品不含税售价 S_0。现有一般纳税人供应商A，其供应材料不含税单价为 S_1；小规模纳税人供应商B，其供应材料的不含税单价为 S_2，在不考虑其他成本费用的情况下，在不同供应商处采购，甲公司赚取的净利润值计算如下：

在一般纳税人A处采购的净利润 $L_1 = [(S_0 - S_1) - (S_0 - S_1) \times 17\% \times (7\% + 3\%)] \times (1 - 25\%)$

在小规模纳税人B处采购的净利润 $L_2 = [(S_0 - S_2) - S_0 \times 17\% \times (7\% + 3\%)] \times (1 - 25\%)$

令 $L_1 = L_2$，则计算得出 $S_1/S_2 = 1.017$。

以上计算得出的 $S_1/S_2 = 1.017$，即为选择不同纳税人时的净利润无差别点值。具体应用时，当 $S_1/S_2 = 1.017$ 时，无论从一般纳税人还是从开具普通发票的小规模纳税人处采购货物，其净利润是一样的；当 $S_1/S_2 > 1.017$ 时，从小规模纳税人处采购的净利润比较大，应当选择小规模纳税人；当 $S_1/S_2 < 1.017$ 时，从一般纳税人处采购的净利润比较大，应当选择一般纳税人。如果在具体业务中出现供应商的价格由不含税单价变为含税单价的情况，该无差别点值需重新计算，再进行衡量。

其次，在选择采购方式方面，企业应根据商品性质和供求情况来考虑。一般物品或劳务等的采购可以采用订单采购或合同订货等方式，小额零星物品或劳务等的采购可以采用直接购买等方式。

【知识关键词5】

最优存货量 采购成本 供应商管理

【经营关键点5】

(1) 根据存货采购计划进行采购，并对采购进行预算管理，有效控制采购成本。

(2) 建立存货采购与验收环节的管理制度，对采购方式确定、供应商选择、验收程序及计量方法等做出明确规定，确保采购过程的透明化。

(3) 采购付款时应按采购合同约定的付款条件付款，并对采购发票、结算凭证、检验报告、计量报告和验收证明等相关凭证的真实性、完整性、合法性及合规性进行严格审核。

【实战思路5】

运营选择购买原材料主料时，应充分考虑市场价格波动对原材料价格的影响、供应商的信誉值、纳税人规模等，以便权衡企业的采购成本和风险。在采购原材料时，运营要注意查看购买信息中的供应商信息、原材料价格走势图、材料与产品配比、现金折扣条件、商业折扣条件、付款方式的选择、运费等相关信息，再根据需求选择原材料主料。

【实战流程5】

购买原材料流程如图3-28所示。

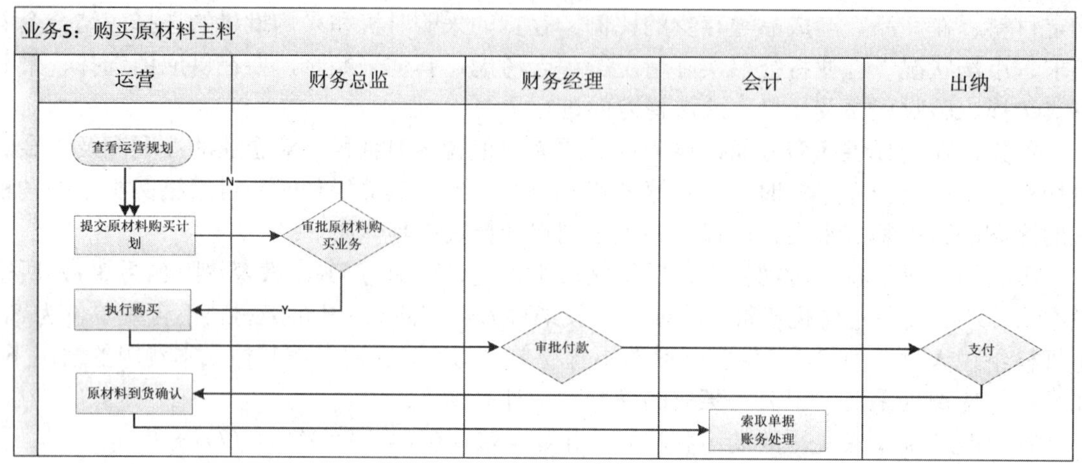

图 3-28　购买原材料流程

【实战案例 5】

2018 年 1 月 1 日，华厦科技有限公司选择购买武汉穆康科技有限公司多士炉烘烤装置的原材料。该原料不含税单价为 789.56/套，购买数量 1000 套，货款金额 7 881 664.40 元，商业折扣 1%，运费共计 3000 元，其中，固定运费 2500 元，浮动运费 500 元。华厦公司选择货到付款的发货方式，付款方式选择一次性付款。

【实战操作 5】

(1) 运营点击“财务部”—“规划和预算”，进入运营规划界面，点击“规划明细查看”，可查看“生产运营规划”中的原材料购买计划。

(2) 运营点击“采购市场”—“采购原材料”，进入采购原料界面，搜索到相应的原料，点击“购买”，在采购原材料对话框里输入“购买数量”，选择“发货方式”“付款方式”，点击“确认提交”，并填写决策单，如图 3-29 和图 3-30 所示。

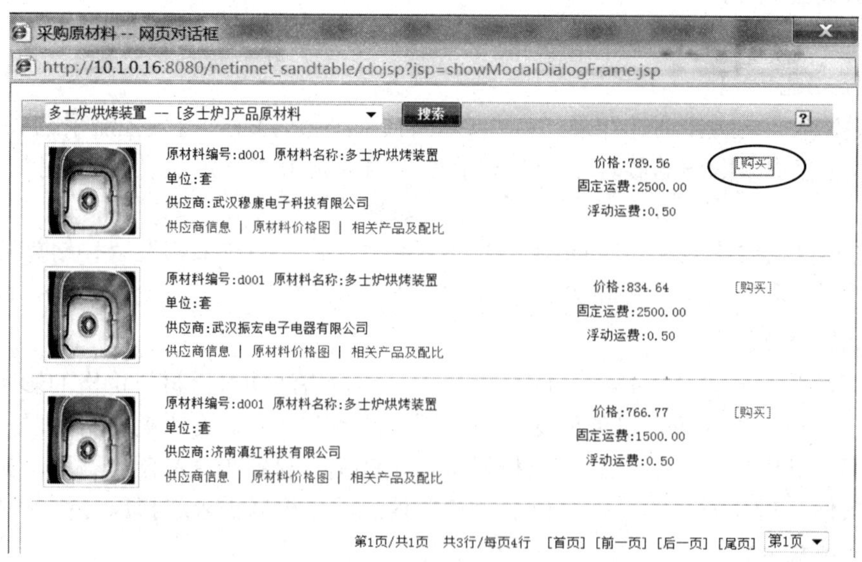

图 3-29　运营购买材料

采购原材料 -- 网页对话框

http://10.1.0.16:8080/netinnet_sandtable/dojsp?jsp=showModalDialogFrame.jsp

采购原材料

供应商名称:	武汉穆康电子科技有限公司
原材料名称:	多士炉烘烤装置
单位价格:	789.56 / 套
运费单位价格:	0.50 / 套
购买数量:	1000 * / 套 * 提示: 满1000,折扣1.00%; 满2000,折扣1.50%; 满3000,折扣2.00%; 满5000,折扣2.50% 注意:系统默认最低库存限制数量为10
货款金额:	781664.40 商业折扣 1%
运费金额:	固定运费: 2500.00 + 浮动运费: 500.00 = 3000.00 单位(元)
可抵扣税额:	132972.95
合计(含税)金额:	917637.35 单位(元)
发货方式:	款到发货 提示: 选择货到付款并选择一次性付款情况下，根据供应商设置享受现金折扣
付款方式:	一次性付款 提示: 一次性付清所有款项。

提交审批　取消提交

图3-30　运营提交购买材料请示

(3) 财务总监在“我的审批单”查看待审批的事项——“采购原材料”。还可点开左上角的“+”查看辅助决策的信息，点击“通过”完成审批，如图3-31所示。

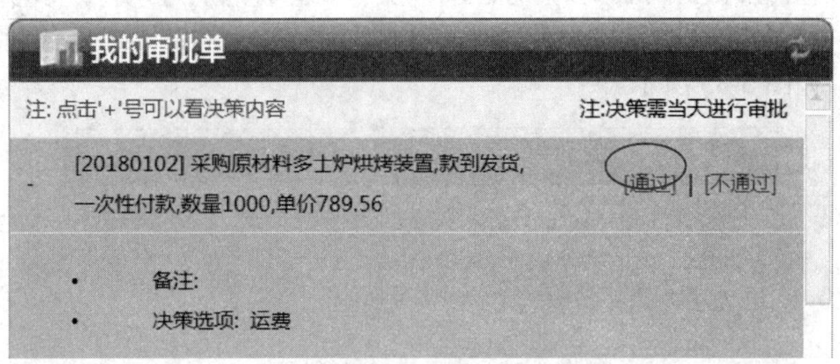

图3-31　财务总监审批购买材料

(4) 审批通过后，运营在“我的审批单下”点击“执行”，如图3-32所示。执行完毕，系统会有如图3-33的提示。

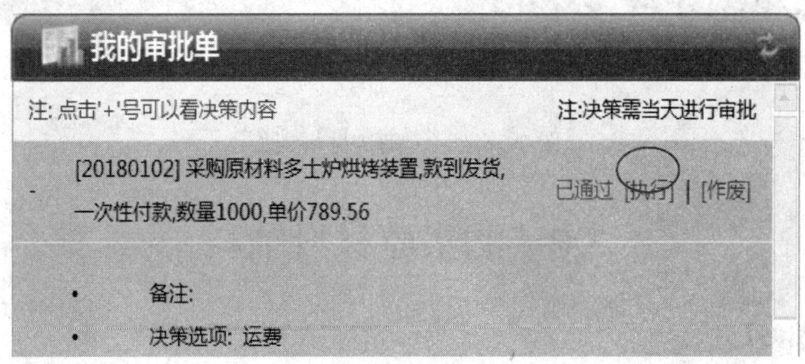

图3-32　运营执行购买材料指令

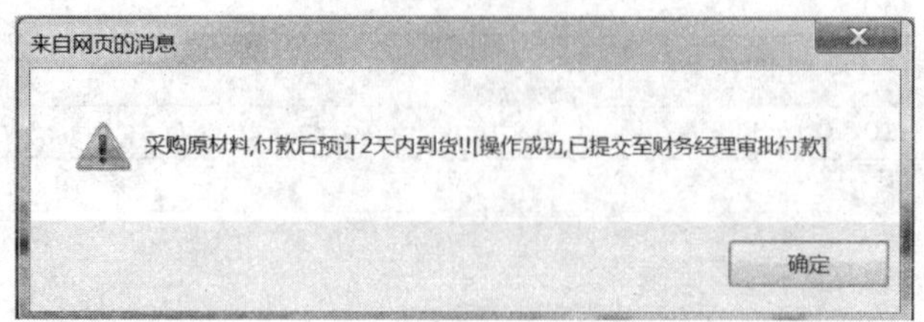

图 3-33　系统提示信息

(5) 财务经理点击“财务部”—“规划和预算”，查看企业运营规划中的“生产运营规划”；然后进入待办事项界面，点击“待办事项”—“审批通过”，并按“确定”，如图 3-34 所示。

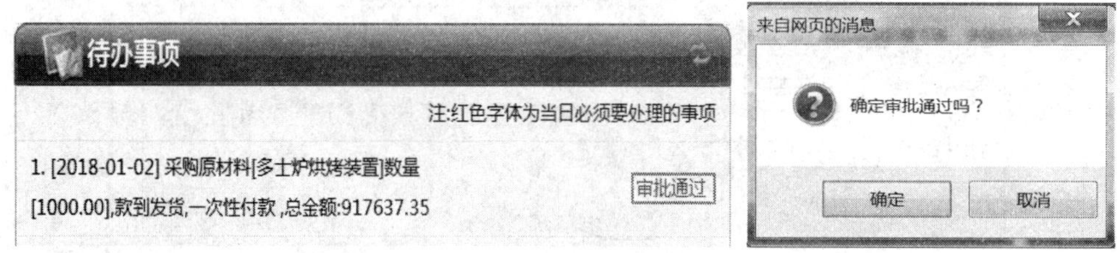

图 3-34　财务经理审批材料货款

(6) 出纳点击“财务部”—“规划和预算”，查看企业运营规划中的“生产运营规划”。

出纳根据财务经理已审批事项，办理款项支付业务。然后进入待办事项界面，按应待办事项逐一进行支付款项的审核，无误时按付款流程办理支付。若符合支付要求，则点击“银行支付”，如图 3-35 所示。

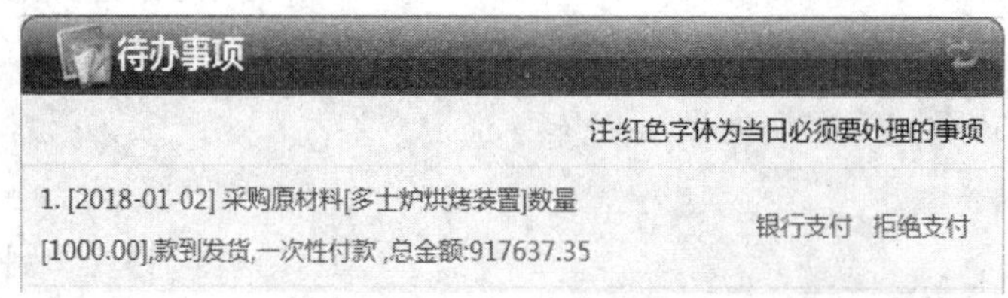

图 3-35　出纳支付材料货款

(7) 运营需在第四天原材料到货后，在“今日事项”栏进行到货确认，如图 3-36 所示。

图 3-36　运营确认材料到货

3.6　购买原材料辅料

【实战思路 6】

运营在选择购买完原材料主料后，应尽快购买相应原材料的辅料，购买方法同主料购买情形，也应充分考虑市场价格波动对原材料价格的影响、供应商的信誉值、纳税人规模等，以便权衡企业的采购成本和风险。在采购原材料辅料时，运营同样要注意查看购买信息中的供应商信息、原材料价格走势图、材料与产品配比、现金折扣条件、商业折扣条件、付款方式的选择、运费等相关信息，并根据需求选择原材料辅料。

【实战流程6】

购买原材料辅料流程如图3-37所示。

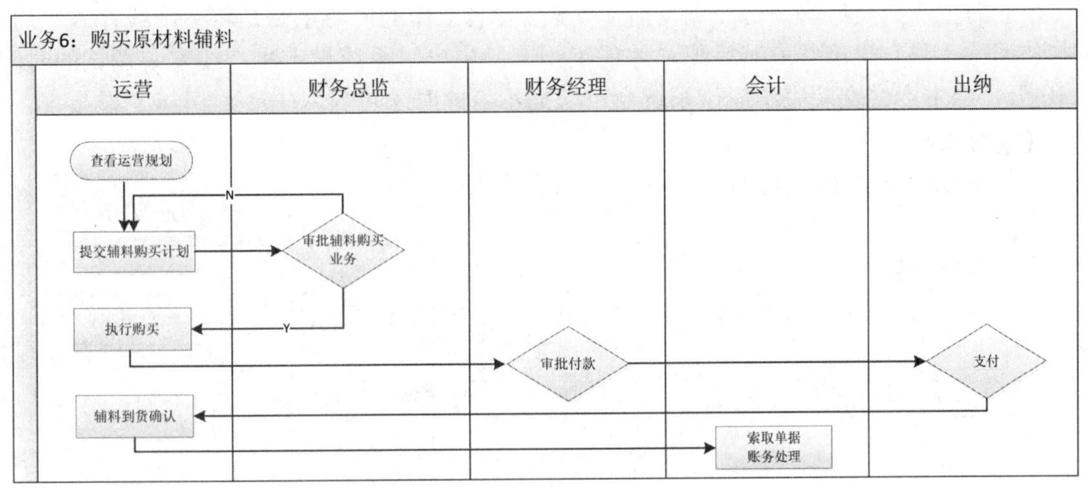

图3-37 购买原材料辅料流程

【实战案例6】

2018年1月1日，华厦科技有限公司选择购买宁波创康科技有限公司多士炉辅助材料。该材料不含税单价为584.39元/套，购买数量1000套，货款金额578 546.10元，对方给予商业折扣1%。共发生运费4300元，其中，固定运费3800元，浮动运费500元。华厦公司选择款到发货的方式，付款方式选择一次性村款。

【实战操作6】

具体操作同【实战操作4】，不再赘述，请使用者根据案例数据完成该业务操作。

3.7 生产线安装调试

【知识提点7】

企业进行生产线的安装调试属于生产线布局的决策实施。企业在进行生产线布局时，要综合考虑物料搬运、生产作业与制程编排、人力资源配置及建筑空间利用等因素，确保工厂的各种作业和附属设施都能依照制造程序做最适当的编排与布置，提高生产线的运作效率和使用效果。另外，在生产线安装中，企业还需考虑技术工艺、成本和安全性要求等约束因素，同时亦要为未来的生产线改造及产能提升预留空间。

【知识关键词7】

制造工程规划设计　生产线布局

【经营关键点 7】

(1) 结合工厂整体性企划及未来生产计划制定生产线布局规划。

(2) 优化生产线布局，改善人机工程，优化操作流程、物料搬运，缩短生产线节拍、减少生产线占地面积，控制成本，提高效率。

(3) 注重维持生产作业与制成编排的弹性化，以利于根据产能变化进行调整。

【实战思路 7】

企业的生产线及厂房等资产到货后需安装。安装工作的内容主要是将生产线移入厂房，并安装调试。只有生产线安装完毕，才能组织产品生产。系统设定生产线安装调试的时间是 10 天，当生产线安装完毕后，系统会自动提示，此时才可投入生产。

【实战流程 7】

生产线安装调试流程如图 3-38 所示。

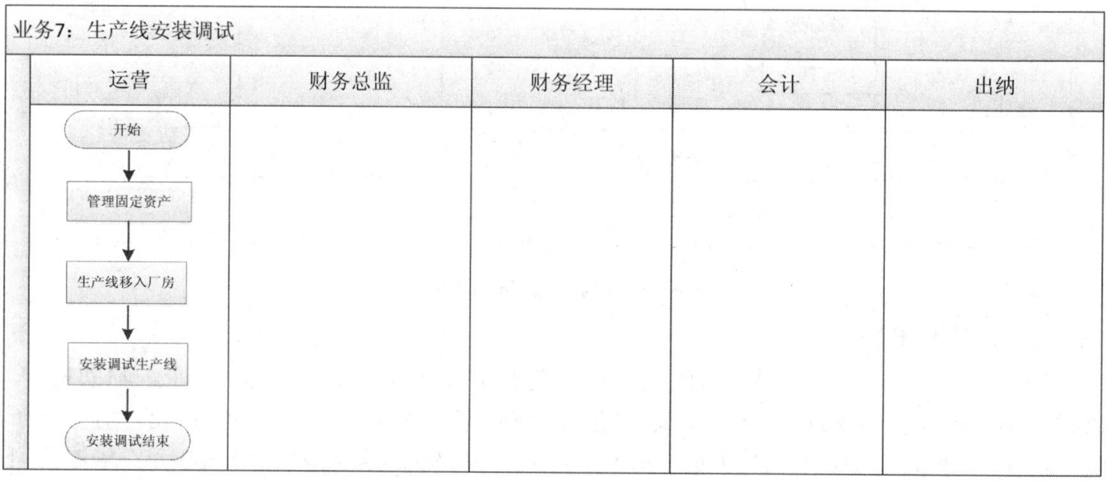

业务7：生产线安装调试

运营	财务总监	财务经理	会计	出纳
开始 → 管理固定资产 → 生产线移入厂房 → 安装调试生产线 → 安装调试结束				

图 3-38 生产线安装调试流程

【实战案例 7】

2018 年 1 月 3 日，华厦科技有限公司已经到货的多士炉生产线 B 型移入厂房 A，进行安装调试，安装调试期限为 10 天。

【实战操作 7】

(1) 运营点击“物资部”—“固定资产管理”，进入固定资产管理界面，需完成该界面下各个资产编号工作，点击“确定”完成(如果不需要该项资产，可以在该界面点击“退租”)。

(2) 运营点击“生产部”—“生产线安装或移出”，进入生产线安装或移出(厂房)界面，在该界面下点击下拉菜单选择厂房，选中要移入的生产线，点击“移入”即可完成，如图 3-39 所示。

(3) 运营点击“物资部”—“生产线信息”，进入生产线信息界面，查看生产线信息，重点关注安装结束时间。安装在规定时间内结束后，运营在“今日事项”栏点击“安装”完成确认，如图 3-40 所示。

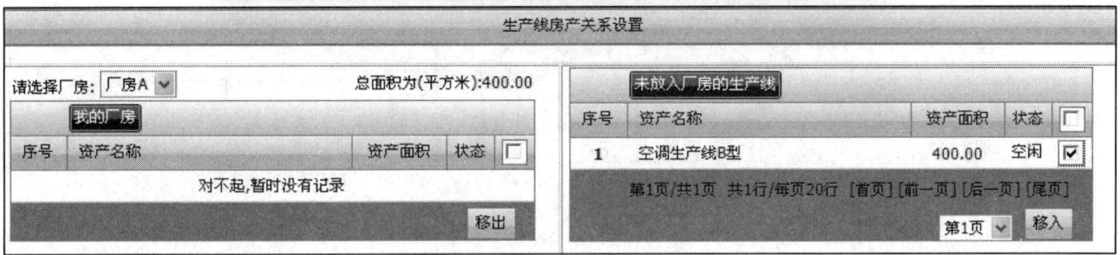

图 3-39　生产线安装或移出

图 3-40　安装完成确认

3.8　申请短期贷款

【知识提点 8】

企业申请的短期贷款是指企业向银行和其他非金融机构借入的期限在 1 年以内(含 1 年)的贷款。该类贷款一般用于企业生产、经营中的流动资金需要。它是企业出现短期的季节性融资需求时所采用的短期筹资方式中的一种。相比其他筹资方式，短期流动资金贷款有明确期限，一般在 6 个月左右，最长不超过 1 年；取得时由于附加诸多条件，增大了企业风险；而固定的利息支付使其成本较高。

【知识关键词 8】

营运资金　短期筹资　商业信用

【经营关键点 8】

(1) 企业应有效管理公司的营运资金，平衡好商业信用和短期贷款等不同筹资方式应用。

(2) 申请短期贷款时，应根据企业营运资金需求、贷款条件和种类加以选择；另外，应根据提供贷款的银行或非银行金融机构的贷款风险政策、专业化服务能力等做出遴选。

(3) 企业应建立筹资支付的控制制度，安排好现金预算计划，并正确计算、核对贷款利息及本金，根据相关合同或协议及时足额地进行偿付。

【实战思路 8】

财务经理在企业现金流紧缺或预计未来有较大现金流支出需求的情况下，选择短期贷款这一筹资方式。其中，短期贷款的本金最高额度受企业注册资本额和信誉值影响。财务经理应在企业可贷款的最高限额内，根据企业资金需求情况，确定本次的贷款本金和贷款

期限，其中，贷款期限可在 1～12 个月之间选择。贷款年利率平台给定，故贷款时也要同时考虑贷款每月的利息还款额对企业现金流的影响。

【实战流程 8】

短期贷款流程如图 3-41 所示。

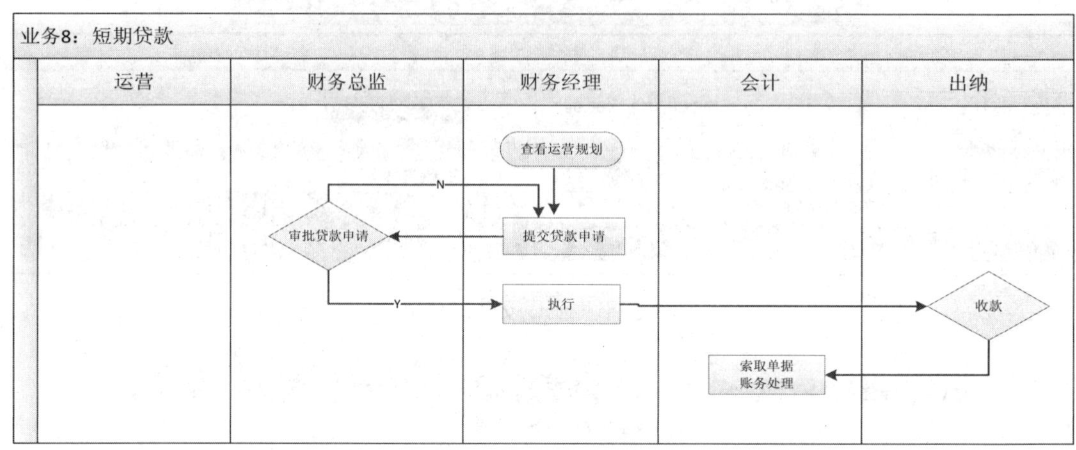

图 3-41　短期贷款流程

【实战案例 8】

2018 年 1 月 5 日，华厦科技有限公司向银行申请一笔短期贷款，贷款总金额 5 000 000 元，贷款利率 6.3%，贷款期限 12 个月，短期贷款利息按月支付。

【实战操作 8】

(1) 财务经理点击“财务部”—“规划和预算”，进入运营规划界面，点击“规划明细查看”，具体查看投资筹资规划界面中的“短期贷款计划”。

(2) 财务经理点击“财务信息”查看“公司信誉”和“基本账户余额”，并根据企业信誉值进行贷款额度计算。同时点击“外部机构”中的“银行”，选择“我要贷款”，进入申请企业贷款界面，填写完“贷款金额”“贷款方式”“贷款期限”后，填写决策单，如图 3-42 所示。

(3) 财务总监在“我的审批单”查看待审批的事项——“短期贷款”。还可点开左上角的“+”查看辅助决策的信息，点击“通过”完成审批，如图 3-43 所示。

(4) 财务经理接到“系统消息”提示后，进入“我的审批单”查看待审批的事项——“短期贷款”。点击“执行”完成短期贷款，如图 3-44 所示。

(5) 出纳进入“今日事项”栏，点击“贷款到款”，办理收款业务，如图 3-45 所示。

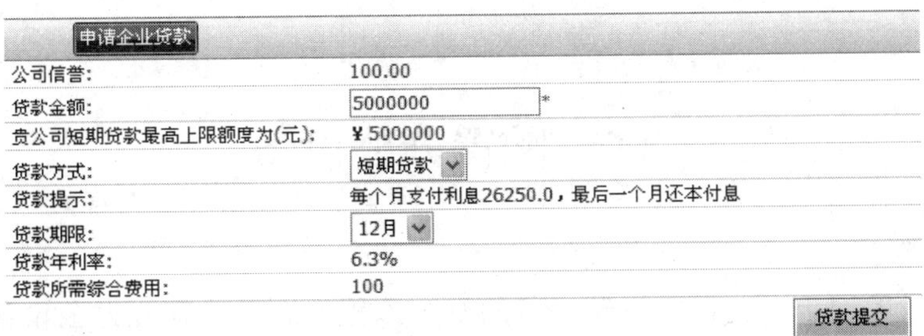

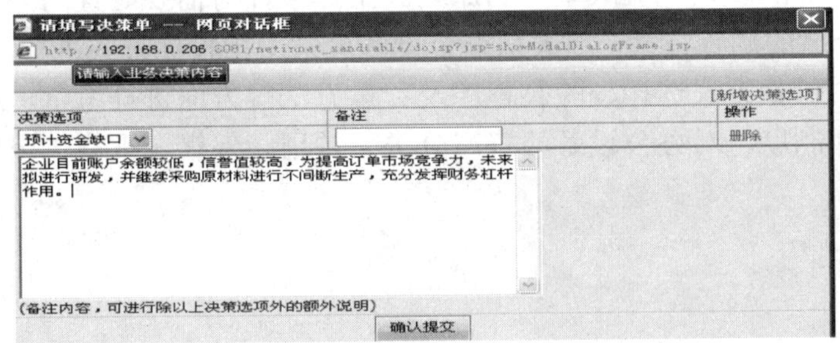

图 3-42　财务经理申请贷款

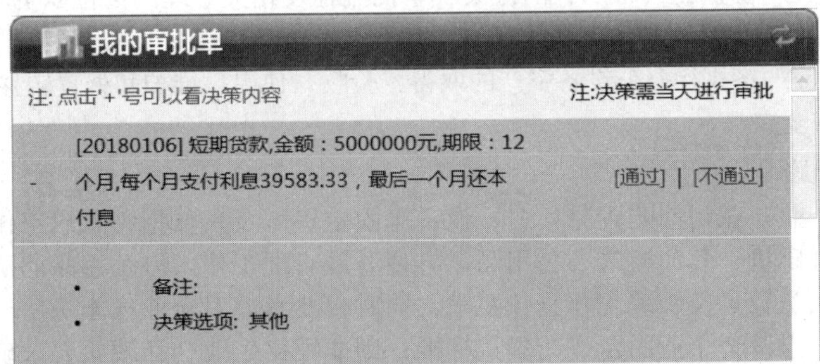

图 3-43　财务总监审批贷款申请

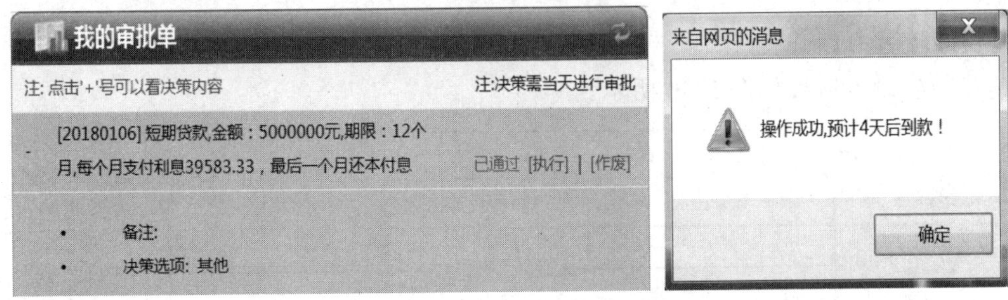

图 3-44　财务经理完成贷款确认

图 3-45　出纳办理收款手续

3.9　购置办公设备

【知识提点 9】

购买办公设备属于企业日常运营必备的资产添置，企业应建立办公设备请购制度，请购时应遵循“方便工作、合理配置、降低成本”的原则。企业应针对需要购置的办公设备的种类、金额及批量选择合适的购置方式，如大宗办公设备可采用招投标方式进行。另外，采购时也要在供应商选择、付款方式选择、验收程序及计量方法等方面进行考量。办公设备购置后要建立相应的管理制度，对办公设备的资产分类、领用、保管、维修、报废等事宜作出明确规定。

【知识关键词 9】

办公设备管理制度

【经营关键点 9】

(1) 企业应明确办公设备购置的决策、审批流程及相关管理的岗位职责和权限，建立办公设备购置预算制度，控制其成本开支。

(2) 企业应严格执行办公设备资产的取得、验收、使用、维护和处置转移等控制流程，保护资产的安全完整。

【实战思路 9】

运营在企业开业初期购置完厂房、设备等固定资产及人员招聘入职工作后，应及时配置电脑、打印机、复印机等办公用品，方便开展管理工作。办公用品的购买数量应结合企业管理人员数量及管理工作具体要求，同时也要考虑对企业成本费用的影响。购买的办公用品如果符合企业固定资产确认标准，则要根据企业会计政策要求确定该资产折旧年限及净残值率。运营购置计划确定完毕，财务经理根据合同审批付款申请，出纳执行付款。

【实战流程 9】

购置办公设备流程如图 3-46 所示。

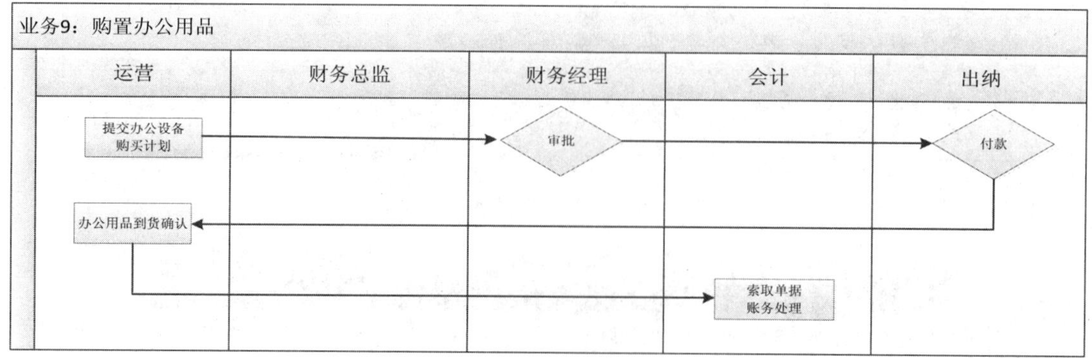

图 3-46　购置办公设备流程

【实战案例 9】

2018 年 1 月 10 日，华厦科技有限公司购买办公设备，向北京美丰电器商场购买笔记本电脑 15 台，不含税单价 4127 元/台；购买打印机 1 台，不含税单价 2793 元/台；购买复印机 1 台，不含税单价 5400 元/台，款项一次性支付。

【实战操作 9】

运营点击“采购市场”—“购买其他资产”，进入购买其他资产界面，在该界面搜索到相应的办公用品，点击“购买”，进入采购合同对话框。在该对话框下输入选择好的资产的“折旧月份”“净残比率”“购买数量”，点击“提交审批”，如图 3-47 所示。

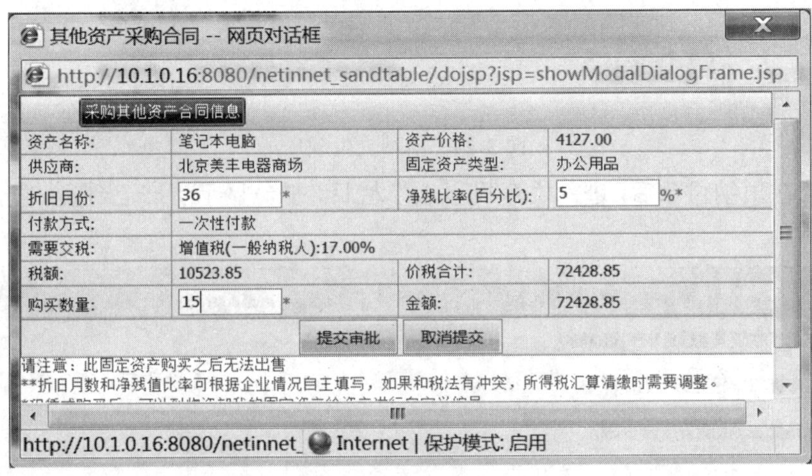

图 3-47　运营申请购置笔记本

(2) 财务经理接到“系统消息”提示后，进入“待办事项”栏查看待审批的事项——“购买其他固定资产”。点击“审批通过”完成付款审批程序，如图 3-48 所示。

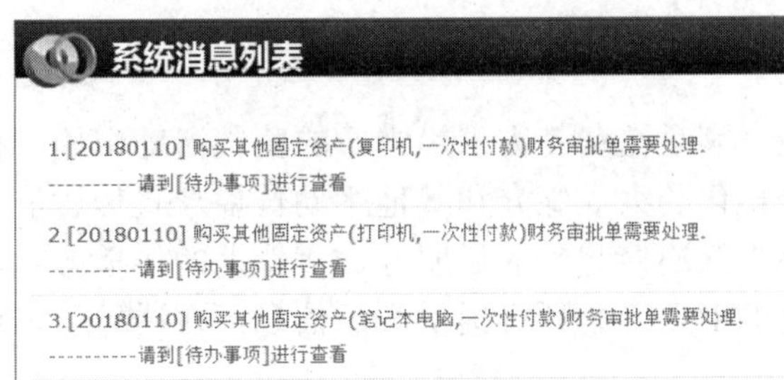

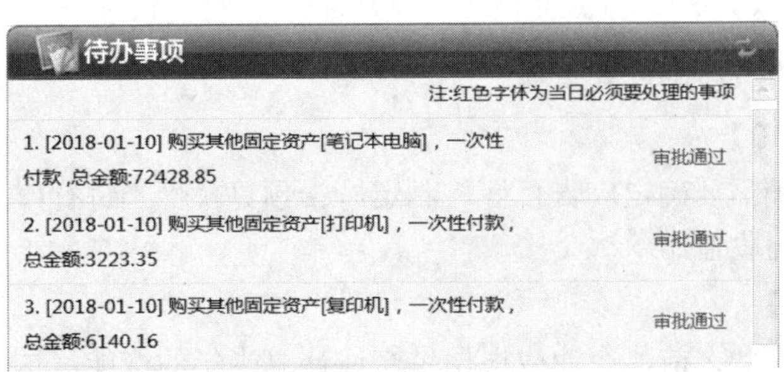

图 3-48　财务经理审批购买固定资产请示

(3) 出纳根据财务经理已审批事项，办理款项支付业务。然后进入待办事项界面，按应待办事项逐一进行支付款项的审核，无误时按付款流程办理支付。若符合支付要求，则点击“银行支付”，如图 3-49 所示。

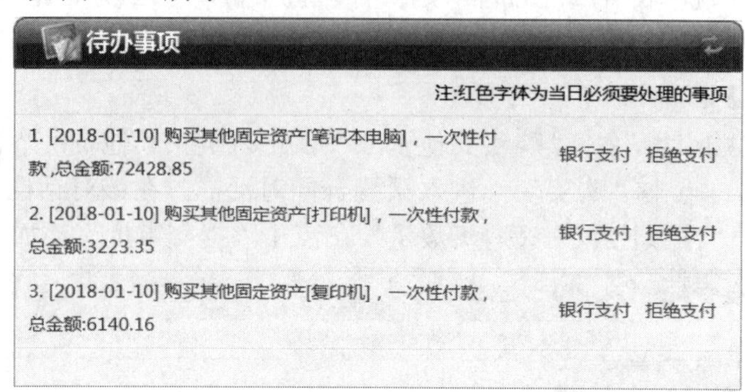

图 3-49　出纳支付款项

(4) 运营在出纳付款后，进入“今日事项”栏目，平台显示资产已到货，点击“确认”，如图 3-50 所示。

图 3-50　运营确认固定资产到货

3.10　投放广告费

【知识提点 10】

投放广告属于企业以满足消费者需求为中心的营销活动中的一种促销策略之一。而广告则被定义为使用非个性化的大众媒介和其他互动传播形式传达信息给广大受众，从而把可识别的出资人与目标受众连接起来的说服性、有偿性的传播方式。广告投放有助于企业控制和提升其在市场上的形象，为顾客提供产品信息，在诱导顾客购买及提醒使用等方面均有效果。

【知识关键词 10】

促销策略　广告策略　广告预算

【经营关键点 10】

根据企业的促销需要确定广告目标，制定广告预算，恰当进行媒介的评估与选择，关注广告投放的支出与收益比。

【实战思路 10】

运营在投入广告费之前，企业应根据生产线计算当年的产能，这样才能在进行广告投入时做到心中有数，在接订单时有的放矢。企业投入广告费的多少和每个月所能承接的订单有直接的关系。初级市场只能承接一些小订单，到了中级和高级市场，则会接到大额订单。订单的数量会相应增加。在经营过程中，遇到大额支出时，企业应先查看目前现金余额，根据余额情况选择支付或拒绝支付，如果大额支付对未来现金流支出造成较大影响，应提醒企业相关人员及时筹集资金。

【实战流程 10】

投放广告费流程如图 3-51 所示。

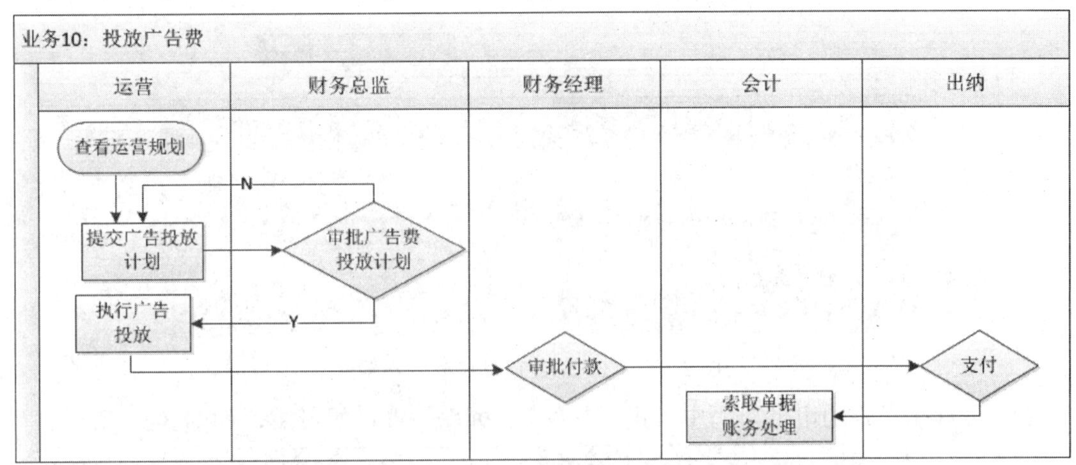

图 3-51　投放广告费流程

【实战案例 10】

2018 年 1 月 10 日，华厦科技公司投放 65 万广告费，用于获取多士炉订单。

【实战操作 10】

(1) 运营点击“财务部”—“规划和预算”，进入运营规划界面，点击“规划明细查看”，具体查看“生产运营规划”界面中的“广告费投放计划”。

(2) 运营点击“市场部”—“投放广告费”，进入投放广告费管理界面，在该界面下选中要投放广告费的产品，输入投放的金额，点击“投放广告费”。提交后进入决策单界面，输入决策选项，点击“确认提交”，如图 3-52 所示。

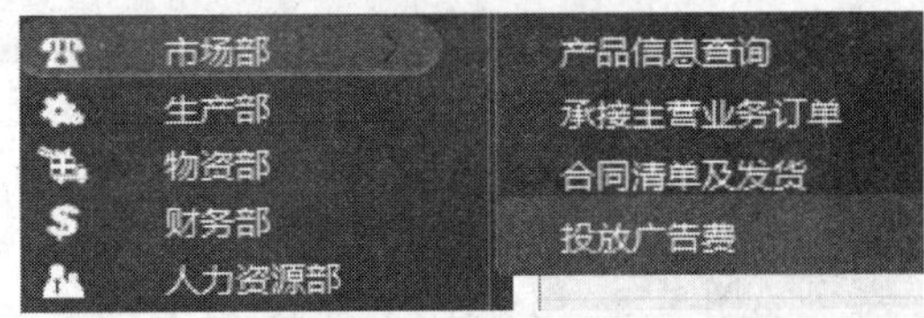

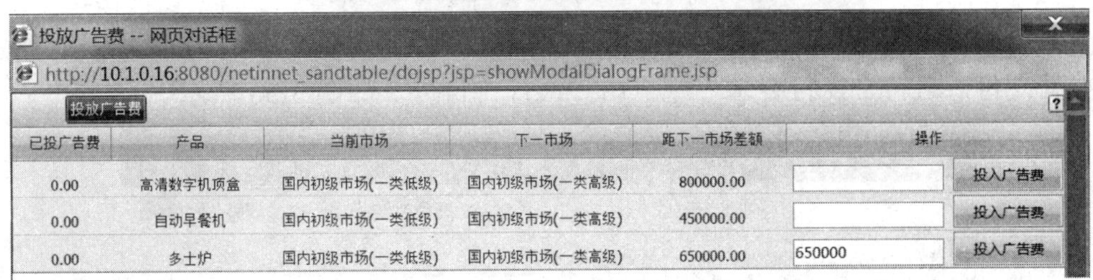

已投广告费	产品	当前市场	下一市场	距下一市场差额	操作	
0.00	高清数字机顶盒	国内初级市场(一类低级)	国内初级市场(一类高级)	800000.00		投入广告费
0.00	自动早餐机	国内初级市场(一类低级)	国内初级市场(一类高级)	450000.00		投入广告费
0.00	多士炉	国内初级市场(一类低级)	国内初级市场(一类高级)	650000.00	650000	投入广告费

图 3-52　运营进入投放广告费管理界面

(3) 财务总监接到“系统消息”提示后，进入“我的审批单”栏，查看待审批事项——“广告费投入”。还可点开左上角的“+”，查看辅助决策的信息，点击“通过”完成审批，如图3-53所示。

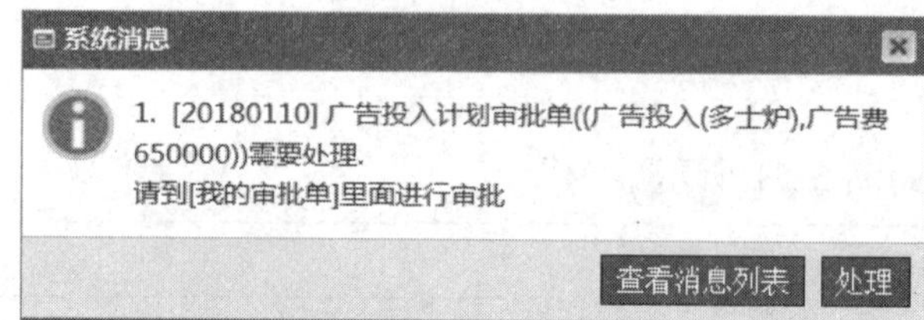

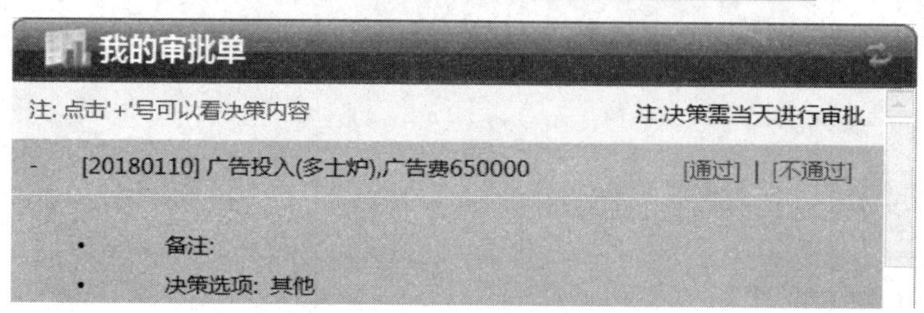

图 3-53　财务总监审批投放广告费

(4) 运营在“我的审批单”中点击“执行”，执行广告费的投放，如图3-54所示。

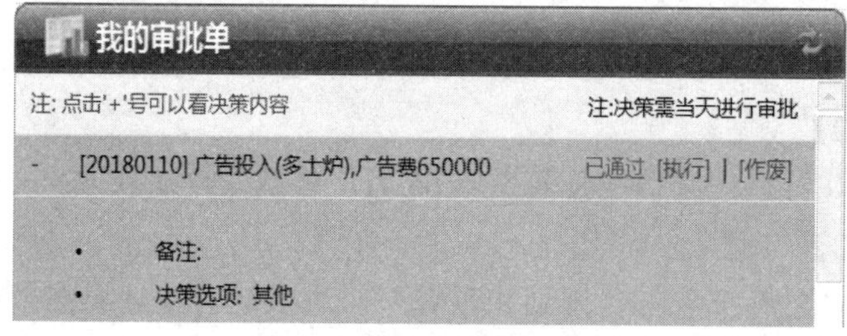

图 3-54　运营执行投放广告费

(5) 财务经理点击“待办事项”中的“审批通过”，完成广告费投放的审批工作，如图3-55所示。

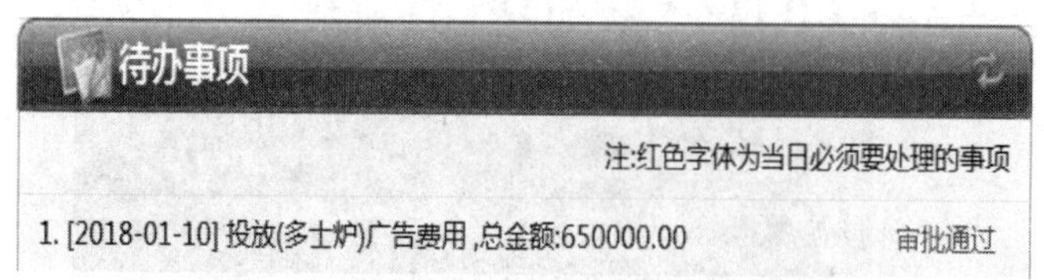

图 3-55　财务经理审批投放广告费

(6) 出纳进入待办事项界面，按应待办事项逐一进行支付款项的审核，无误时按付款流程办理支付，若符合支付要求，则点击“银行支付”，如图3-56所示。

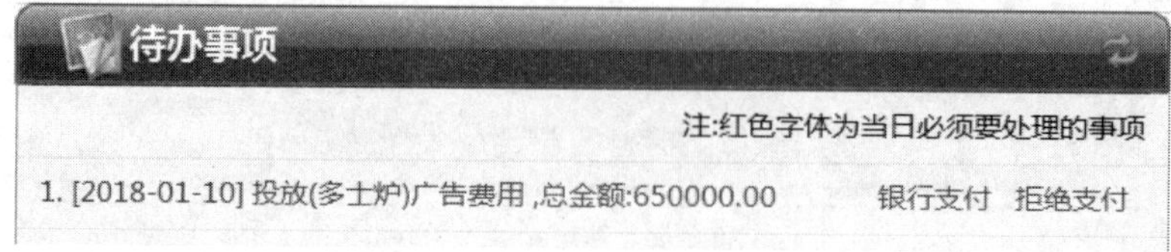

图 3-56　出纳支付广告费

3.11 主营业务订单承接

【知识提点 11】

订单承接是企业获得市场份额、发展机会和生长空间的核心和基础。所谓订单承接，是指企业以供应商身份对客户的订单做出积极响应，采取措施以获得客户订单为目的，并达到企业获取期望利润的过程。

【知识关键词 11】

定制生产　订单决策

【经营关键点 11】

(1) 企业应通过多种渠道获得订单信息，在分析订单相关信息后进行订单决策。

(2) 企业应关注订单产品的数量、批次、交货时间及价格等，确保订单产品与企业生产能力匹配。

(3) 关注企业外部环境变化，尤其关注订单客户的经营状况、资金状况、信用状况等，建立相应风险防控机制。

【实战思路 11】

企业经营理念是以销定产，有了订单企业才能够运营下去。承接订单时，运营首先要关注“客户信息和产品信息”，查询平台中的产品价格趋势图，尽量选择能够提升销售毛利的价格较高的订单；其次，要关注产品的生产周期，防范未完工延期交货的风险；最后，要考虑订单数量，例如，生产1000套不一定可以接1000件订单，因为产品生产过程中有一定的废品率。具体选择订单客户时，要关注每个客户的付款方式和发货时间。遴选到的客户企业要能保证按时发货，并及时收款。

【实战流程 11】

企业的主营业务订单承接流程如图3-57所示。

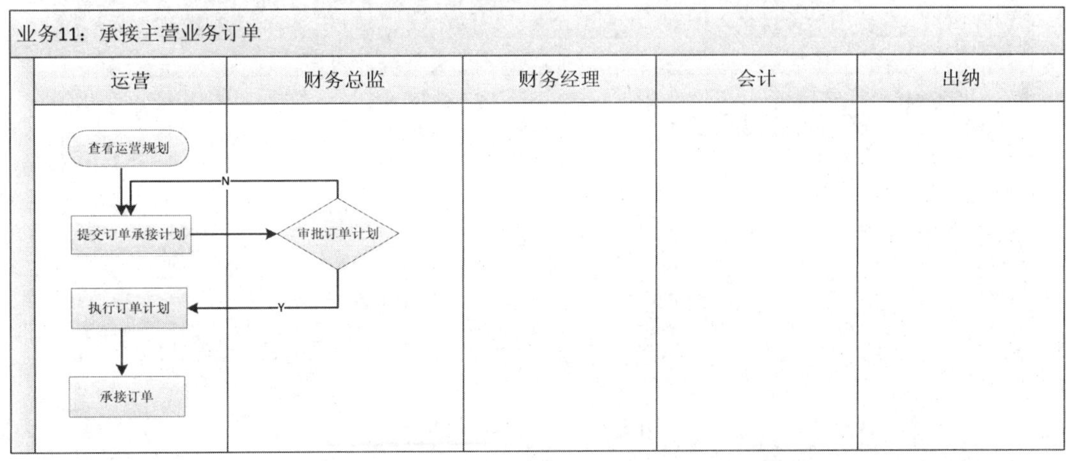

图3-57　主营业务订单承接流程

【实战案例 11】

2018 年 1 月 11 日，华厦科技有限公司承接多士炉订单 500-01，合同数量 500 台，合同不含税单价为 1768.37 元/台，合同金额 884 185.00 元。选择客户“天津天禧家电商行”，付款方式为首三余七，到期时间为 2018 年 1 月 28 日。

【实战操作 11】

(1) 运营点击“财务部”—“规划和预算”，查看企业运营规划中的“生产运营规划”。

(2) 运营点击“市场部”—“承接主营业务订单”，进入承接主营业务订单界面，搜索到适合的订单，点击“查看订单”，显示合同详情对话框，通过下拉菜单选择客户，点击“承接订单”，系统提示“确定签订合同？”；点击“确定”，进入填写决策单界面，填写决策单，提交财务总监审批，如图 3-58 所示。

市场部　产品信息查询
生产部　承接主营业务订单
物资部　合同清单及发货
财务部　投放广告费

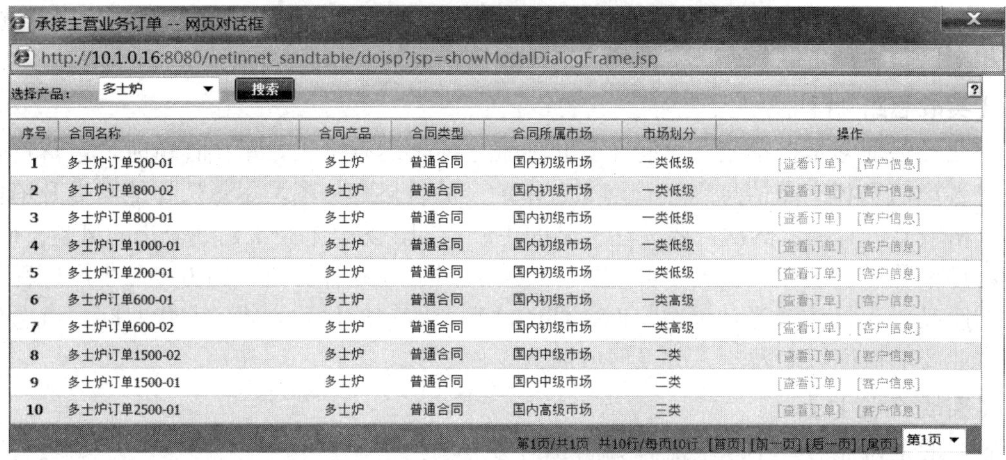

承接主营业务订单 -- 网页对话框

http://10.1.0.16:8080/netinnet_sandtable/dojsp?jsp=showModalDialogFrame.jsp

选择产品：多士炉　搜索

序号	合同名称	合同产品	合同类型	合同所属市场	市场划分	操作
1	多士炉订单500-01	多士炉	普通合同	国内初级市场	一类低级	[查看订单] [客户信息]
2	多士炉订单800-02	多士炉	普通合同	国内初级市场	一类低级	[查看订单] [客户信息]
3	多士炉订单800-01	多士炉	普通合同	国内初级市场	一类低级	[查看订单] [客户信息]
4	多士炉订单1000-01	多士炉	普通合同	国内初级市场	一类低级	[查看订单] [客户信息]
5	多士炉订单200-01	多士炉	普通合同	国内初级市场	一类低级	[查看订单] [客户信息]
6	多士炉订单600-01	多士炉	普通合同	国内初级市场	一类高级	[查看订单] [客户信息]
7	多士炉订单600-02	多士炉	普通合同	国内初级市场	一类高级	[查看订单] [客户信息]
8	多士炉订单1500-02	多士炉	普通合同	国内中级市场	二类	[查看订单] [客户信息]
9	多士炉订单1500-01	多士炉	普通合同	国内中级市场	二类	[查看订单] [客户信息]
10	多士炉订单2500-01	多士炉	普通合同	国内高级市场	三类	[查看订单] [客户信息]

第1页/共1页 共10行/每页10行 [首页] [前一页] [后一页] [尾页] 第1页

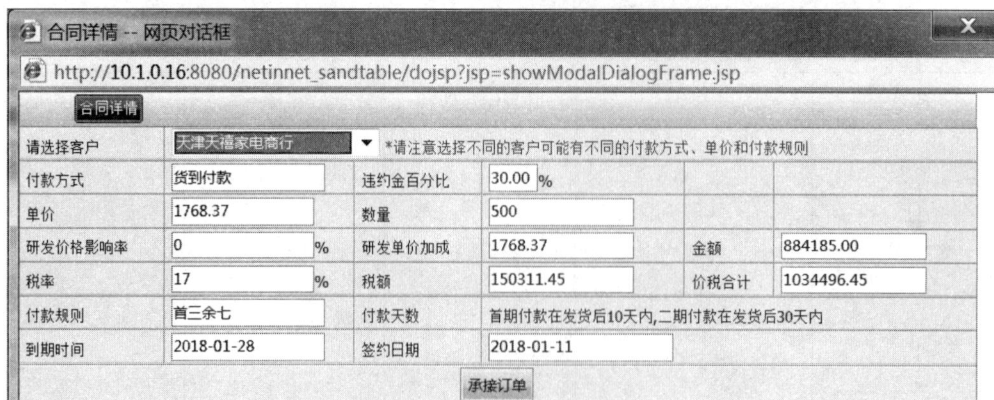

合同详情 -- 网页对话框

http://10.1.0.16:8080/netinnet_sandtable/dojsp?jsp=showModalDialogFrame.jsp

合同详情

请选择客户	天津天禧家电商行	*请注意选择不同的客户可能有不同的付款方式、单价和付款规则			
付款方式	货到付款	违约金百分比	30.00 %		
单价	1768.37	数量	500		
研发价格影响率	0 %	研发单价加成	1768.37	金额	884185.00
税率	17 %	税额	150311.45	价税合计	1034496.45
付款规则	首三余七	付款天数	首期付款在发货后10天内,二期付款在发货后30天内		
到期时间	2018-01-28	签约日期	2018-01-11		

承接订单

图 3-58　运营承接订单

(3) 财务总监在“我的审批单”查看待审批的事项——“承接订单”。还可点开左上角的“+”查看辅助决策的信息，点击“通过”完成审批，如图 3-59 所示。

(4) 运营在财务总监审批通过后，在“我的审批单”栏目下点击该任务的“执行”，如图 3-60 所示，订单承接成功。

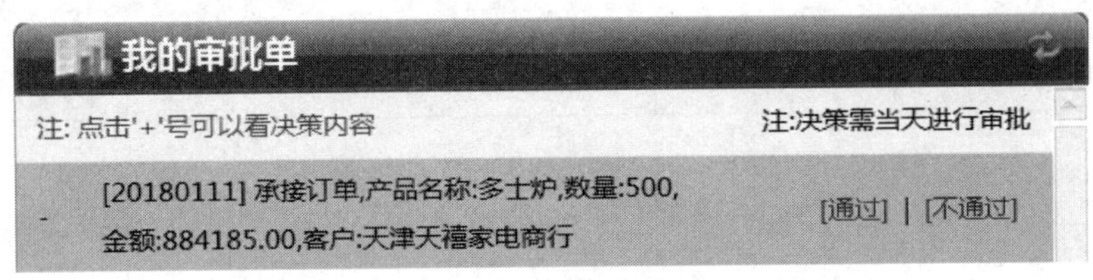

图 3-59　财务总监审批承接订单

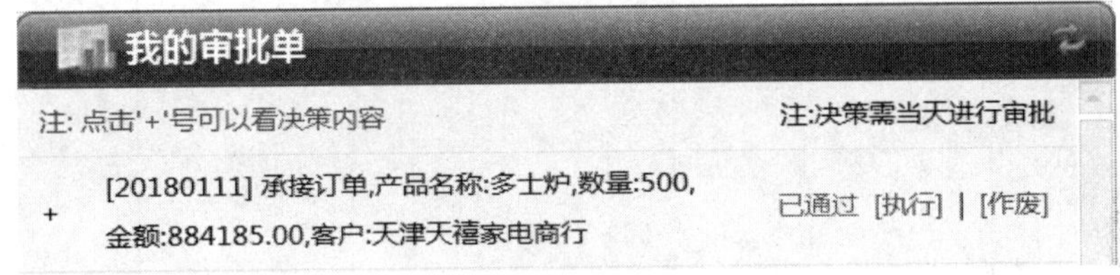

图 3-60　运营执行承接订单

3.12　组织产品生产

【知识提点 12】

企业组织产品生产属于企业短期经营决策范畴中的生产决策。所谓生产决策，是指企业在短期内，在生产领域对生产什么、生产多少及如何生产等问题要做出决策，具体包括新产品开发决策、最优产品数量和批量决策、产品工艺决策、零部件取得方式决策，剩余生产能力如何运用、亏损产品如何处理等。

【知识关键词 12】

短期经营决策　生产决策　边际贡献法　本量利分析法　最优生产批量

【经营关键点 12】

(1) 根据企业的经营战略方案及企业内外部经营环境的状况，确定企业的生产方向、生产目标、生产方针及生产方案。

(2) 采用科学方法对企业产品生产的成本费用进行预测，并对产品生产费用方案进行决策，建立产品生产费用预算制度，加强产品生产成本控制。

【实战思路 12】

模拟企业购置了相关设备、原辅料、招聘了人员后，就可以投入生产。运营在操作组织产品生产时，要及时查看原材料的相关配比信息，生产数量不能超过生产线的产能，每条生产线废品率不同，投入数量不一定就是完工数量。原料和辅助材料的库存要足够生产使用并且要保留保险储备量。生产人员数量在生产线规模内自主选择，不能超过生产线的上限，比如，本案例中的生产线最多容纳生产工人 200 人。生产工时和工人数量决定产品完工期限。如果在操作过程中选择不到生产线，那是因为生产线没有安装调试完成。生产线安装调试周期是 10 天，此时无法组织生产。

【实战流程 12】

企业组织产品生产的流程如图 3-61 所示。

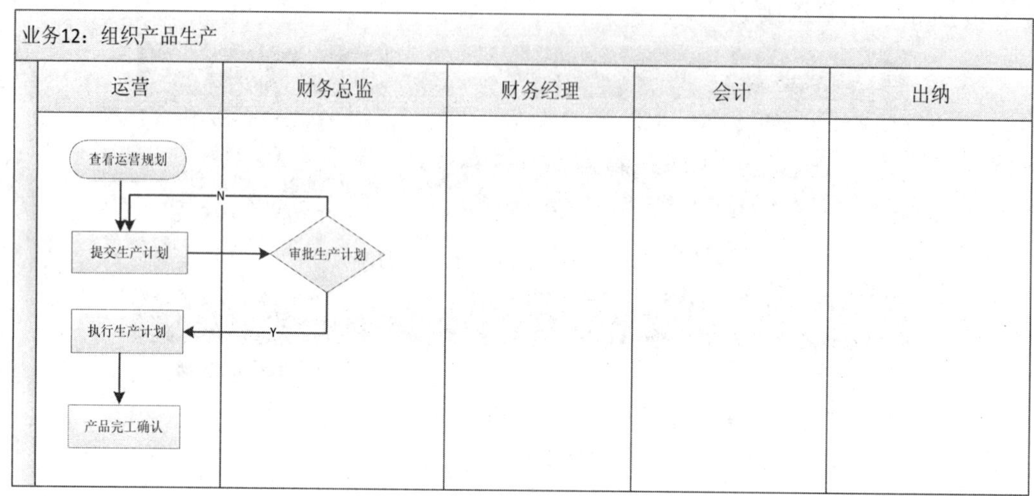

图 3-61　组织产品生产流程

【实战案例 12】

2018 年 1 月 14 日，生产线安装调试完毕，原辅料都已经到货，进行产品生产。按生产线的最大产能投料，投放原料多士炉烘烤装置 900 套，多士炉辅料 900 套，生产工人 180 人。

【实战操作 12】

(1) 运营点击“生产部”—“产品生产”，进入产品生产界面，在该界面下，显示可用的原料和可生产的产品，在可生产的产品项下点击“生产”操作按钮，进入产品生产对话框，如图 3-62 所示。

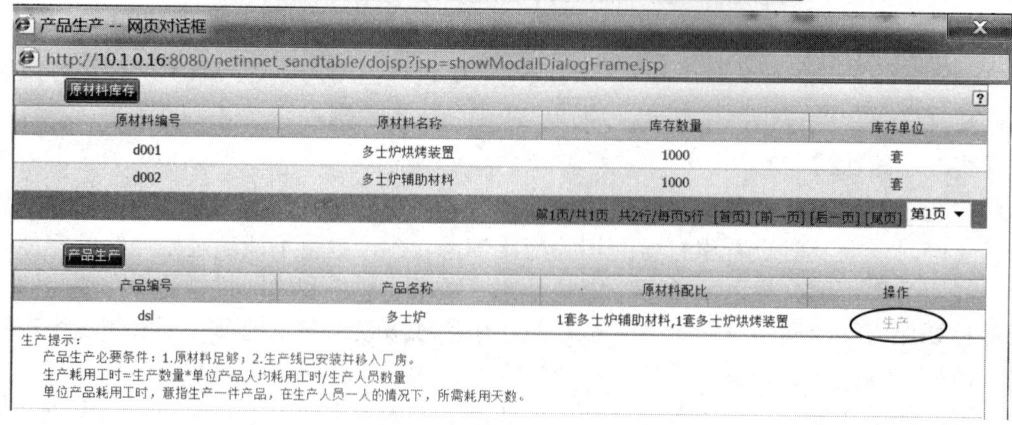

图 3-62　运营查看可生产产品

运营在产品生产界面下填写“生产数量”“生产人员数量”，并通过下拉菜单选择需要的生产线，点击“确认提交”即完成生产投料。提交后进入填写决策单界面，向财务总监提供决策的内容，点击“确认提交”即可完成，如图 3-63 所示。

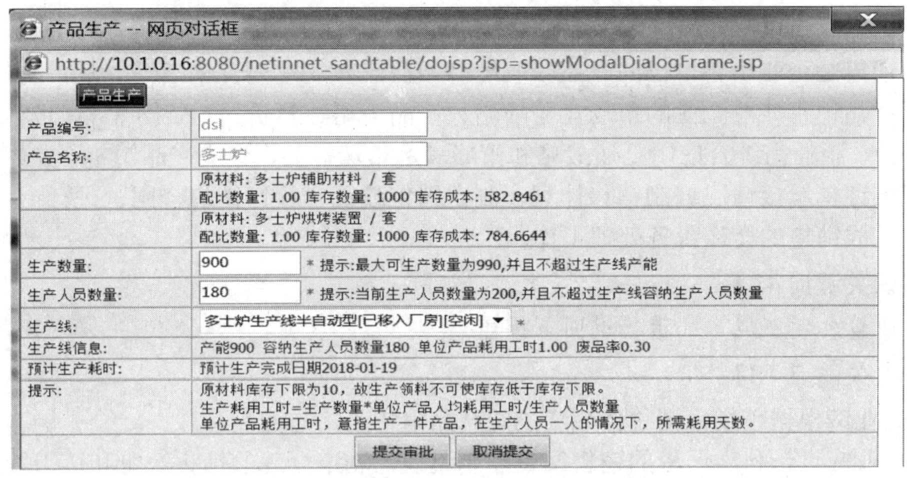

图 3-63　运营提交生产请示

(2) 财务总监在“我的审批单”查看待审批的事项——“生成产品多士炉”。还可点开左上角的“+”查看辅助决策的信息，点击“通过”完成审批，如图 3-64 所示。

图 3-64　财务总监审批生产请示

(3) 运营在财务总监审批通过后，在我的审批单界面，有“执行”和“作废”两种选择，选择“执行”，点击“确定”完成，如图 3-65 所示。

图 3-65　运营执行生产指令

产品投产后，有一个生产周期，生产的进度可以到“业务信息”信息查询栏，运营点击“生产信息”查看生产状态。

(4) 产品生产完工后，在今日事项中会有提示，运营点击“生产完成确认”，完成产品生产，如图 3-66 所示。

图 3-66　运营确认生产完成

3.13 产品销售及发货

【知识提点 13】

产品销售是企业出售自己的产品获取经济利益流入的重要营销活动。从市场营销学角度来看，产品销售涉及企业的市场竞争战略、产品策略、定价策略、分销策略及促销策略等多个方面，企业需综合应用上述战略和策略满足市场需要，完成产品销售。具体销售时，企业应根据订单承接情况编制销售计划、制定销售政策、签订销售合同、进行销售发货及收款，并完成销售的会计账务处理工作。

【知识关键词 13】

信用政策　销售成本　销售退回与折让

【经营关键点 13】

(1) 企业应根据市场营销总体战略制定产品销售策略与计划。

(2) 企业应设计科学严密的销售发货控制流程，制定合理的销售政策和信用管理政策，严格销售合同的审批、签订程序及产品发货程序。

(3) 企业应根据相关规定及时办理销售收款，并特别关注应收账款和应收票据的管理。

【实战流程 13】

企业的产品销售流程如图 3-67 所示。

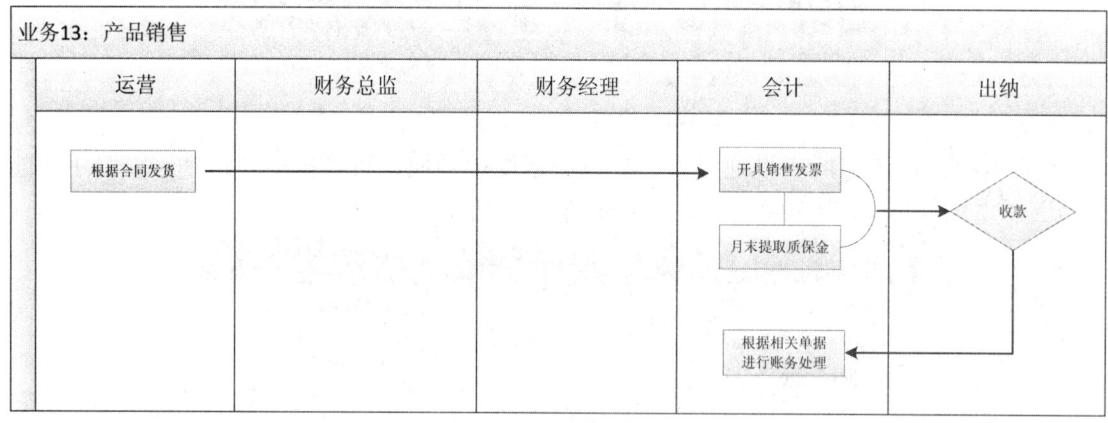

图 3-67　产品销售流程

【实战思路 13】

运营需在产品完工后根据相关订单合同及时发货，如果当期库存产品的数量不够当期的订单数量，可以选择终止发货，但会被扣除企业信誉值。如果前期订单选择客户收款方式为款到发货，要先退还款项，发货合同将自动终止。会计需要在运营发货完成后，及时开具增值税专用发票，然后要根据企业的会计政策对当期销售的产品提取质保金。

【实战案例 13】

2018 年 1 月 20 日，华厦科技有限公司根据已承接的多士炉订单 500-01，向天津天禧家电商行销售多士炉 500 套。

【实战操作 13】

(1) 运营点击“市场部”—“合同清单及发货”，进入合同订单及发货界面，该界面会列示出所取得的订单信息，点击“发货”操作按钮，系统会提示“确认发货？”；点击“确认”，系统显示发货成功，如图 3-68 所示。

市场部 | 产品信息查询
生产部 | 承接主营业务订单
物资部 | 合同清单及发货
财务部 | 投放广告费

合同列表

序号	合同名称	客户名称	合同产品	产品数量	库存数量	到期时间	操作
1	多士炉订单500-01	天津天禧家电商行	多士炉	500	898	2018-01-28	[发货] [终止]

第1页/共1页 共1行/每页5行 [首页] [前一页] [后一页] [尾页] 第1页

图 3-68 运营发货

(2) 会计点击“财务部”—“开具产品销售发票”，进入企业往期合同列表界面，在该界面下点击“开具发票”，系统提示“开具发票成功”，如图 3-69 所示。

财务部 | 索取采购发票
纳税申报 | 开具产品销售发票
系统事项 | 售材料_固定资产开票
成绩查询 | 易货索票_开票
电算化 | 填制成本计算表
筹资投资业务交易记录
原始单据查询

企业往期合同列表

序号	合同名称	客户名称	合同产品	产品数量	单价	库存数量	到期时间	发货时间	操作
1	多士炉订单500-01	天津天禧家电商行	多士炉	500	1768.37	398	2018-01-28	2018-01-19	开具发票

第1页/共1页 共1行/每页10行 [首页] [前一页] [后一页] [尾页] 第1页

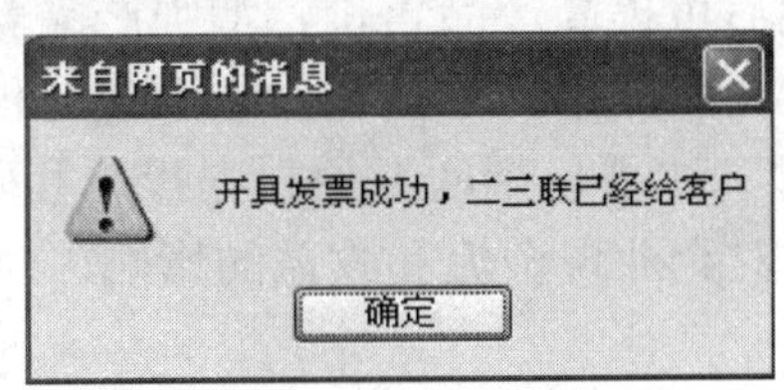

图 3-69 会计开票

(3) 会计进入“今日事项”栏，根据系统提示提取产品质保金，点击“确认”，如图 3-70 所示。

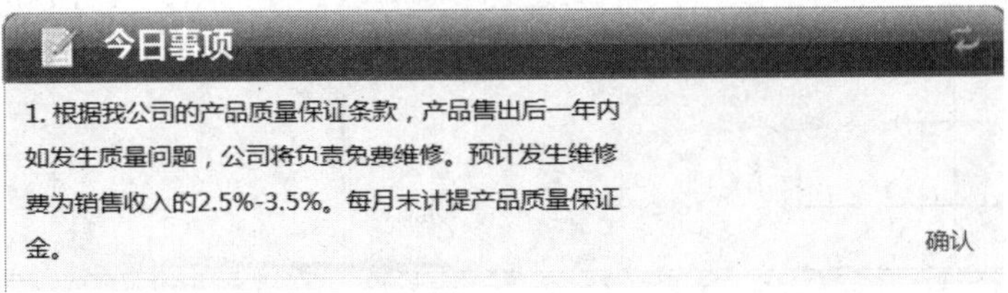

图 3-70 会计提取质保金

(4) 出纳进入“今日事项”栏，点击“收款确认”，即可完成收款，如图 3-71 所示。

图 3-71　出纳收款确认

3.14　进行产品研发

【知识提点 14】

产品研发是企业为适应激烈的竞争、快速的市场变化和缩短的产品生命周期等挑战时取得竞争优势的重要途径。作为一项技术管理活动，产品研发过程一般包括市场调研、方案论证、技术攻关、原型试制、生产制造和市场营销六个步骤。具体开发时，企业外部的资源、政策、市场环境及企业内部的研发团队实力、管理水平等，均是影响研发成功与否的重要因素。同时，企业还应有效管控研发项目风险，提高研发效率和效益。

【知识关键词 14】

研发决策　研发经费　研发风险

【经营关键点 14】

(1) 企业应明确产品研发流程，科学进行产品研发决策，建立有效的产品研发管理制度。

(2) 企业应关注产品研发决策中的概念开发、供应链设计、产品设计和产品投放四个阶段。

(3) 企业应控制研发的技术风险、市场风险、财务风险、生产风险、管理风险和政策风险。

【实战思路 14】

本平台将产品研发费用的累计投入金额与产品销售价格和高新企业资格认证相关联。产品研发费用在达到一定额度后可提高产品售价，增强产品竞争力；研发金额投入达到高新技术企业标准后，还可申请高新技术企业认证，从而获得税收优惠利益。故运营需在每月 15 日之前进行研发投入，投入主要包括研发原材料投入和研发人员招聘两个部分，投入时需关注由此产生的研发费用对企业现金流和收益的影响。

【实战流程 14】

企业的产品研发流程如图 3-72 所示。

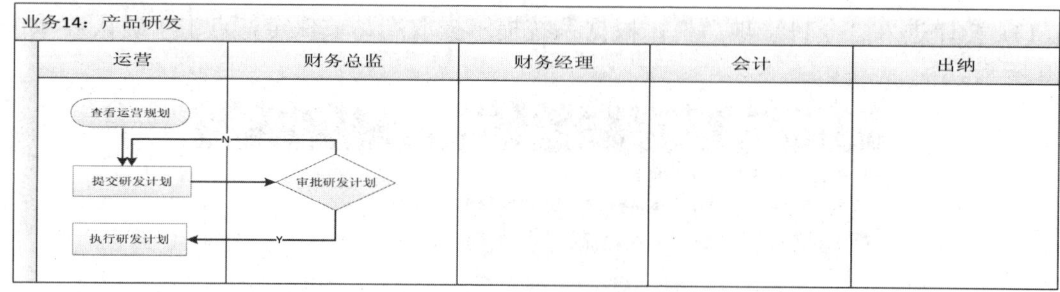

图 3-72　产品研发流程

【实战案例 14】

2018 年 1 月 8 日，华厦科技有限公司调用 10 名研发人员，投入 100 套多士炉原材料和辅助材料进行多士炉研发。

【实战操作 14】

(1) 运营点击“生产部”—“研发投入”，进入产品研发投入界面，该界面会显示可以研发的产品及产品研发历史记录，如图 3-73 所示。运营选择需要研发的产品，点击操作按钮“投入研发”，填写“原材料配比数量”和“研发人员数量”，点击“确认提交”，完成研发投入，如图 3-74 所示。

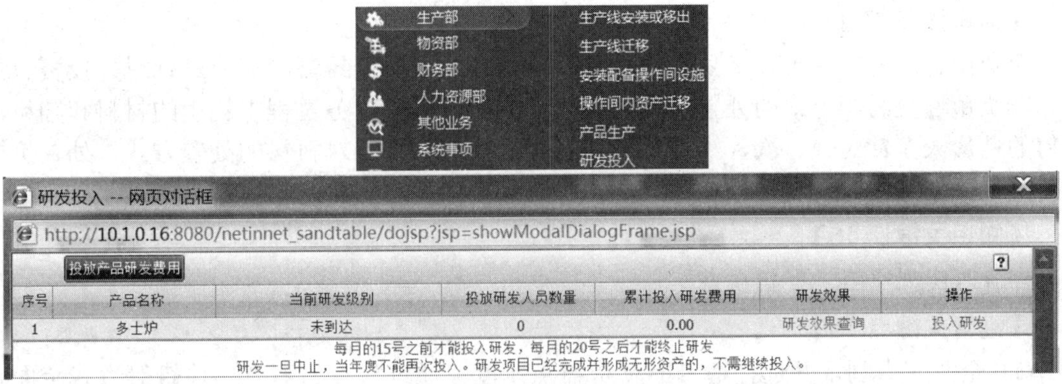

图 3-73　运营投入研发

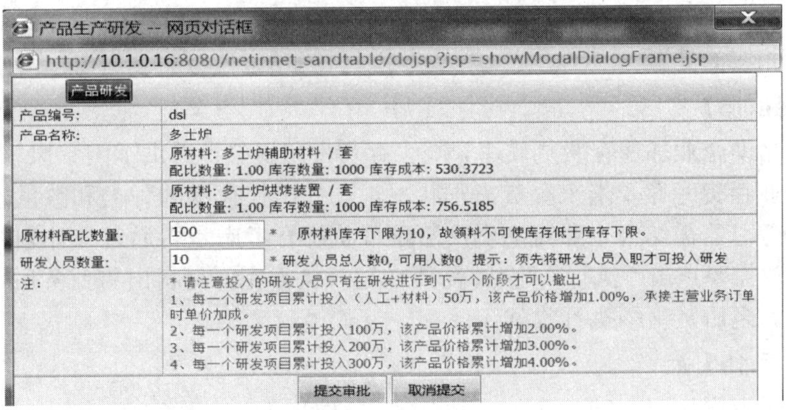

图 3-74　研发投入详细信息

(2) 财务总监在“我的审批单”查看待审批的事项——“投入多士炉产品研发”。还可点开左上角的“+”查看辅助决策的信息，点击“通过”完成审批，如图 3-75 所示。

图 3-75　财务总监审批研发请示

(3) 运营在财务总监审批通过后，在我的审批单界面选择“执行”，点击“确定”完成，如图 3-76 所示。

图 3-76　运营执行研发指令

3.15　出售原材料

【知识提点 15】

企业出售原材料属于存货处置业务。企业的存货可根据经营的需要进行对外投资、捐赠、非货币性交易等方式的处置。作为主要在生产或提供劳务过程中耗用的材料和辅料，出售的情形大多针对残、次、冷、背的材料。处置时，企业对材料的处置方式、处置价格及处置价款的收回等要制定处置方案，并严格执行相关的内部控制制度。

【知识关键词 15】

存货可变现净值　存货盘点

【经营关键点 15】

(1) 企业应当制定并选择适当的存货盘点制度，通过盘点、清查、检查等方式全面掌握存货的状况，及时发现存货的残、次、冷、背等情况。

(2) 仓储部门对残、次、冷、背存货的处置，应当选择有效的处理方式，并经相关部门审批后作出相应的处置。

【实战思路 15】

本平台为帮助企业加速存货周转率，减少存货占用资金，提供了闲置原材料出售功能。运营需根据企业存货库存及未来存货需求状况，选择出售存货的种类和数量，并提交出售存货计划。财务总监需结合企业流动资产管理现状综合考虑是否通过该计划。如财务总监审批通过，运营需要点击“执行”。会计需要在运营执行完原材料出售业务后，及时开具增值税专用发票。之后，出纳执行收款。

【实战流程 15】

出售原材料流程如图 3-77 所示。

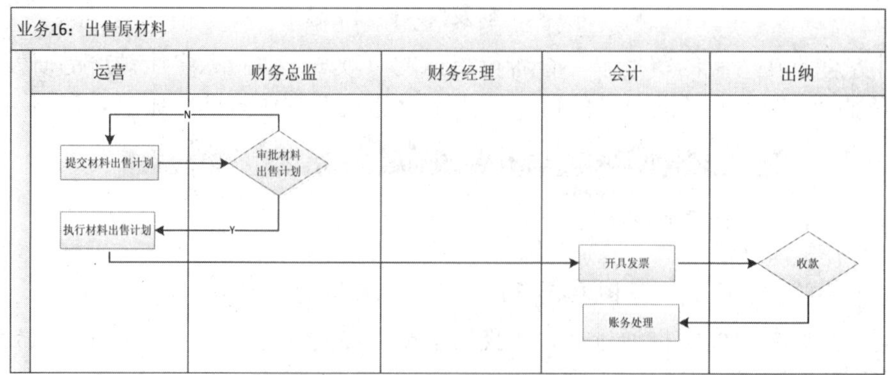

图 3-77　出售原材料流程

【实战案例 15】

2018 年 1 月 26 日，华厦科技有限公司将库存的 50 套生产多士炉的原料烘烤装置出售，出售价格为 504.86 元/套，购买方为武汉穆康电子科技有限公司。

【实战操作 15】

(1) 运营点击“采购市场”—“出售原材料”，进入出售原材料界面，在该界面下，运营通过下拉菜单选择合适的供应商，输入“出售数量”，点击“确认提交”，提交后进入填写决策单界面，向财务总监提供决策的内容，点击“确认提交”，如图 3-78 所示。

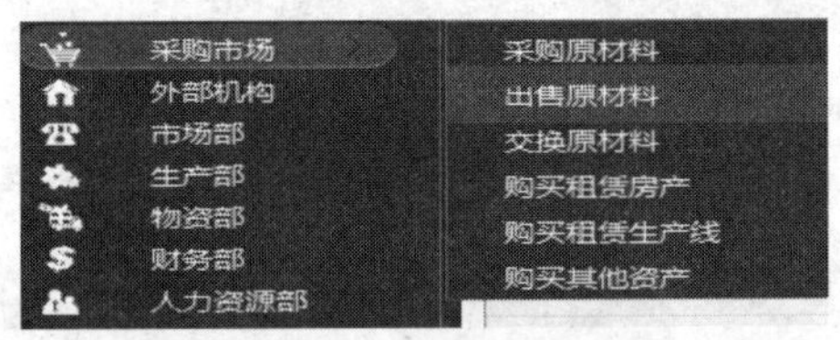

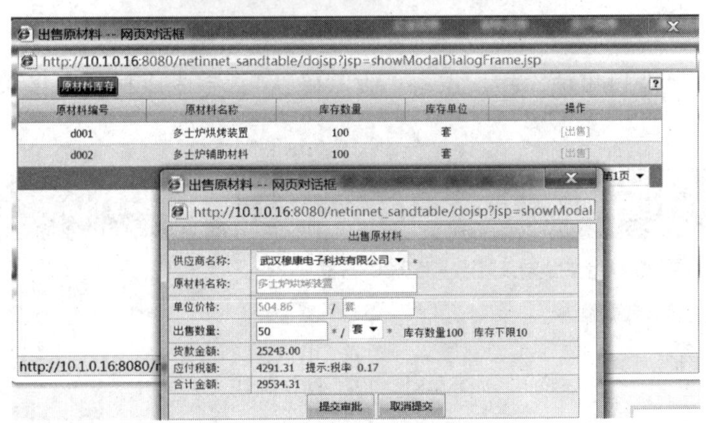

图 3-78 运营出售原材料

(2) 财务总监在“我的审批单”查看待审批的事项——“出售原材料”。还可点开左上角的“+”查看辅助决策的信息，点击“通过”完成审批，如图 3-79 所示。

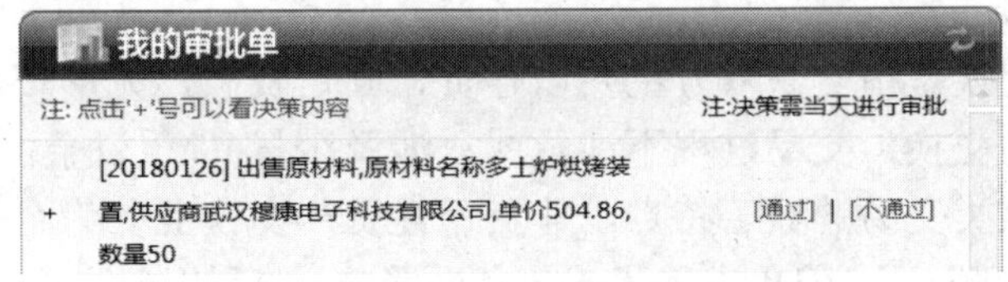

图 3-79 财务总监审批出售材料请示

(3) 运营在财务总监审批通过后，在我的审批单界面选择“执行”，点击“确定”完成，如图 3-80 所示。

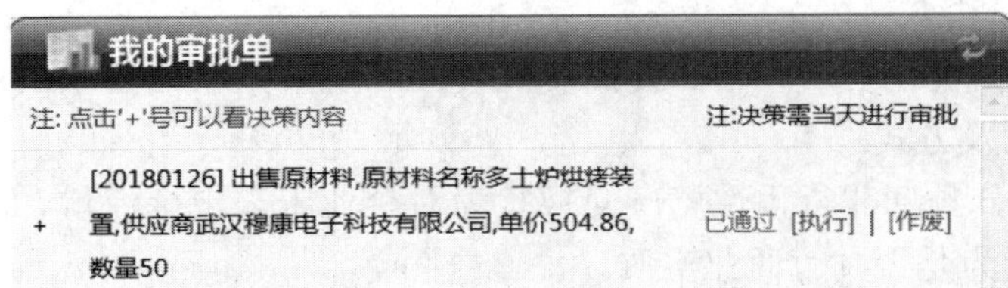

图 3-80 运营执行材料出售

(4) 会计点击“财务部”—“售材料、固定资产开票”，进入出售事项界面，在该界面点击“开具发票”，系统提示“开具发票成功”，如图 3-81 所示。

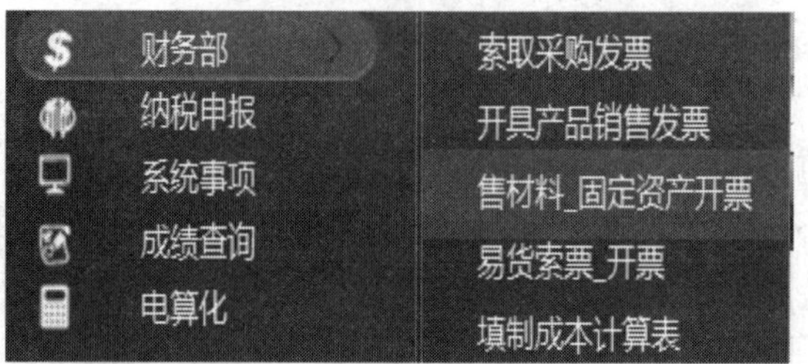

出售事项

操作类型	合同名称	交易日期	到货日期	开票日期	状态	操作
出售原材料	出售原材料[多士炉烘烤装置]数量[50.00],总额[29534.31]	2018-01-26	2018-01-26		未完成	开具发票 | 查看发票

第1页/共1页 共1行/每页10行 [首页] [前一页] [后一页] [尾页] 第1页

图 3-85　会计开票

(5) 出纳进入“今日事项”栏，点击“收款确认”，完成原材料出售和收款，如图 3-82 所示。

图 3-81　出纳收款确认

3.16　非货币性资产交换业务

【知识提点 16】

非货币性资产交换是指交易双方主要以存货、固定资产、无形资产和长期股权投资等非货币性资产进行的交换，交易过程不涉及或只涉及少量(货币资金占交易总额小于 25%)的货币性资产，是该类交易的显著特点。非货币性资产交换业务为企业开展生产经营、加快资金周转提供了新的途径，但也带来了一些负面影响，如利用非货币性交换操纵企业利润。

【知识关键词 16】

非货币性资产　非互惠转让　公允价值　视同销售

【经营关键点 16】

(1) 企业应根据优化资产结构、提高资产使用和配置效率的要求，选择进行非货币性交换的类型、范围及方式。

(2) 企业应充分预期非货币性资产交换行为对企业未来现金流量、净利润及净资产的影响，判断交换行为是否具有商业实质。

(3) 企业应准确计量非货币性资产交换中换入资产的价值及发生的相关损益，同时注意涉税风险。

【实战思路 16】

在本平台中，运营可以在企业产品库存较多、大量占用企业流动资金时选择进行非货币性资产交换。具体交换时，运营可用企业生产的产成品去置换供应商提供的原材料，从而节约成本，加快资金周转。运营在进行交换时要决策换出产品的数量，而换入原材料的数量和补价由平台自动计算。财务总监需审批运营提交的非货币性资产交换计划，审批通过后，运营可执行。执行后，出纳负责收取涉及交换的补价，会计则需要按照税法的要求在交换完成后开具增值税专用发票。在本平台中，假设非货币性资产交换具有商业实质，另外所支付的补价不能超过交换总金额(含税)的 5%。

【实战流程 16】

非货币性资产交换流程如图 3-83 所示。

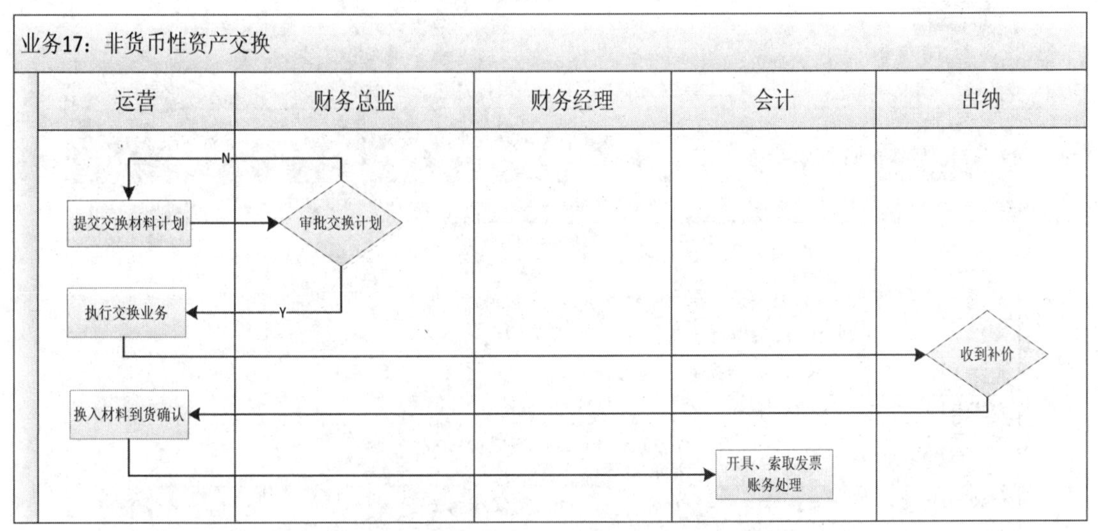

图 3-83　非货币性资产交换流程

【实战案例 16】

2018 年 1 月 26 日，华厦科技有限公司用库存商品多士炉与苏州启新科技有限公司交换原料，换出的多士炉数量为 300 台，换入的是数字机顶盒辅助材料，换入数量为 585 套，收取补价 526.50 元。

【实战操作 16】

(1) 运营点击“采购市场”—“交换原材料”，进入交换原材料界面，该界面显示全部可供交换的原料和产品。运营在需要交换的产品下点击“交换原材料”，进入交换原材料界面。在该界面下，运营用下拉菜单选择换入的“原材料名称”“供应商名称”，输入“产品交换数量”，系统将自动计算换入原材料数量及需要的补价。内容完整后，运营点击“提交审批”，进入填写决策单界面，向财务总监提供决策的内容，点击“确认提交”，如图 3-84 所示。

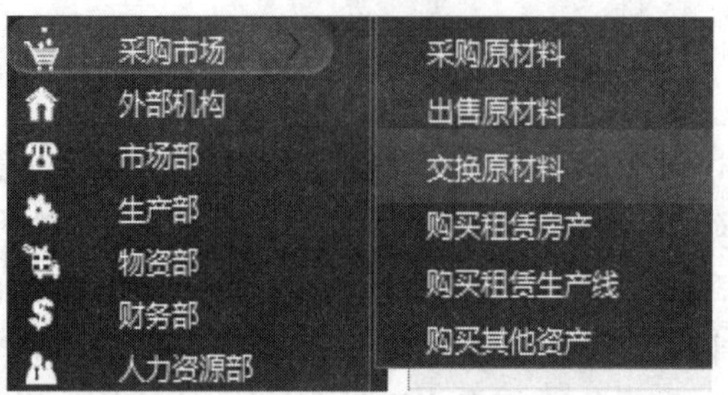

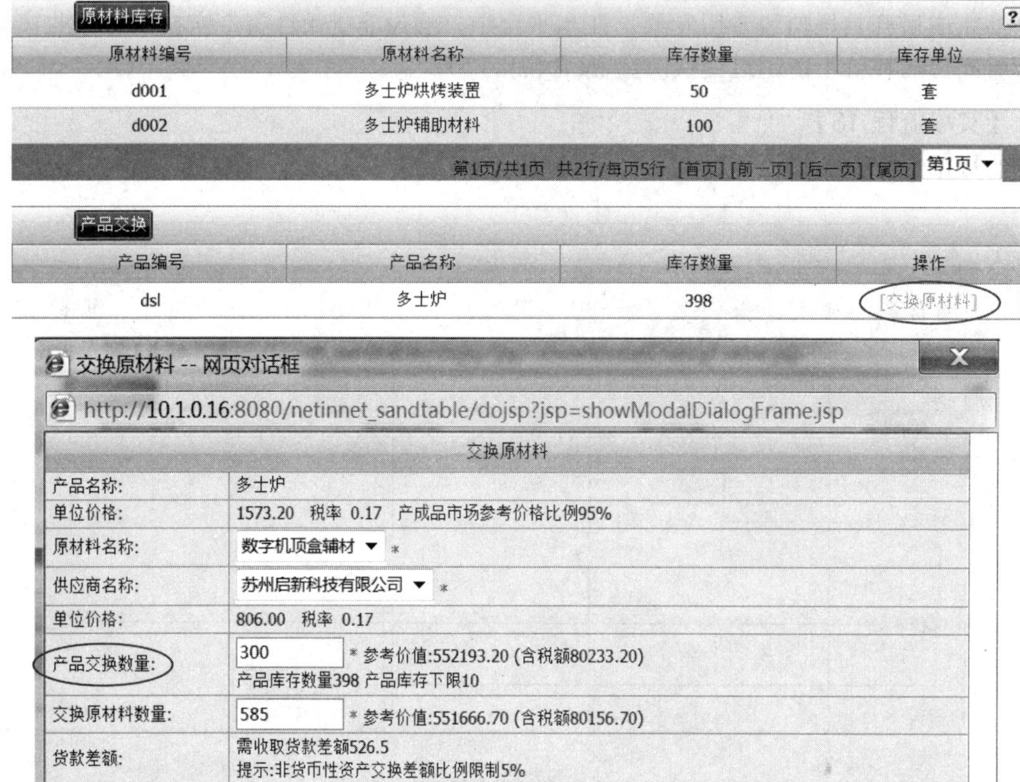

图 3-84　运营提交非货币性资产交换

(2) 财务总监在“我的审批单”查看待审批的事项——“交换原材料”。还可点开左上角的“+”查看辅助决策的信息，点击“通过”完成审批，如图 3-85 所示。

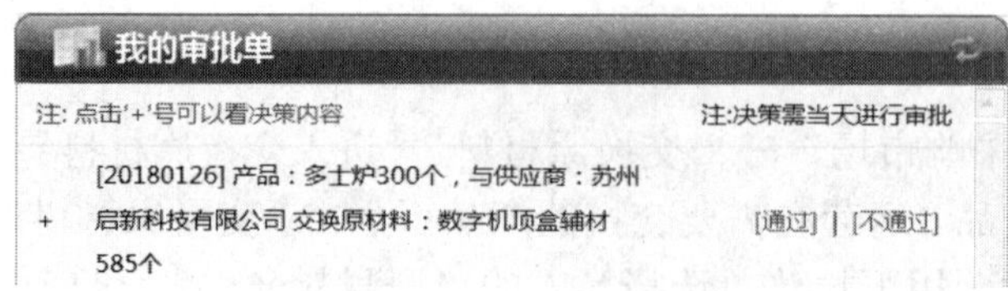

图 3-85　财务总监审批易货请示

(3) 审批通过后，运营在“我的审批单”下点击“执行”，如图 3-86 所示。

图 3-86　运营执行易货

(4) 出纳收到补价，如图 3-87 所示。

图 3-87　出纳收取补价

(5) 换入原材料到货后，运营在今日事项界面对“原材料入库”进行“确认”，如图 3-88 所示。

图 3-88　原材料入库

(6) 会计点击“财务部”—“易货索票、开票”，进入易货事项界面，在“产成品售出”栏目下点击“开具发票”，在“原材料购入”栏目下点击“索取发票”，业务完成，如图 3-89 所示。

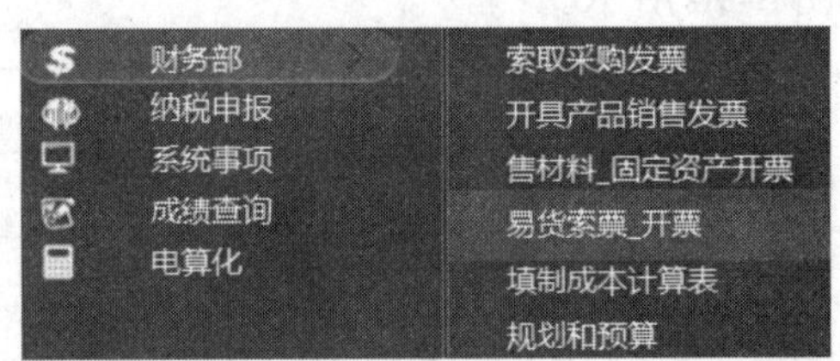

易货事项

操作类型	合同名称	交易日期	到货日期	开票日期	状态	操作
交换原材料(产成品售出)	交换原材料,售出产成品[多士炉]数量[300],总额[552193.20]	2018-01-26	2018-01-26		已完成	开具发票 | 查看发票
交换原材料(原材料购入)	交换原材料,购入原材料[数字机顶盒辅材]数量[585],总额[551666.70]	2018-01-26	2018-01-26		未完成	索取发票 | 查看发票

第1页/共1页 共2行/每页10行 [首页] [前一页] [后一页] [尾页] 第1页

图 3-89　会计易货开票

3.17　购买股票业务

【知识提点 17】

从投资的性质角度看，购买股票属于权益性投资。所谓权益性投资(广义的股权投资)，是指企业通过投资拥有被投资单位的股权，按所持股份比例享有权益并承担责任。为了适

应竞争环境和发展模式的变化，很多企业从经营战略出发，为实现资源整合、增强竞争力等目的选择权益性投资这一重要途径。买股票只是权益性投资中的一种方式，企业通常会结合自己的发展战略及经营需要进行股票的选择，并适时进行投资组合的管理，以期获得投资收益或其他经济利益。

【知识关键词 17】

权益性投资　权益工具　长期股权投资

【经营关键点 17】

(1) 企业应制定符合自身发展战略的权益性投资计划，规范权益性投资流程与管理。

(2) 企业应加强权益性投资的可行性研究和论证，力求权益性投资决策合法、合理。

(3) 企业应加强对权益性投资执行及处置的内部控制管理，以防范投资风险，提升投资收益回报。

【实战思路 17】

在本平台中，财务经理需根据宏观经济运行趋势及股票市场价格波动趋势，同时结合本企业现金流现状选择股票投资。财务经理需要对投资的股票种类及数量做出决策，提交财务总监审批。财务总监要结合企业整体运营规划及现有财务状况，判断是否通过该计划。

财务总监通过审批后，财务经理方可执行股票投资，财务经理执行完毕后，出纳进行相应的付款，股票投资完成。

【实战流程 17】

购买股票业务流程如图 3-90 所示。

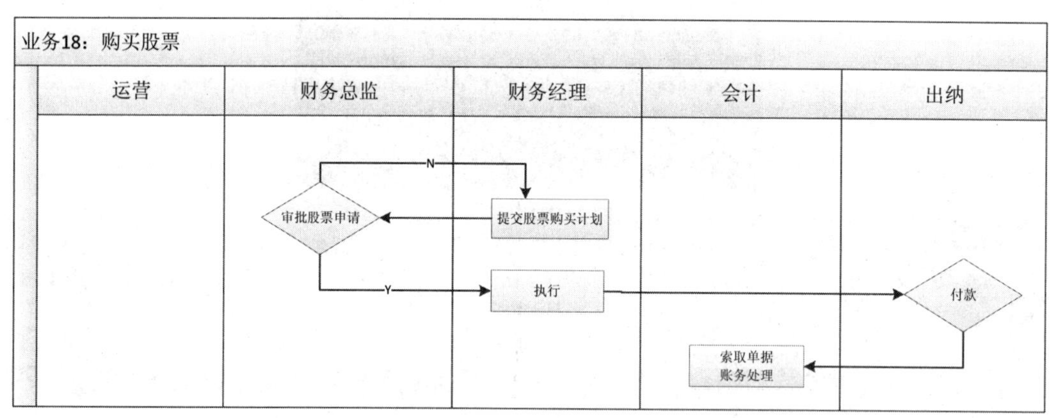

图 3-90　购买股票业务流程

【实战案例 17】

2018 年 1 月 2 日，华厦科技有限公司买入股票“轻松建化”100 手，单价 16.37 元，共支付 163 700 元。

【实战操作 17】

(1) 财务经理根据系统消息列表提醒进行股票投资业务操作，先点击“财务部”—“筹资投资业务执行”，进入其他业务处理界面，选择进行购买的股票种类和股票数量，选择完毕点击“执行业务”，并填写业务决策单，完成股票投资计划的提交，如图3-91所示。

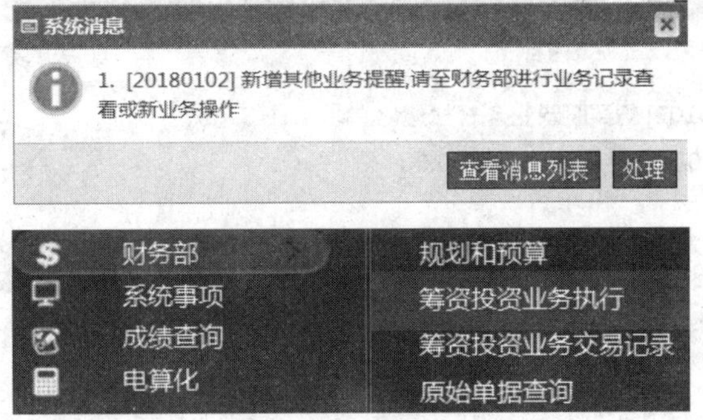

筹资、投资等其他业务

业务标题	业务描述	业务日期范围	业务是否可选	业务状态	操作
股票投资	轻松建化市价：16.37 上年三季度：每股净资产3.84 每股收益0.84 每股现金流2.79 总股本：31.2亿	2018-01-02 -- 2018-01-02	可选	未执行	查看
股票投资	长城电脑市价：13.20 上年三季度：每股净资产3.66 每股收益0.3 每股现金流-0.11 总股本：109亿	2018-01-02 -- 2018-01-02	可选	未执行	查看
股票投资	华夏蓝筹市价：15.54 上年三季度：每股净资产3.82 每股收益0.56 每股现金流-1.03 总股本：618.9亿	2018-01-02 -- 2018-01-02	可选	未执行	查看

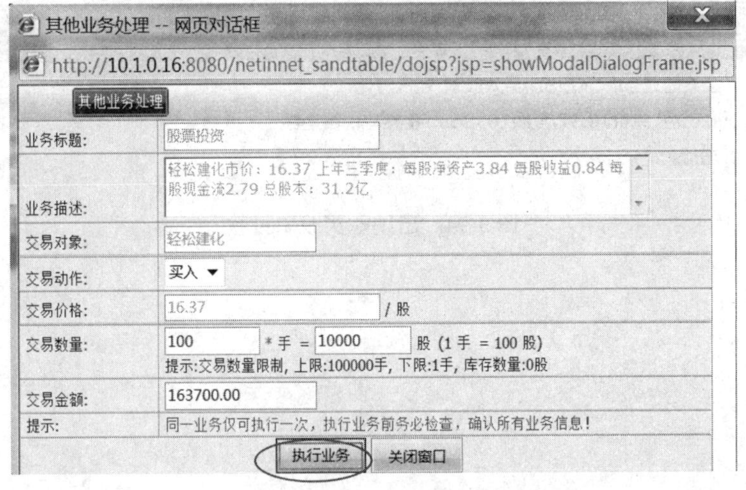

图3-91　财务经理购买股票

(2) 财务总监在“我的审批单”查看待审批的事项——“购买股票业务”。还可点开左上角的“+”查看辅助决策的信息，点击“通过”完成审批，如图3-92所示。

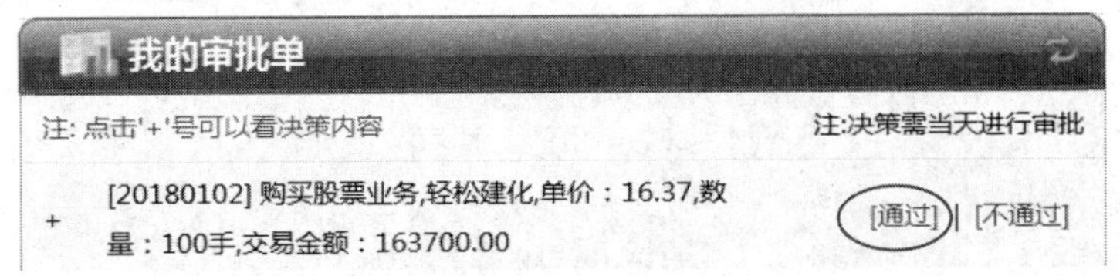

图3-92　财务总监审批购买股票请示

(3) 财务经理在财务总监审批完成后，根据系统消息提醒，进入“我的审批单”栏，点击“执行”完成股票购买业务。随后根据系统消息提醒，进入“今日事项”栏，点击“确认”，完成股票成交确认工作，如图3-93所示。

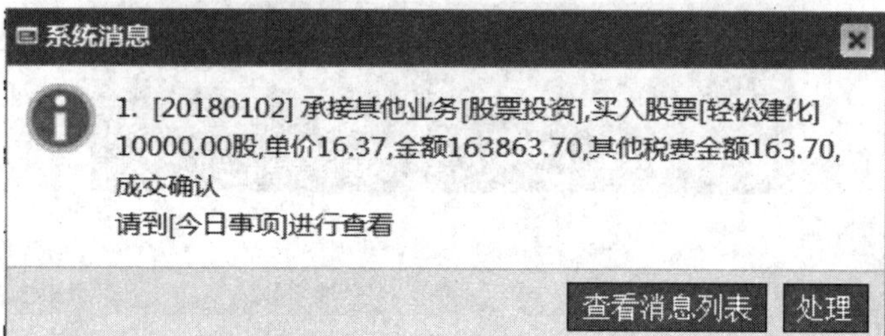

图 3-93　财务经理执行购买股票

(4) 出纳进入“今日事项”栏，点击“确认”，完成付款，如图 3-94 所示。

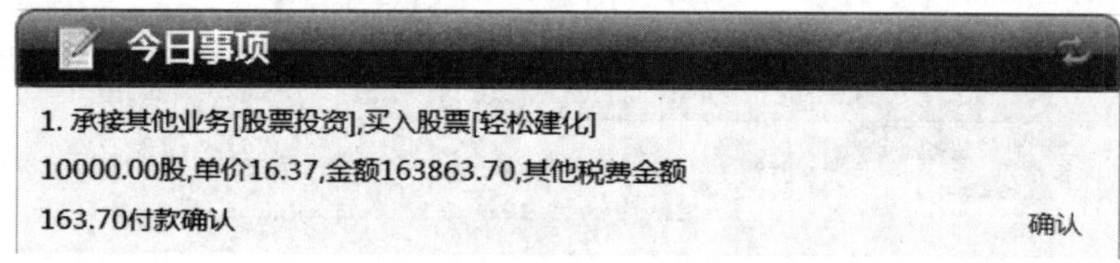

图 3-94　出纳购买股票付款

第 4 章　会计典型业务处理

4.1　会计业务处理流程

(1) 企业应对本月发生的各项经济业务进行会计处理，根据财务经理事先已设置的会计岗位，不同的会计角色在进行凭证录入时将看到不同类型的经济业务。

(2) 运营处理完业务，由会计点击“财务部”进行采购发票索取、开具产品销售发票、填制成本计算单等会计核算前期工作。

(3) 会计角色分工完成后，各会计角色点击“电算化”—“凭证录入”进行凭证录入。

4.2　会计业务处理示例

4.2.1　日常经济业务处理

1. 取得投资的业务核算

投资者设立企业时，必须投入与其生产经营和服务规模相适应的资金，会计上称为“实收资本”。实收资本是指企业按照章程规定或合同、协议约定，接受投资者投入企业的资本。实收资本的构成比例即投资者的出资比例或股东的股权比例，是确定所有者在企业所有者权益中的份额的基础，也是企业进行利润或股利分配的主要依据。投资者可以以现金、实物、设备、非现金资产等方式投入资本。企业收到投资者投入的资本时，会计处理一般有：

借：银行存款(按实收的金额)

　　贷：实收资本、股本(按投资者应享有的企业注册资本的份额计算的金额)

　　　　资本公积—资本溢价(按其差额)

本财务决策平台模拟企业注册资本 500 万元，公司已注册完毕，可开始正常的生产经营活动。

【案例业务 1】 2018 年 1 月 1 日，公司收到投资款 500 万元，根据收到的银行进账单回单，账务处理如图 4-1 所示。

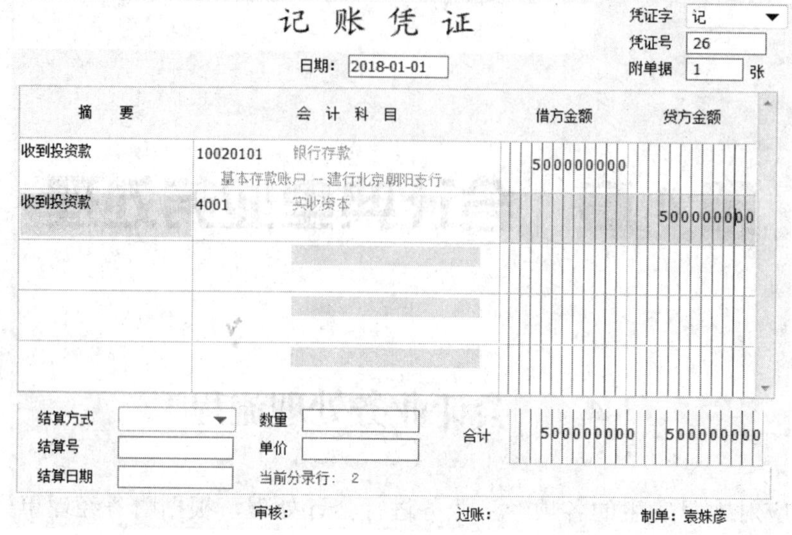
记 账 凭 证

凭证字 记　凭证号 26　附单据 1 张

日期：2018-01-01

摘 要	会 计 科 目	借方金额	贷方金额
收到投资款	10020101 银行存款 基本存款账户－建行北京朝阳支行	500000000	
收到投资款	4001 实收资本		500000000

结算方式　数量　合计 500000000 500000000

结算号　单价

结算日期　当前分录行：2

审核：　过账：　制单：袁姝彦

图 4-1　案例业务 1 的账务处理

2．筹资的业务核算

企业在日常经营期间，如果资金紧张，可以考虑短期贷款，以缓解资金压力。

在实际工作中，企业的筹资方式主要有国家投资、个人投资、企业投资、外商投资、发行股票以及举债借入资金等多种方式。在本财务决策平台规则中，为了简化操作，企业资金筹集方式主要有三种：银行短期贷款、抵押贷款、按揭贷款。短期贷款的额度由银行根据企业的实收资本和信誉值确定。短期贷款期限为 1 年。企业贷款金额与期限决定贷款利息，每月需支付贷款利息，贷款到期的最后一个月还本。如企业流动资金正常运转，资金满足生产经营需求并有多余资金，可以考虑提前还贷。

涉及举债筹资业务的会计核算主要有：取得贷款、支付贷款所需综合费用、支付贷款利息、归还贷款本息，月末涉及借款合同印花税的计算。借款合同印花税按照借款金额乘以税率 0.005%计征。

企业进行了短期借款，按照贷款合同，会计处理如下：

(1) 取得短期借款。

借：银行存款

　　贷：短期借款

(2) 支付借款相关手续费。

借：财务费用

　　贷：银行存款/库存现金

(3) 支付借款利息。

借：财务费用

　　贷：银行存款

(4) 归还短期借款本金。

借：短期借款

　　贷：银行存款

(5) 印花税一般是在纳税申报并缴款时一次性集中处理。

借：管理费用—印花税

　　贷：库存现金、银行存款

【案例业务 2】 2018 年 1 月 5 日，公司向银行申请 1 年期短期贷款 5 000 000 元，月息 0.525%。1 月 11 日取得银行借款。期限 1 年，按月支付利息；另支付手续费 100 元。根据借款借据、银行短期借款合同、银行收费凭证，账务处理如图 4-2 所示。

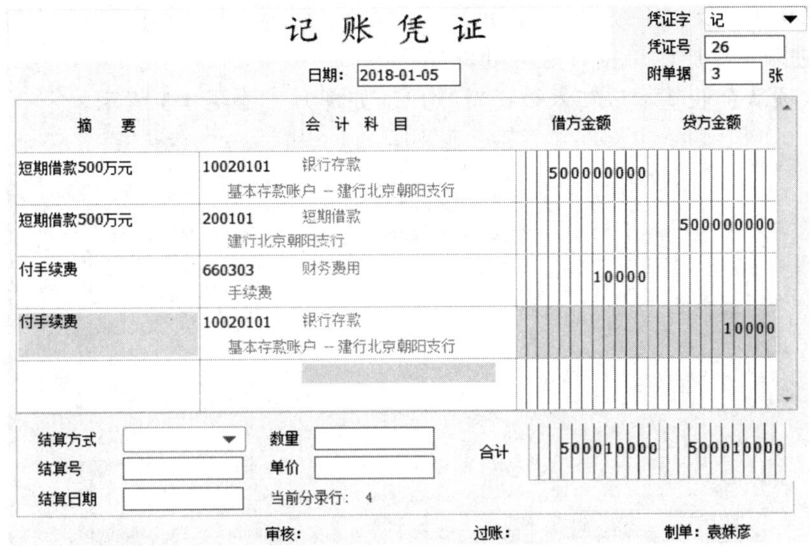

记 账 凭 证

凭证字：记　凭证号：26　附单据：3 张

日期：2018-01-05

摘要	会计科目	借方金额	贷方金额
短期借款500万元	10020101 银行存款 基本存款账户 -- 建行北京朝阳支行	500000000	
短期借款500万元	200101 短期借款 建行北京朝阳支行		500000000
付手续费	660303 财务费用 手续费	10000	
付手续费	10020101 银行存款 基本存款账户 -- 建行北京朝阳支行		10000
合计		500010000	500010000

结算方式　结算号　结算日期　数量　单价　当前分录行：4

审核：　过账：　制单：袁姝彦

图 4-2　案例业务 2 的账务处理

3. 投资的业务核算

企业在生产经营过程中往往会形成部分暂时闲置的资金，用好、用活资金是企业提高经济效益的重要途径之一。为了提高效益、降低风险，企业一般可通过委托银行贷款的方式对这部分富余资金进行投资。委托贷款业务核算涉及的业务有：发放贷款、计提利息、收到利息及计提相关税金、收回委托贷款本金等。

企业发放贷款，按照贷款的合同进行的会计处理如下：

(1) 委托银行发放贷款。

借：银行存款—委托贷款户

　　贷：银行存款—基本存款户

借：委托贷款—本金

　　贷：银行存款—委托贷款户—××银行

(2) 计提利息。

借：应收利息—委托贷款利息(按照合同本金和利率计算确定)

　　委托贷款—利息调整

　　贷：其他业务收入(按照贷款摊余成本和实际利率计算确定)

(3) 期满收回本金及利息。

借：银行存款—委托贷款户

　　贷：委托贷款—本金

(4) 其他业务收入。

借：银行存款—基本存款户

　　贷：银行存款—委托贷款户

在本财务决策平台中，委托贷款的实际利率与合同利率是一样的，且资产负债表日委托贷款不存在减值事宜。

【案例业务 3】2018 年 1 月 1 日，企业将暂时闲置的资金委托银行办理委托贷款业务，金额 1 000 000 元，支付手续费 2000 元。根据委托贷款合同、委托贷款通知书、银行收费凭证、银行进账单等原始单据，账务处理如下：

(1) 将款项从企业基本户转入委托贷款户，处理方式如图 4-3 所示。

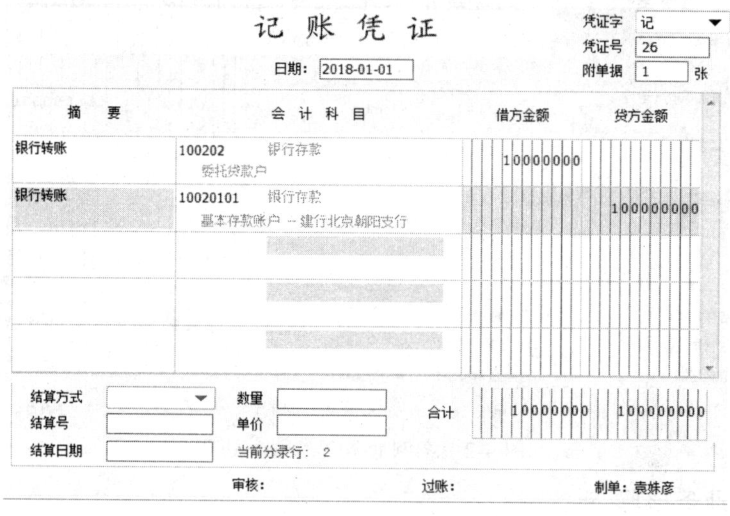

记 账 凭 证

凭证字 记　凭证号 26　附单据 1 张

日期：2018-01-01

摘　要	会 计 科 目	借方金额	贷方金额
银行转账	100202 银行存款 委托贷款户	10000000	
银行转账	10020101 银行存款 基本存款账户 -- 建行北京朝阳支行		100000000

结算方式　数量　合计 10000000　100000000

结算号　单价

结算日期　当前分录行：2

审核：　过账：　制单：袁姝彦

图 4-3　案例业务 3 的账务处理(一)

(2) 进行委托贷款，支付业务手续费，处理方式如图 4-4 所示。

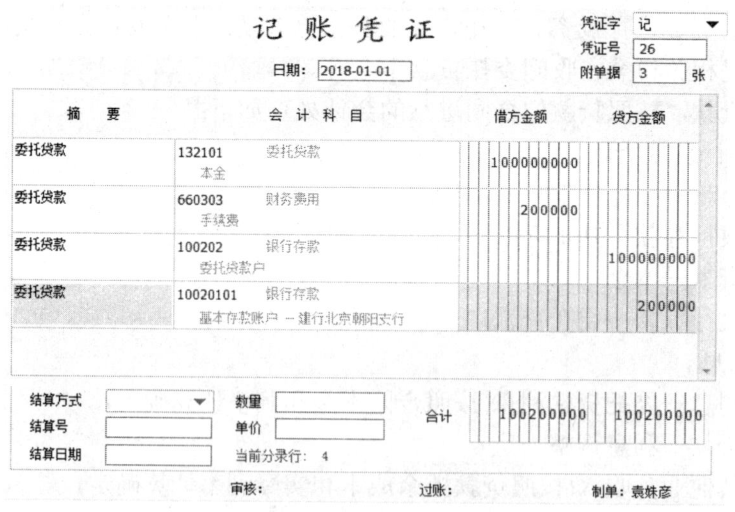

记 账 凭 证

凭证字 记　凭证号 26　附单据 3 张

日期：2018-01-01

摘　要	会 计 科 目	借方金额	贷方金额
委托贷款	132101 委托贷款 本金	100000000	
委托贷款	660303 财务费用 手续费	200000	
委托贷款	100202 银行存款 委托贷款户		100000000
委托贷款	10020101 银行存款 基本存款账户 -- 建行北京朝阳支行		200000

结算方式　数量　合计 100200000　100200000

结算号　单价

结算日期　当前分录行：4

审核：　过账：　制单：袁姝彦

图 4-4　案例业务 3 的账务处理(二)

4．固定资产相关业务核算

在本财务决策平台中，企业固定资产的投资主要包括生产线、房产(厂房、办公用房和餐饮业使用的操作间)和其他资产(餐饮炊具、卡车和办公设备)的投资。企业可以选择购买或租赁生产线和房产，以及购买其他资产。企业资产的所有权会对企业未来使用抵押贷款方式的筹资业务产生一定影响。在本财务决策平台中，企业根据需要选择租赁形式获得厂房、生产线，租赁周期一般为 1 年，租赁开始日支付 4 个月的租金，之后每个季度支付一次 3 个月租金，最后一次支付 2 个月租金。月末涉及租赁合同印花税的计算。财产租赁合同印花税按照租赁金额乘以税率 0.1%计征。

1) 生产线相关的业务核算

(1) 生产线的购买或租赁。

① 购买方式。企业根据生产线采购合同、增值税专用发票等进行如下处理：

借：固定资产 — ××生产线

　　应交税费 — 应交增值税(进项税额)

　　贷：银行存款

② 租赁方式。企业支付生产线租赁费时，根据生产线租赁合同、付款单据等进行如下处理：

借：制造费用—租赁费(当期租赁费用)

　　其他应收款(应在以后月份摊销的租赁费用)

　　贷：银行存款

(2) 生产线计提折旧。若企业采用购买的方式取得生产所需的生产线，则应在每个经营月末对所拥有的生产线按规定计提折旧，当月增加的当月不提折旧，从下个月开始计提。采用租赁方式取得的生产线不用计提折旧。月末会计人员根据折旧计算结果做相应账务处理：

借：制造费用—折旧

　　贷：累计折旧

【案例业务 4】 2018 年 1 月 1 日，企业租赁多士炉生产线一条，租期 1 年，每月租金 24 000 元，按季支付，首次支付 4 个月的租金，其中 1 个月租金为押金，最后一次支付租金时可以抵掉，少支付 1 个月租金。首次租金 960 000 元款项已付。根据房屋租赁合同、发票、银行进账单回单，账务处理如图 4-5 所示。

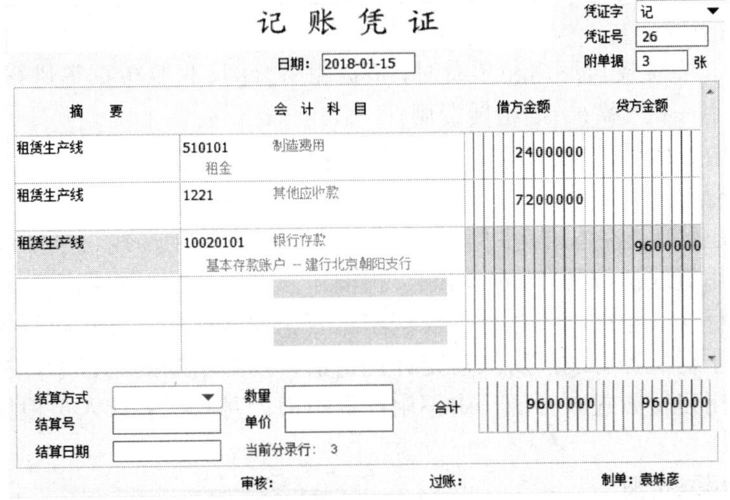

记 账 凭 证

凭证字：记　凭证号：26　附单据：3 张

日期：2018-01-15

摘要	会计科目	借方金额	贷方金额
租赁生产线	510101 制造费用 租金	2400000	
租赁生产线	1221 其他应收款	7200000	
租赁生产线	10020101 银行存款 基本存款账户 -- 建行北京朝阳支行		9600000
合计		9600000	9600000

结算方式　　数量
结算号　　单价
结算日期　　当前分录行：3

审核：　过账：　制单：袁姝彦

图 4-5　案例业务 4 的账务处理

【案例业务 5】 2018 年 1 月 1 日，公司租赁办公用房 100 平方米，租期 1 年，每月租金 16 667 元，按季支付，首次支付 4 个月的租金，其中 1 个月租金为押金，最后一次支付租金时可以抵掉，少支付 1 个月租金。首次租金 66 668 元款项已付。根据房屋租赁合同、发票、银行进账单回单，账务处理如下(由于业务没有跨年，简化处理，租金全部计入当月损益)：

借：管理费用　　　　　　　　　50 001 元
　　其他应收款—××公司　　　16 667 元
　　贷：银行存款　　　　　　　　　　　66 668 元

企业也可以根据经营需要而退租。由于是当月租赁当月退租，按规定会被扣除当月的租金和 1 个月的押金，根据取得的发票单据、银行进账单回单，企业可做如下账务处理：

如果当月企业并未使用该房产，则：

借：营业外支出　　　　　　　　33 334 元
　　银行存款　　　　　　　　　33 334 元
　　贷：管理费用　　　　　　　　　　　50 001 元
　　　　其他应收款—××公司　　　　　16 667 元

如果当月企业使用该房产后决定退租，则：

借：营业外支出　　　　　　　　16 667 元
　　银行存款　　　　　　　　　33 334 元
　　贷：其他应收款—××公司　　　　　16 667 元
　　　　管理费用　　　　　　　　　　　33 334 元

2) *厂房相关的业务核算*

(1) 厂房购买或租赁。企业根据需求可以选择以购买或租赁的方式取得生产所需的不动产。

① 购买厂房。

借：固定资产—厂房
　　贷：银行存款

② 租赁方式。企业支付厂房租赁费时，根据租赁合同、付款单据等进行如下账务处理：

借：制造费用—租赁费(当期租赁费用)
　　其他应收款(或预收账款)(应在以后月份摊销的租赁费用)
　　贷：银行存款

(2) 厂房计提折旧。在本财务决策平台中，企业拥有的生产线、不动产和其他资产应当计提折旧，采用直线法按月计提折旧额，折旧年限及净残值率根据企业具体情况设置，超过税法规定的标准，年终应当进行纳税调整。若企业采用购买方式取得生产用厂房，则应在每个经营月末对所拥有的厂房按规定计提折旧，当月增加的当月不计提折旧，从下个月开始计提。采用租赁方式取得的厂房不用计提折旧。月末，会计人员根据折旧计算结果做相应账务处理：

借：制造费用—折旧
　　贷：累计折旧

【案例业务 6】 2018 年 1 月 1 日，公司租赁多士炉生产用厂房，租期 1 年，月租金 33 333 元，按季支付，首次支付 4 个月的租金，其中 1 个月租金为押金，最后一次支付租金时可以抵掉，少支付 1 个月租金。首次支付 4 个月租金，计 133 332 元。首次租金款项已付。根据厂房租赁合同、发票、银行进账单回单，账务处理如图 4-6 所示。

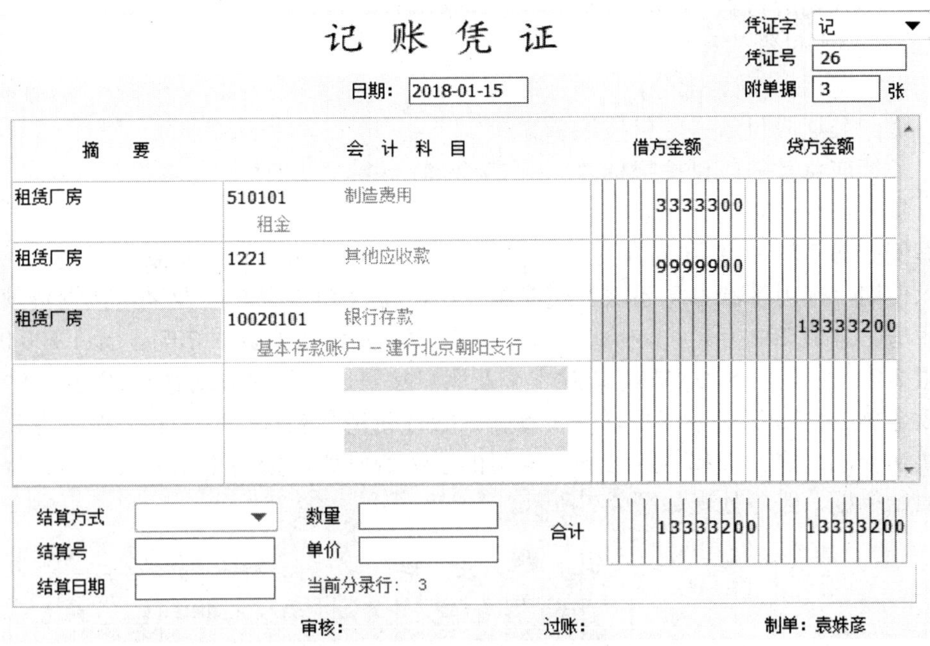

记 账 凭 证

凭证字：记　凭证号：26　附单据：3 张

日期：2018-01-15

摘　要	会计科目	借方金额	贷方金额
租赁厂房	510101 制造费用 租金	3333300	
租赁厂房	1221 其他应收款	9999900	
租赁厂房	10020101 银行存款 基本存款账户 – 建行北京朝阳支行		13333200

结算方式：　数量：
结算号：　单价：
结算日期：　当前分录行：3
合计　13333200　13333200

审核：　过账：　制单：袁姝彦

图 4-6　案例业务 6 的账务处理

本财务决策平台模拟企业厂房采用租赁方式，所以不涉及月末计提折旧业务，且印花税于月末一次性集中处理。在本平台中，企业拥有的生产线、房产和其他资产只有在“空闲”状态时才能被处置，处置时的供应商与初始购买时的供应商应为同一家企业，按照处置时的市场价做固定资产清理，并缴纳相关税费。“按揭”状态的资产不可处置。

3) 按揭贷款购入资产的业务核算

企业按揭贷款是利用向银行等金融机构融资、专用于向供货商购置所需固定资产并分期归还本息的贷款方式。一般来说，按揭购入固定资产可分为两类：一是购入按揭固定资产后，一般不需继续发生大的支出即可投入使用的，如按揭购入汽车或带装修的办公用房；二是购入按揭固定资产后不能马上投入使用的，如按揭购入不带装修的办公用房。企业按揭购入固定资产的账务处理主要涉及四个问题：① 固定资产的入账价值如何确定：② 负债的入账价值如何确定；③ 停止资本化后的应付按揭利息如何处理；④ 折旧如何计提。在进行账务处理时，因按揭购入固定资产不同于一般的固定资产，可在“固定资产”一级科目下另设二级明细科目“按揭购入固定资产”进行核算。

关于负债入账价值的确定，按揭购入固定资产，不论是按揭购入即可投入使用的固定资产，还是按揭购入后不能马上投入使用的固定资产，其负债的入账价值均可比照企业长期借款方式按不考虑按揭利息所需支付的价款确定。

按揭贷款购置资产涉及的会计处理有：

(1) 按揭贷款购入。

借：固定资产 — 按揭的固定资产(含该固定资产的售价、保险费、手续费等使固定资产达到预定可使用状态前的相关费用)

　　贷：银行存款　(已经支付的货币资金部分)

　　　　长期应付款 — 应付按揭贷款　(余款)

(2) 计提和支付价款利息。

借：财务费用　(利息部分)

　　贷：长期应付款—应付按揭贷款

借：长期应付款—应付按揭贷款　(还款金额)

　　贷：银行存款

【案例业务 7】 在本财务决策平台中，只有房产可以采用按揭贷款方式购买，购入后即可投入使用，采用等额本息还款方式偿还。2018 年 1 月 5 日，企业采用按揭贷款方式购买办公用房，总价 200 万元，首付 30%，计 600 000 元，按揭贷款 70%，计 1 400 000 元。贷款期限 3 年，月利率 5.8333‰，贷款本金及利息按月以分期付款等额偿还方式还本付息，另按贷款金额的 3‰ 缴付手续费，在贷款日一次性付清。款项已收妥转入企业存款户。根据房屋买卖合同、房产按揭贷款合同、取得的手续费发票、销售不动产发票、银行进账单回单等原始单据，账务处理如图 4-7 所示。

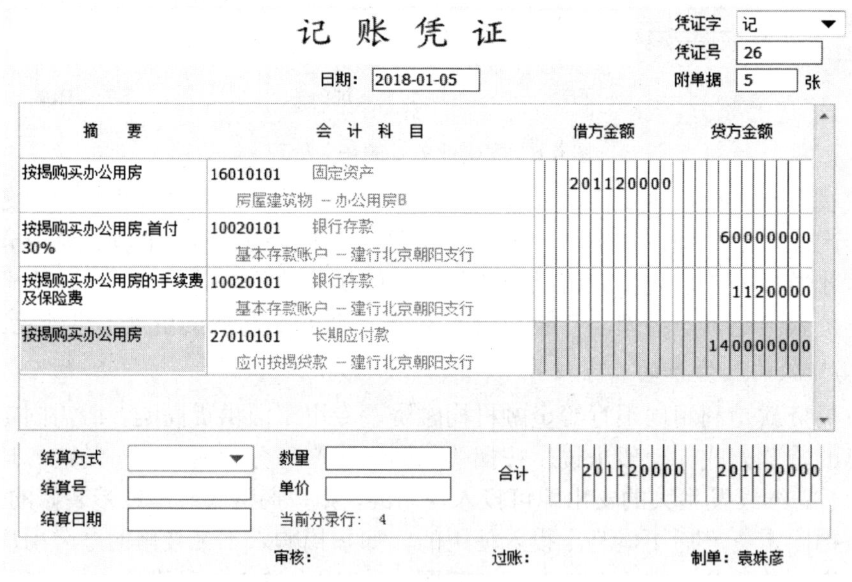

记 账 凭 证

凭证字：记　凭证号：26　附单据：5 张

日期：2018-01-05

摘　要	会 计 科 目	借方金额	贷方金额
按揭购买办公用房	16010101　固定资产 房屋建筑物 -- 办公用房B	201120000	
按揭购买办公用房,首付30%	10020101　银行存款 基本存款账户 -- 建行北京朝阳支行		60000000
按揭购买办公用房的手续费及保险费	10020101　银行存款 基本存款账户 -- 建行北京朝阳支行		1120000
按揭购买办公用房	27010101　长期应付款 应付按揭贷款 -- 建行北京朝阳支行		140000000

结算方式　数量　结算号　单价　结算日期　当前分录行：4

合计　201120000　201120000

审核：　过账：　制单：袁姝彦

图 4-7　案例业务 7 的账务处理

4) 其他资产购置业务的核算

为了保证生产经营活动的正常进行，企业除需购置生产用资产外，还需配置相应的办公场所及一定数量的办公设备。

【案例业务 8】 2018 年 1 月 8 日，企业购置了办公设备，电脑 15 台、复印机 1 台、打印机 1 台，以满足生产经营活动的需要。根据购置时取得的增值税专用发票、银行进账单回单等，账务处理如图 4-8～图 4-10 所示。

记 账 凭 证

凭证字 记　凭证号 26　附单据 2 张

日期：2018-01-08

摘　要	会 计 科 目	借方金额	贷方金额
购入笔记本电脑15台	16010201　固定资产 办公设备 -- 笔记本电脑	6577500	
购入笔记本电脑15台	22210101　应交税费 应交增值税 -- 进项税额	1118175	
购入笔记本电脑15台	10020101　银行存款 基本存款账户 -- 建行北京朝阳支行		7695675

结算方式　　数量 15　　合计 7695675　7695675

结算号　　单价 4385.0000

结算日期　　当前分录行：1

审核：　过账：　制单：袁姝彦

图 4-8　案例业务 8 的账务处理(一)

记 账 凭 证

凭证字 记　凭证号 26　附单据 2 张

日期：2018-01-08

摘　要	会 计 科 目	借方金额	贷方金额
购入复印机1台	16010203　固定资产 办公设备 -- 复印机	540000	
购入复印机1台	22210101　应交税费 应交增值税 -- 进项税额	91800	
购入复印机1台	10020101　银行存款 基本存款账户 -- 建行北京朝阳支行		631800

结算方式　　数量 1.00　　合计 631800　631800

结算号　　单价 5400.0000

结算日期　　当前分录行：1

审核：　过账：　制单：袁姝彦

图 4-9　案例业务 8 的账务处理(二)

记 账 凭 证

凭证字 记　凭证号 26　附单据 1 张

日期：2018-01-08

摘　要	会 计 科 目	借方金额	贷方金额
购入打印机1台	16010202　固定资产 办公设备 -- 打印机	279300	
购入打印机1台	22210101　应交税费 应交增值税 -- 进项税额	47481	
购入打印机1台	10020101　银行存款 基本存款账户 -- 建行北京朝阳支行		326781

结算方式　　数量　　合计 326781　326781

结算号　　单价

结算日期　　当前分录行：3

审核：　过账：　制单：袁姝彦

图 4-10　案例业务 8 的账务处理(三)

5．金融资产投资的业务核算

金融资产是单位和个人所拥有的以价值形态存在的资产。企业结合自己的业务特点、投资策略和风险管理要求，将取得的金融资产在初始确认时划分为四类：① 以公允价值计量且其变动计入当期损益的金融资产；② 持有至到期投资；③ 贷款和应收款项；④ 可供出售的金融资产。金融资产的分类一旦确定，就不得随意改变。

1) 交易性金融资产业务的核算

在财务决策平台中，投资股票和债券如果是为了近期内出售，应当在初始投资时划分为交易性金融资产。

(1) 企业取得交易性金融资产。

借：交易性金融资产—成本(公允价值)
　　投资收益(发生的交易费用)
　　应收股利(已宣告但尚未发放的现金股利)
　　应收利息(实际支付的款项中含有的利息)
　　贷：银行存款等

(2) 持有期间的股利或利息处理。

借：应收股利(被投资单位宣告发放的现金股利 × 投资持股比例)
　　应收利息(资产负债表日计算的应收利息)
　　贷：投资收益

(3) 资产负债表日公允价值变动。

① 公允价值上升。

借：交易性金融资产—公允价值变动
　　贷：公允价值变动损益

② 公允价值下降。

借：公允价值变动损益
　　贷：交易性金融资产—公允价值变动

(4) 出售交易性金融资产。

借：银行存款(价款扣除手续费)
贷：交易性金融资产—成本
　　交易性金融资产—公允价值变动
　　投资收益(差额，也可能在借方)

同时：

借：公允价值变动损益(原计入该金融资产的公允价值变动)
　　贷：投资收益

或

借：投资收益
　　贷：公允价值变动损益

【案例业务 9】 2018 年 1 月 20 日，企业购入 3 年期国债 500 000 元，年息 5.54%，不打算持有至到期。无交易手续费。根据银行进账单回单，账务处理如图 4-11 所示。

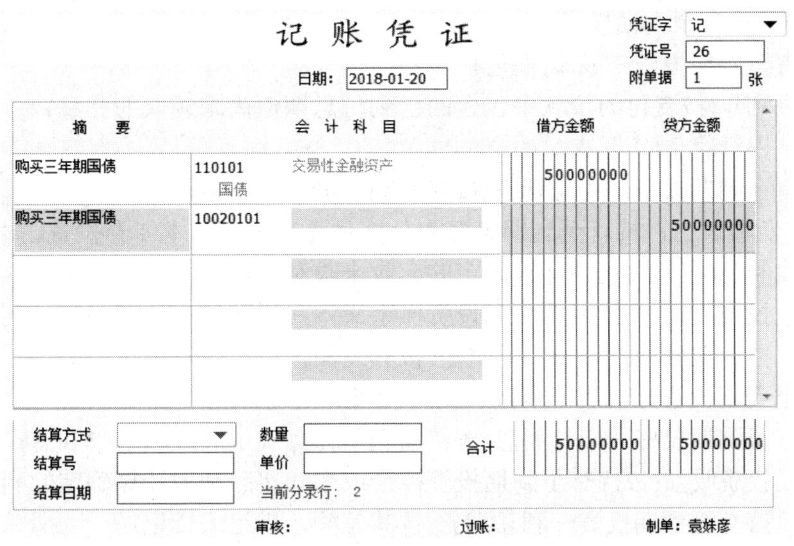

记 账 凭 证

凭证字 记　凭证号 26　附单据 1 张

日期：2018-01-20

摘　要	会 计 科 目	借方金额	贷方金额
购买三年期国债	110101 交易性金融资产 国债	50000000	
购买三年期国债	10020101		50000000
合计		50000000	50000000

结算方式　数量　结算号　单价　结算日期　当前分录行：2

审核：　过账：　制单：袁姝彦

图 4-11　案例业务 9 的账务处理

【案例业务 10】 2018 年 1 月 31 日，企业购入美的公司股票 10 000 股，每股 15.89 元，计 158 900 元，另支付手续费 158.90 元。企业不打算长期持有，划分为交易性金融资产。根据股票交割单及银行进账单回单，账务处理如图 4-12 所示。

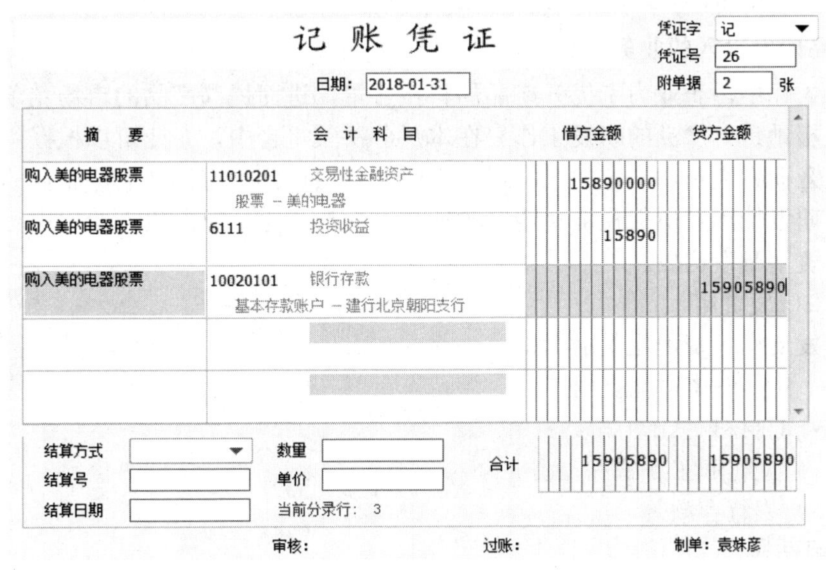

记 账 凭 证

凭证字 记　凭证号 26　附单据 2 张

日期：2018-01-31

摘　要	会 计 科 目	借方金额	贷方金额
购入美的电器股票	11010201 交易性金融资产 股票 – 美的电器	15890000	
购入美的电器股票	6111 投资收益	15890	
购入美的电器股票	10020101 银行存款 基本存款账户 – 建行北京朝阳支行		15905890
合计		15905890	15905890

结算方式　数量　结算号　单价　结算日期　当前分录行：3

审核：　过账：　制单：袁姝彦

图 4-12　案例业务 10 的账务处理

2) 持有至到期投资业务的核算

持有至到期投资，是指到期日固定、回收金额固定或可确定，且企业有明确意图和能力持有至到期的非衍生金融资产。通常情况下，企业持有的、在活跃市场上有公开报价的国债、企业债券、金融债券等，可以划分为持有至到期投资。在本财务决策平台中，如果投资债券的目的是持有至到期，收取债券利息，那么应当在初始投资的时候划分为持有至到期投资。相关的账务处理如下：

(1) 取得的持有至到期投资。

借：持有至到期投资—成本(面值)

　　应收利息(按支付的价款中包含的已到付息期但尚未领取的利息)

　　贷：银行存款(实际支付的金额)

　　持有至到期投资—利息调整(按其差额、借记或贷记)

(2) 资产负债表日，持有至到期投资为分期付息、一次还本债券投资。

借：应收利息(按票面利率计算确定的应收未收利息)

　　贷：投资收益(按持有至到期投资摊余成本和实际利率计算确定的利息收入)

　　　　持有至到期投资—利息调整(按其差额，借记或贷记)

若持有至到期投资为一次还本付息债券投资的，则：

借：持有至到期投资—应计利息(按票面利率计算确定的应收未收利息)

　　贷：投资收益(按持有至到期投资摊余成本和实际利率计算确定的利息收入)

　　　　持有至到期投资—利息调整(按其差额，借记或贷记)

(3) 出售持有至到期投资。

借：银行存款(按实际收到的金额)

　　贷：持有至到期投资—成本、利息调整、应计利息(按其账面余额)

　　　　投资收益(按其差额，贷记或借记)

已计提减值准备的，还应同时结转减值准备。

6. 产品研发投入的业务核算

在实际工作中，企业为了提升产品的科技含量，进而提高产品的市场竞争优势及销售价格，应积极地进行产品的研发工作。在本财务决策平台中，企业可以根据生产的产品进行研发，投入研发人员和一定的原材料，当研发费用达到一定标准后，企业的产品价格会有所提升。研发费用在所得税汇算清缴时还允许加计扣除。研发投入费用由“投入材料经费”和“工资薪酬”构成。

(1) 投入研发费用。

借：研发支出—费用化支出

　　　　　　—资本化支出

　　贷：原材料

　　　　应付职工薪酬—工资

　　　　银行存款等

(2) 费用结转。

借：管理费用

　　无形资产

　　贷：研发支出—费用化支出

　　　　　　　　—资本化支出

本财务决策平台根据企业产品研发需求，招聘研发人员 10 名，月工资 5000 元。其他有关产品研发的规定遵循产品规则中的产品研发规则。

【案例业务 11】 2018 年 1 月 12 日，企业研发多士炉产品领用原材料多士炉烘烤装置

488 573.76 元，领用多士炉辅助材料 217 524.85 元。根据领料单，账务处理如图 4-13 所示。

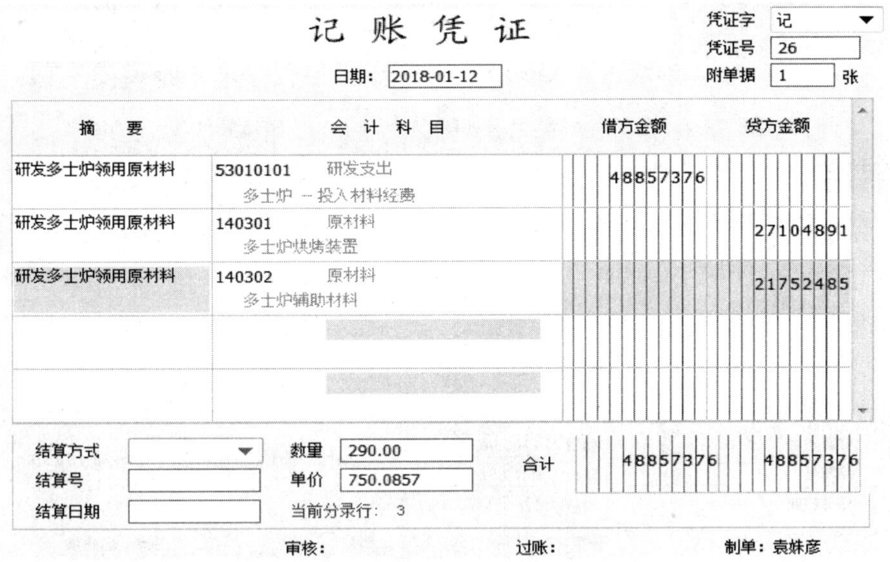

记 账 凭 证

凭证字 记
凭证号 26
附单据 1 张
日期：2018-01-12

摘　要	会 计 科 目	借方金额	贷方金额
研发多士炉领用原材料	53010101　研发支出 多士炉 —投入材料经费	48857376	
研发多士炉领用原材料	140301　原材料 多士炉烘烤装置		27104891
研发多士炉领用原材料	140302　原材料 多士炉辅助材料		21752485

结算方式		数量	290.00	合计	48857376	48857376
结算号		单价	750.0857			
结算日期		当前分录行：3				

审核：　　过账：　　制单：袁姝彦

图 4-13　案例业务 11 的账务处理

7．生产经营过程的业务核算

企业的生产经营过程包括采购过程、生产过程和销售过程。

1) *采购过程*

在实际经营活动中，采购过程是制造企业生产经营活动的第一阶段。采购过程的主要任务是采购生产经营所需的各种原材料及物料，形成企业的生产储备。在材料物资采购过程中，企业应按经济合同和结算制度的规定支付货款及采购费用(如运输费、装卸费等)，材料的买价加上采购费用就构成了材料的采购成本。在采购过程中，会计人员要把企业在物资采购过程中发生的各项采购支出按照材料的品种或类别加以归集，计算材料物资采购总成本和单位成本。物资采购成本是由买价和采购费用构成的，其中，买价是销售单位开出的发票价格，采购费用则包括运杂费、运输途中合理损耗、支付的各种税金、入库前整理挑选费用、大宗材料的市内运输费用和其他项目。买价可直接计入各种物资的采购成本；其他各种费用凡是能分得清归属的，可直接计入各种物资的采购成本；不能分清归属的，可根据实际受益情况采用一定的方法分配计入各种物资的采购成本，通常是按各种标准(如重量、体积或买价等)的比例进行分配。企业要有计划地采购材料，力求既要满足生产上的需要，又要避免储备过多而造成资金的浪费。

采购原材料时：

借：原材料—×××

　　应交税费—应交增值税(进项税额)

　　贷：银行存款(应付账款等)

【案例业务 12】 2018 年 1 月 2 日，企业购买多士炉生产用材料多士炉烘烤装置 1300 套。增值税专用发票上列明的价款为 1 213 512.30 元，税金 206 297.09 元，合计 1 419 809.39 元，运费 1650.00 元，货已收到并已验收入库，款项已通过银行转账支付。根据取得的增值税

专用发票、运输发票、电子汇划收款回单、入库单等单据，会计分录如图 4-14 所示。

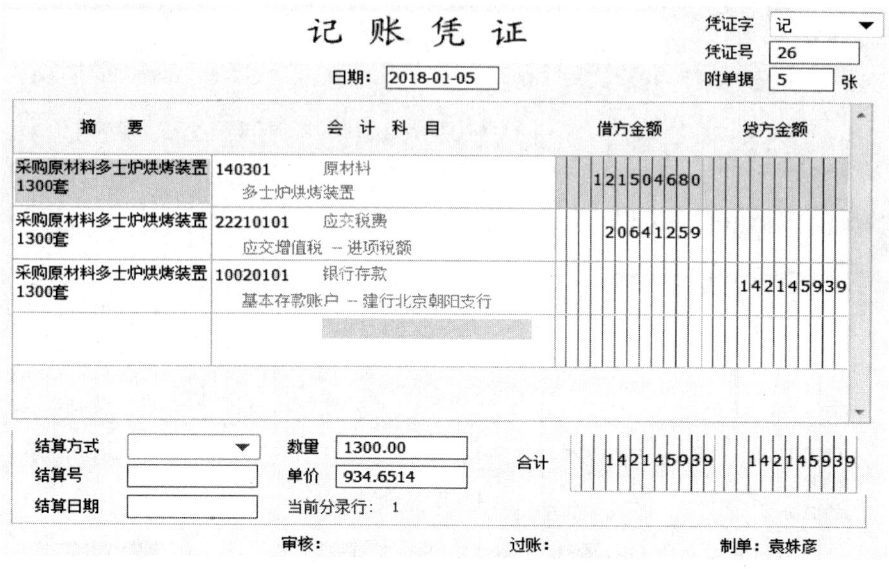

记　账　凭　证

凭证字：记　凭证号：26　附单据：5 张

日期：2018-01-05

摘　要	会计科目	借方金额	贷方金额
采购原材料多士炉烘烤装置1300套	140301 原材料 多士炉烘烤装置	121504680	
采购原材料多士炉烘烤装置1300套	22210101 应交税费 应交增值税 -- 进项税额	20641259	
采购原材料多士炉烘烤装置1300套	10020101 银行存款 基本存款账户 -- 建行北京朝阳支行		142145939

结算方式：　数量：1300.00　单价：934.6514　当前分录行：1

结算号：

结算日期：

合计：142145939　142145939

审核：　过账：　制单：袁姝彦

图 4-14　案例业务 12 的账务处理

【案例业务 13】 2018 年 1 月 2 日，华厦科技有限公司购买多士炉生产用材料多士炉辅助材料 1300 套。增值税专用发票上列明的价款为 973 576.89 元，税金 165 508.07 元，合计 1 139 084.96 元，运费 1650.00 元，货已收到并已验收入库，款项通过银行转账采用首四余六的方式分期支付，首期支付款项 685 100.98 元。根据取得的增值税专用发票、运输发票、电子汇划收款回单、入库单等单据，做如图 4-15 所示的会计分录。

记　账　凭　证

凭证字：记　凭证号：26　附单据：5 张

日期：2018-01-05

摘　要	会计科目	借方金额	贷方金额
采购原材料多士炉辅助材料1300套	140302 原材料 多士炉辅助材料	97511139	
采购原材料多士炉辅助材料1300套	22210101 应交税费 应交增值税 -- 进项税额	16562357	
采购原材料多士炉辅助材料1300套，首四余六	10020101 银行存款 基本存款账户 -- 建行北京朝阳支行		68510098
采购原材料多士炉辅助材料1300套，首四余六	220201 应付账款 郑州中原科技有限公司		45563398

结算方式：　数量：1300.00　单价：750.0857　当前分录行：1

结算号：

结算日期：

合计：114073496　114073496

审核：　过账：　制单：袁姝彦

图 4-15　案例业务 13 的账务处理(一)

2018 年 1 月 15 日支付余下的 60%货款 455 633.98 元，如图 4-16 所示。

记 账 凭 证

凭证字 记　凭证号 26　附单据 1 张

日期：2018-01-15

摘　要	会 计 科 目	借方金额	贷方金额
购买多士炉辅助材料1300套，支付第二期货款	220201 应付账款 郑州中原科技有限公司	45563398	
购买多士炉辅助材料1300套，支付第二期货款	10020101 银行存款 基本存款账户 -- 建行北京朝阳支行		45563398

结算方式　数量　合计 45563398 45563398

结算号　单价

结算日期　当前分录行：2

审核：　过账：　制单：袁姝彦

图 4-16　案例业务 13 的账务处理(二)

【案例业务 14】2018 年 1 月 19 日，企业购买多士炉生产用材料多士炉烘烤装置 1000 套。供应商宁波创投科技有限公司为小规模纳税人，货已收到并已验收入库，款项通过银行转账采用首三余七的方式分期支付。根据取得的增值税专用发票、运输发票、电子汇划收款回单、入库单等单据，会计分录如图 4-17 所示。

记 账 凭 证

凭证字 记　凭证号 26　附单据 5 张

日期：2018-01-19

摘　要	会 计 科 目	借方金额	贷方金额
采购原材料多士炉烘烤装置1000套	140301 原材料 多士炉烘烤装置	90025620	
采购原材料多士炉烘烤装置1000套	22210101 应交税费 应交增值税 -- 进项税额	26600	
采购原材料多士炉烘烤装置1000套，首三余七	10020101 银行存款 基本存款账户 -- 建行北京朝阳支行		27281666
采购原材料多士炉烘烤装置1000套，首三余七	220202 应付账款 宁波创投科技有限公司		62770554

结算方式　数量 1000.00　合计 90052220 90052220

结算号　单价 900.2562

结算日期　当前分录行：1

审核：　过账：　制单：袁姝彦

图 4-17　案例业务 14 的账务处理(一)

1 月 30 日，企业支付宁波创投科技有限公司购买多士炉烘烤装置的尾款(总金额的 70%)，计 627 705.54 元。根据银行汇划收款回单，财务处理如图 4-18 所示。

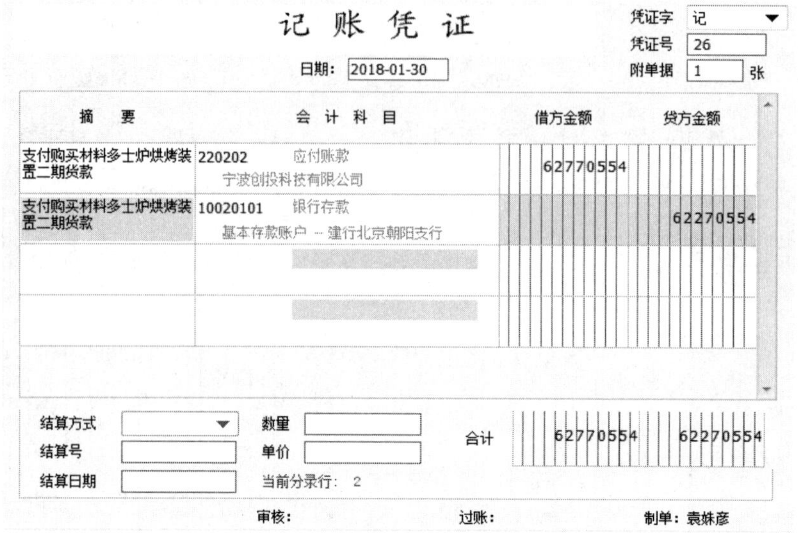

记 账 凭 证

凭证字 记　凭证号 26　附单据 1 张

日期：2018-01-30

摘要	会计科目	借方金额	贷方金额
支付购买材料多士炉烘烤装置二期货款	220202 应付账款 宁波创投科技有限公司	62770554	
支付购买材料多士炉烘烤装置二期货款	10020101 银行存款 基本存款账户 -- 建行北京朝阳支行		62270554

结算方式　数量
结算号　单价　合计 62770554　62270554
结算日期　当前分录行：2

审核：　过账：　制单：袁姝彦

图 4-18　案例业务 14 的账务处理(二)

2) 生产过程

生产过程是制造企业经营活动的主要过程，它的主要任务是将原材料等要求投入生产，经过工人的劳动加工，制造出符合需要的产品。企业在产品的生产过程中，一方面，劳动者借助劳动资料对劳动对象进行加工，制造产品以满足社会需要；另一方面，为了制造产品，企业必然要发生诸如固定资产的磨损、材料的消耗以及劳动力的耗费(生产工人和管理人员)等各项生产耗费。企业在一定时期内发生的、能够用货币金额表现的生产耗费叫“生产费用”。生产费用按是否计入产品成本可以分为产品生产费用和期间费用。企业为生产一定种类和数量的产品所发生的各项生产费用的总和，称为产品的“生产成本”。因此，在产品生产过程中制造费用的发生、归集和分配，以及产品生产成本的计算，就构成产品生产过程核算的主要内容。

生产过程中产品成本的计算，就是把生产过程中发生的应当计入产品成本的费用，作为产品成本归集和分配的对象，运用一定的计算方法，计算出产品的总成本和单位成本。企业通过计算产品的生产成本，可以确定生产耗费的补偿尺度，用以考核企业的生产经营管理水平。

(1) 产品生产成本的内容。企业在生产经营过程中发生的各项费用，按照经济用途可分为产品制造成本和期间费用。产品制造成本是指那些直接与产品生产有关的费用，这些费用可以通过直接或间接的方式归集、分配到各种具体的产品成本中，形成产品价值。归入产品制造成本项目的费用可以进一步细分为直接材料、直接人工和制造费用三个成本项目。

期间费用是指不能计入产品成本而应当计入期间损益的费用。这些费用是在企业生产经营活动过程中发生的，与产品生产没有直接联系，不能明确确定成本归集对象，但是可以确定其发生期间和归属期间的费用。所以不能计入产品成本、参与成本计算，只能作为期间费用计入当期损益。对于工业企业来说，这些费用主要包括管理费用、财务费用和销售费用。

(2) 产品成本的计算过程。在产品生产过程中，产品生产成本的计算过程就是按不同的成本计算对象归集分配费用的过程。企业发生的生产费用，若只为生产某种产品而直接发生的，应当在费用发生时直接计入该种产品成本；若为生产多种产品共同发生的材料及人工费，应在费用发生时通过一定的方法对费用进行分配，进而计算出各种产品应当分摊的成本。需要注意的是，对于企业为生产产品而发生的制造费用，由于它属于间接费用，因此，月末应采用适当的分配标准(如生产工人工资、生产工时、机器工时、耗用的原材料数量或成本等)对其进行分配。制造费用分配相关计算公式为

$$制造费用分配率 = \frac{制造费用总额}{各种产品分配标准总数}$$

$$某种产品应承担的制造费用 = 该种产品的分配标准 \times 制造费用分配率$$

制造费用经过分配后，结转到产品生产成本账户中，然后就可以将生产费用在完工产品和月末在产品之间进行分配。采用的分配方法有约当产量法、定额成本法和定额比例法等。完工产品计算公式为

$$完工产品成本 = 月初在产品成本 + 本月发生的生产费用 - 月末在产品成本$$

企业产品成本计算过程分为三个步骤：

① 归集生产费用。在生产经营过程中，企业可根据所生产的不同品种的产品进行生产费用的归集，包括直接材料费用和直接人工费用。对于发生的“制造费用”，可先在“制造费用”科目中进行归集，然后在不同产品之间按照生产工时比例进行分配。本财务决策平台模拟企业只生产一种产品——多士炉。

② 生产费用在完工产品和在产品之间的分配。生产费用在完工产品和在产品之间进行分配的方法很多，模拟企业月末在产品成本采用约当产量法进行分配计算。

③ 计算完工产品单位成本。企业的会计人员根据计算出的完工产品的总成本除以完工产品的数量，即求出完产品的单位成本，公式为

$$产品单位成本 = \frac{完工产品总成本}{完工产品数量}$$

企业涉及的账务处理如下：

A．生产产品发生的材料费用

借：生产成本—××产品—直接材料

　　贷：原材料—××材料

B．生产产品发生的直接人工费用

借：生产成本—××产品—直接人工

　　贷：应付职工薪酬—工资

C．按生产工人薪酬计算企业应付的保险费和住房公积金、福利费等附加费用。

借：生产成本—××产品—直接人工

　　贷：应付职工薪酬—社会保险费

　　　　　　　　　　—住房公积金

　　　　　　　　　　—福利费

D．发生、归集和分配制造费用

计提折旧费用

借：制造费用—折旧费

　　贷：累计折旧

支付设备维护费

借：制造费用—维护费

　　贷：库存现金(或银行存款)

制造费用分配、结转

借：生产成本—××产品—制造费用

　　贷：制造费用

将生产费用在完工产品和在产品之间进行分配

借：库存商品—××产品

　　贷：生产成本—××产品—直接材料

　　　　生产成本—××产品—直接人工

　　　　生产成本—××产品—制造费用

【案例业务 15】 2018 年 1 月 12 日，企业生产领用原材料多士炉烘烤装置 1000 套，单价 934.6514 元，多士炉辅助材料 1000 套，单价 750.0857 元，财务处理如图 4-19 所示。

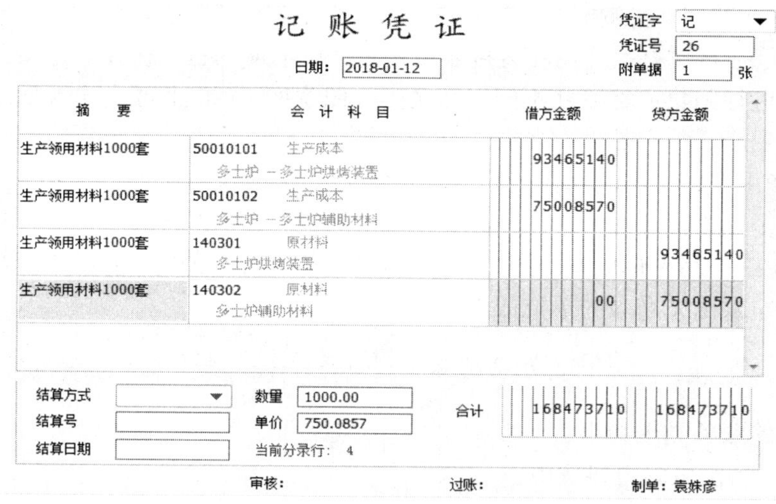

记　账　凭　证

凭证字：记　凭证号：26　附单据：1 张

日期：2018-01-12

摘　要	会计科目	借方金额	贷方金额
生产领用材料1000套	50010101 生产成本 多士炉—多士炉烘烤装置	93465140	
生产领用材料1000套	50010102 生产成本 多士炉—多士炉辅助材料	75008570	
生产领用材料1000套	140301 原材料 多士炉烘烤装置		93465140
生产领用材料1000套	140302 原材料 多士炉辅助材料	00	75008570

结算方式　　数量 1000.00　　合计 168473710　168473710

结算号　　单价 750.0857

结算日期　　当前分录行：4

审核：　　过账：　　制单：袁姝彦

图 4-19　案例业务 15 的账务处理

3) 销售过程

销售过程是工业企业经营过程的最后阶段，企业通过这一过程，将产品资金转化为货币资金，从而完成一次资金循环。销售有广义和狭义之分，广义的销售应包括企业与外部单位所发生的所有买卖的经济活动，包括对外的劳务提供和所有有形与无形资产的出售等，如对外出售产成品、对外转让无形资产和对外出售剩余的或不需要用的材料等；狭义的销售则仅指企业产品的销售。会计上作为销售业务核算的内容包括产品销售、材料销售以及无形资产转让等。产品销售收入为主营业务收入，在企业的整体收入中占有极大的比例，是企业利润的主要来源；材料销售以及无形资产转让等销售收入则被称为“其他业务收入”。企业通过销售，一方面实现产品的价值，另一方面也是其对投资于生产领域中的资金的补偿或回收。所以，在企业销售业务的会计核算过程中，确认产品销售收入和其他销售收入的实现、进行与购买单位的货款结算、计算，结转产品销售成本和其他销售成本，支付产品销售费用，计算和缴纳销售税金，最后确定产品销售损益和其他销售损益，便构成了工业企业销售业务核算的主要内容。

(1) 销售业务的会计核算。在销售过程中，涉及的成本计算主要是主营业务成本的计算，即已销产品成本的确定。采用的计价方法主要包括先进先出法、月末一次加权平均法和移动加权平均法等。

企业在销售过程中发生的主要经济业务账务处理如下：

① 支付销售费用，如销售广告宣传、展览的费用，以及销售环节仓储、装卸等费用：

借：销售费用

　　贷：库存现金(或银行存款)

② 计算并缴纳销售税金(根据当月应缴纳的增值税计算)

　计提：

借：主营业务税金及附加

　　贷：应缴税费—应缴城市维护建设税

　　　　应缴税费—应缴教育费附加

　缴纳：

　借：应缴税费—应缴城市维护建设税

　　　应缴税费—应缴教育费附加

　　　贷：银行存款

③ 销售库存商品及期末结转已销商品成本

　借：应收账款(或银行存款)

　　　贷：主营业务收入—××产品

　　　　　应交税费—应交增值税(销项税额)

　借：主营业务成本—××产品

　　　贷：库存商品—××产品

注：主营业务成本可以从库存商品的数量金额账查看，不需要自己计算出库单价。

【案例业务 16】 2018 年 1 月 20 日，企业按订单出售多士炉产品二批次：① 出售 200 台，不含税单价 2361.04 元，增值税税率 17%，货款价税合计 552 483.36 元；② 出售 600 台，不含税单价 2423.76 元，增值税税率 17%，货款价税合计 1 701 479.52 元。以上款项均未收。根据产品销售合同、开出的增值税专用发票等，账务处理如图 4-20 和图 4-21 所示。

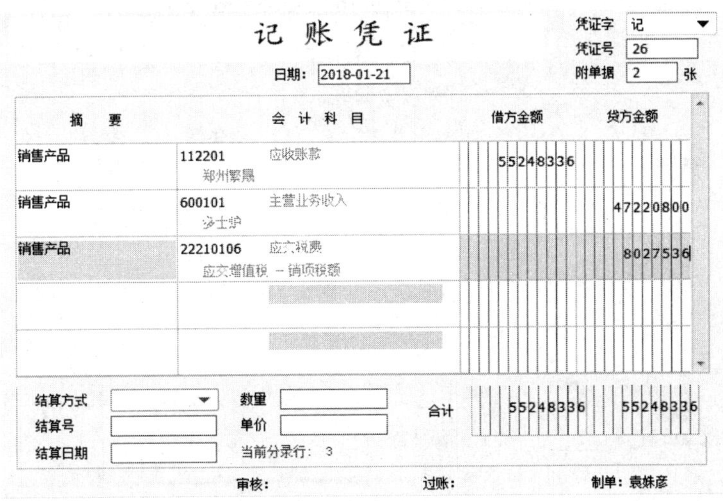

记 账 凭 证

凭证字 记　凭证号 26　附单据 2 张

日期：2018-01-21

摘要	会计科目	借方金额	贷方金额
销售产品	112201 应收账款 郑州繁晨	55248336	
销售产品	600101 主营业务收入 多士炉		47220800
销售产品	22210106 应交税费 应交增值税－销项税额		8027536
合计		55248336	55248336

结算方式　数量　结算号　单价　结算日期　当前分录行：3

审核：　过账：　制单：袁姝彦

图 4-20　案例业务 16 的账务处理(一)

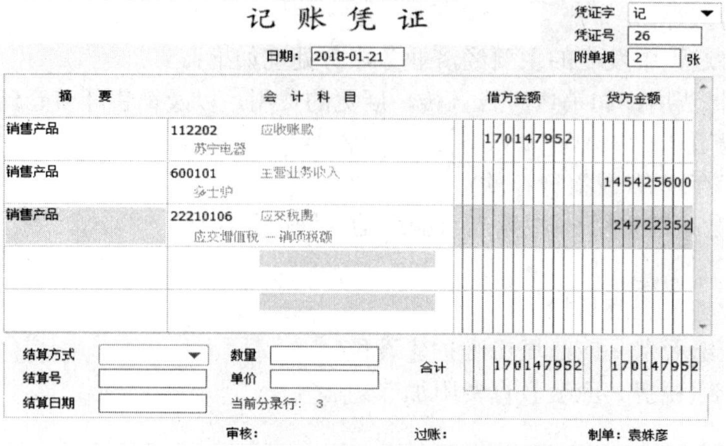

记 账 凭 证

凭证字 记　凭证号 26　附单据 2 张

日期：2018-01-21

摘　要	会计科目	借方金额	贷方金额
销售产品	112202 应收账款 苏宁电器	170147952	
销售产品	600101 主营业务收入 多士炉		145425600
销售产品	22210106 应交税费 应交增值税－销项税额		24722352

结算方式　数量　合计 170147952 170147952

结算号　单价

结算日期　当前分录行：3

审核：　过账：　制单：袁姝彦

图 4-21　案例业务 16 的账务处理(二)

1 月 25 日，企业收到郑州繁晟公司支付的多士炉销售货款 552 483.36 元，同时收到苏宁电器支付的货款 1 701 479.52 元。根据银行进账单回单，账务处理如图 4-22 和图 4-23 所示。

记 账 凭 证

凭证字 记　凭证号 26　附单据 1 张

日期：2018-01-25

摘　要	会计科目	借方金额	贷方金额
销售收款	10020101 银行存款 基本存款账户－建行北京朝阳支行	55248336	
销售收款	112201 应收账款 郑州繁晟		55248336

结算方式　数量　合计 55248336 55248336

结算号　单价

结算日期　当前分录行：2

审核：　过账：　制单：袁姝彦

图 4-22　案例业务 16 的账务处理(三)

记 账 凭 证

凭证字 记　凭证号 26　附单据 1 张

日期：2018-01-25

摘　要	会计科目	借方金额	贷方金额
销售收款	10020101 银行存款 基本存款账户－建行北京朝阳支行	170147952	
销售收款	112202 应收账款 苏宁电器		170147952

结算方式　数量　合计 170147952 170147952

结算号　单价

结算日期　当前分录行：2

审核：　过账：　制单：袁姝彦

图 4-23　案例业务 16 的账务处理(四)

由于企业多士炉生产的成本需于月末进行成本核算，所以售出产品的成本结转于月末统一进行处理。税金的处理也于月末集中进行。

【案例业务 17】 2018 年 1 月 31 日，企业结转当月售出商品成本。本月份，企业共销售多士炉产品 800 台，单位成本 2850.2 元，账务处理如图 4-24 所示。

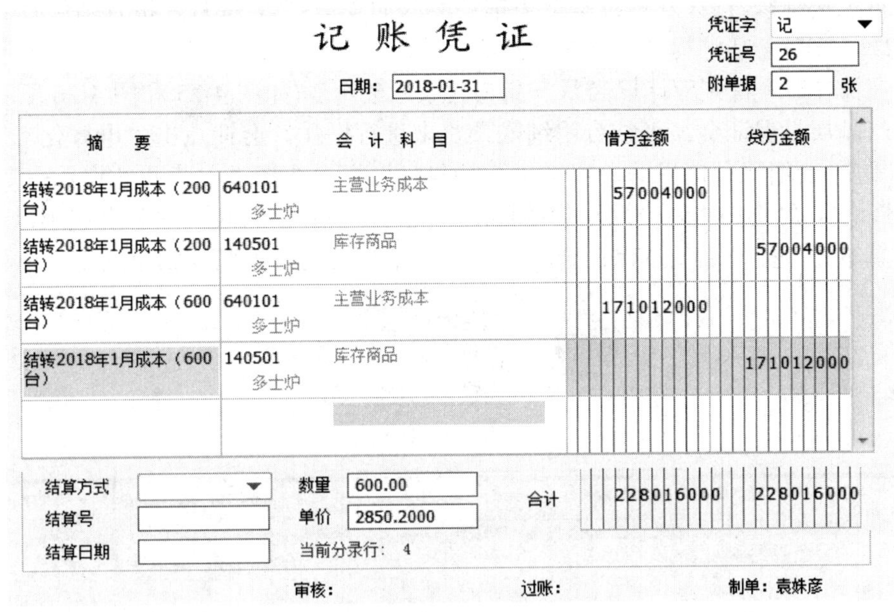

记 账 凭 证

凭证字 记
凭证号 26
日期：2018-01-31
附单据 2 张

摘 要	会 计 科 目		借方金额	贷方金额
结转2018年1月成本（200台）	640101 多士炉	主营业务成本	57004000	
结转2018年1月成本（200台）	140501 多士炉	库存商品		57004000
结转2018年1月成本（600台）	640101 多士炉	主营业务成本	171012000	
结转2018年1月成本（600台）	140501 多士炉	库存商品		171012000
合计			228016000	228016000

结算方式 数量 600.00
结算号 单价 2850.2000
结算日期 当前分录行：4

审核： 过账： 制单：袁姝彦

图 4-24 案例业务 17 的账务处理

(2) 计提产品质量保证金(或有事项处理)。或有事项是指过去的交易或者事项形成的一种状况，其结果须由某些未来事件的发生或不发生才能决定的不确定事项。常见的或有事项主要包括：未决诉讼或仲裁、债务担保、产品质量保证(含产品安全保证)、承诺、亏损合同、重组义务、环境污染整治等。

产品质量保证通常指销售商或制造商在销售产品或提供劳务后，对客户提供服务的一种承诺。在约定期内(或终身保修)，若产品或劳务在正常使用过程中出现质量或与之相关的其他属于正常范围的问题，企业负有更换产品、免费或只收成本价进行修理等责任。按照权责发生制的要求，上述相关支出符合确认条件就应在收入实现时确认相关预计负债。

在对产品质量保证确认预计负债时，需要注意的是：

第一，企业如果发现保证费用的实际发生额与预计数相差较大，应及时对预计比例进行调整；

第二，企业如果针对特定批次产品确认预计负债，则在保修期结束时，应将“预计负债—产品质量保证”余额冲销，同时冲销销售费用；

第三，已对其确认预计负债的产品，企业如果不再生产了，那么应在相应的产品质量保证期满后，将“预计负债—产品质量保证”余额冲销，同时冲销销售费用。

① 确认与产品质量保证有关的预计负债时：

借：销售费用—产品质量保证

　　贷：预计负债—产品质量保证

② 发生产品质量保证费用：

借：预计负债—产品质量保证

　　贷：银行存款或原材料等

【案例业务 18】 根据企业的产品质量保证条款，产品售出后 1 年内如发生质量问题，公司将负责免费维修。预计发生维修费为销售收入的 2%～5%。每月末按月销售收入的 3.5% [3.5% = (2% + 5%) ÷ 2] 计提产品质量保证金。

企业在操作时，首先应计算当月产品销售收入的金额(如图 4-25 和图 4-26 所示)，然后计算提取产品质量保证金，可结合明细账预览来进行操作。会计点击“电算化”—“明细账预览”，进入明细账预览界面，双击“会计科目”栏，选择“主营业务收入—多士炉”，再点击“查询”，可查询本月产品销售的详细情况，按当月销售收入的总金额乘以计提比例 3.5%，计算本月应提产品质量保证金，计入当月销售费用，如图 4-27 所示。

明细账 预览

数量金额明细账 预览

多栏式明细账 预览

图 4-25　明细账预览

【明细账】　会计科目: 600101--多士炉　年份: 201 (2018 / 2019)　开始月份: 1　结束月份: 1　查询

日期	凭证字号	摘要	对方科目	借方金额	贷方金额		余额	操作
2018-01-01		建账初始余额		0.00	.00	贷	0.00	
2018-01-01	通-	本日合计		0.00	0.00	贷	0.00	
2018-01-31	记-17	销售多士炉	建行北京朝阳支行		1370176.00	贷	1370176.00	查看
2018-01-31	通-	本日合计		0.00	1370176.00	贷	1370176.00	
2018-01-31	通-	本期合计		0.00	1370176.00	贷	1370176.00	
2018-01-31	通-	本年累计		0.00	1370176.00	贷	1370176.00	

图 4-26　查询本月产品销售收入

记 账 凭 证

凭证字：记　凭证号：26　附单据：0 张

日期：2018-01-31

摘　要	会 计 科 目	借方金额	贷方金额
计提2018年1月质量保证金（3.5%）	660103 销售费用 质量保证金	8193445	
计提2018年1月质量保证金（3.5%）	280101 预计负债 质量保证金		8193445

结算方式：　数量：　合计　8193445　8193445

结算号：　单价：

结算日期：　当前分录行：2

审核：　过账：　制单：吴亮

图 4-27　案例业务 18 的账务处理

每个季度末，系统将自动产生一张单据支付质量保证金。账务处理如下：

借：预计负债—质量保证金

　　贷：银行存款

(3) 其他销售业务。企业在经营过程中除销售企业自产的产品以外，还可能会销售部分剩余材料。相应的账务处理有：

借：库存现金(或银行存款)

　　贷：其他业务收入

　　　　应缴税费—应缴增值税(销项税额)

借：其他业务成本

　　贷：原材料—××产品

【案例业务 19】 2018 年 1 月 21 日，企业出售原材料多士炉烘烤装置 1000 套，不含税单价 820.73 元，计 820 730 元，销项税 139 524.10，价税合计 960 254.10 元。根据电子汇划收款回单、增值税专用发票、出库单等原始单据，账务处理如图 4-28 和图 4-29 所示。

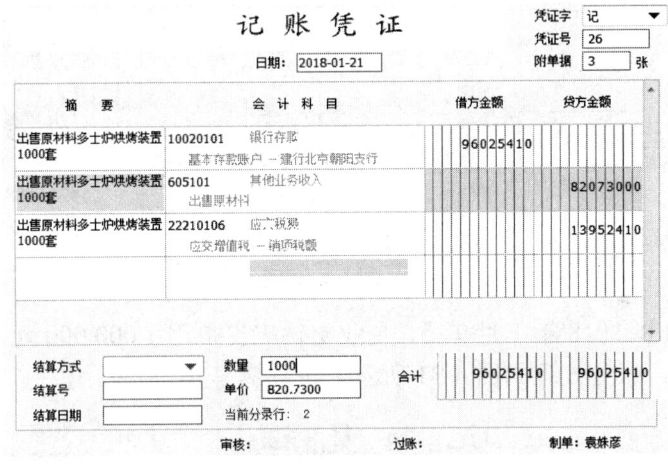

记 账 凭 证

凭证字：记　凭证号：26　附单据：3 张

日期：2018-01-21

摘　要	会计科目	借方金额	贷方金额
出售原材料多士炉烘烤装置1000套	10020101 银行存款 基本存款账户—建行北京朝阳支行	96025410	
出售原材料多士炉烘烤装置1000套	605101 其他业务收入 出售原材料		82073000
出售原材料多士炉烘烤装置1000套	22210106 应交税费 应交增值税—销项税额		13952410

结算方式：　数量：1000　合计：96025410　96025410

结算号：　单价：820.7300

结算日期：　当前分录行：2

审核：　过账：　制单：袁姝彦

图 4-28　案例业务 19 的账务处理(一)

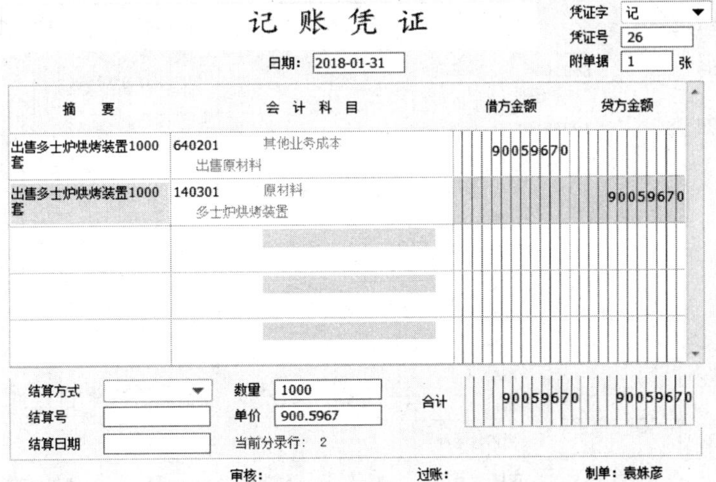

记 账 凭 证

凭证字：记　凭证号：26　附单据：1 张

日期：2018-01-31

摘　要	会计科目	借方金额	贷方金额
出售多士炉烘烤装置1000套	640201 其他业务成本 出售原材料	90059670	
出售多士炉烘烤装置1000套	140301 原材料 多士炉烘烤装置		90059670

结算方式：　数量：1000　合计：90059670　90059670

结算号：　单价：900.5967

结算日期：　当前分录行：2

审核：　过账：　制单：袁姝彦

图 4-29　案例业务 19 的账务处理(二)

8．其他业务核算

1) 支付仓储费用

【案例业务 20】 2018 年 1 月 15 日，企业支付仓储费用 443.20 元。根据取得的发票及银行进账单回单，账务处理如图 4-30 所示。

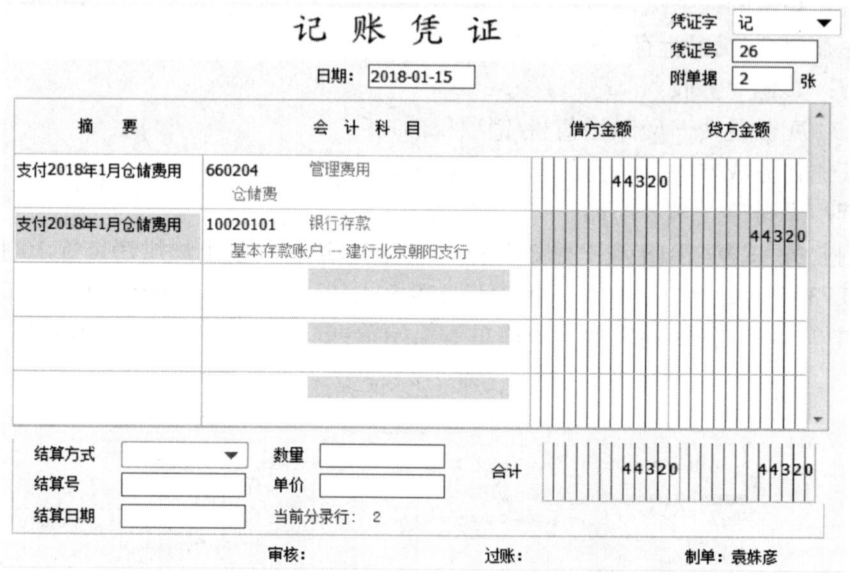

记 账 凭 证

凭证字：记　凭证号：26　附单据：2 张

日期：2018-01-15

摘　要	会 计 科 目	借方金额	贷方金额
支付2018年1月仓储费用	660204　管理费用 仓储费	44320	
支付2018年1月仓储费用	10020101　银行存款 基本存款账户 --建行北京朝阳支行		44320

结算方式　　数量　　合计　44320　44320

结算号　　单价

结算日期　　当前分录行：2

审核：　过账：　制单：袁姝彦

图 4-30　案例业务 20 的账务处理

2) 支付广告费

【案例业务 21】 2018 年 1 月 9 日，企业支付广告费用 1 000 000 元。根据取得的发票及银行进账单回单，账务处理如图 4-31 所示。

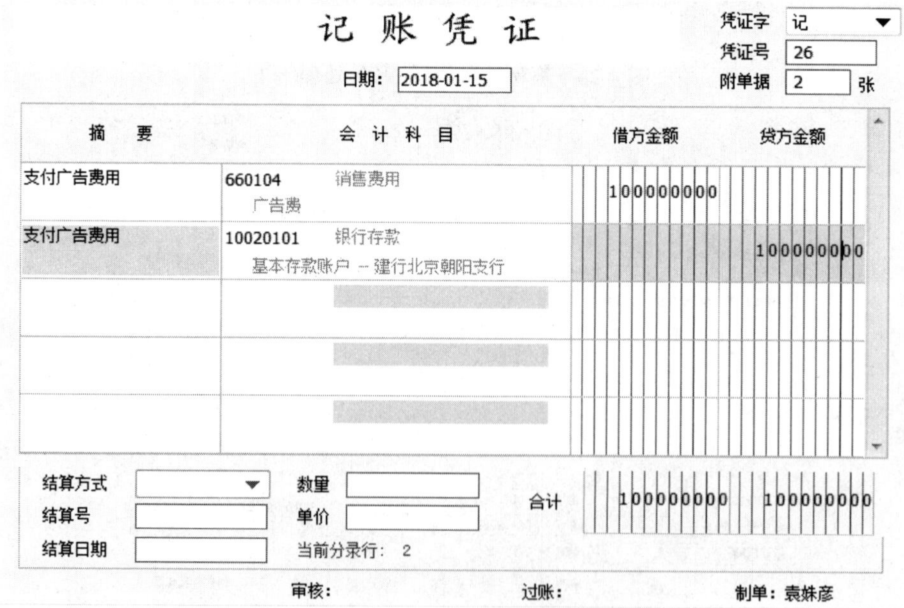

记 账 凭 证

凭证字：记　凭证号：26　附单据：2 张

日期：2018-01-15

摘　要	会 计 科 目	借方金额	贷方金额
支付广告费用	660104　销售费用 广告费	100000000	
支付广告费用	10020101　银行存款 基本存款账户 --建行北京朝阳支行		100000000

结算方式　　数量　　合计　100000000　100000000

结算号　　单价

结算日期　　当前分录行：2

审核：　过账：　制单：袁姝彦

图 4-31　案例业务 21 的账务处理

3) 支付差旅费

【案例业务 22】 2018 年 1 月 20 日，销售部门人员报销差旅费 43 556.43 元。根据差旅费报销单，账务处理如图 4-32 所示。

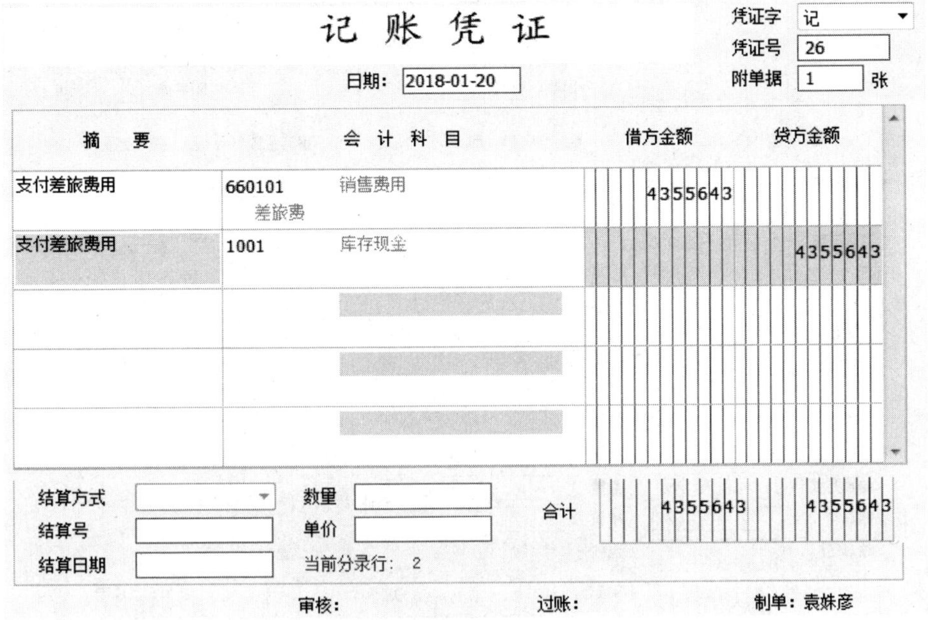

记 账 凭 证

凭证字：记　凭证号：26　附单据：1 张

日期：2018-01-20

摘　要	会计科目	借方金额	贷方金额
支付差旅费用	660101 销售费用 差旅费	4355643	
支付差旅费用	1001 库存现金		4355643
合计		4355643	4355643

结算方式　数量　结算号　单价　结算日期　当前分录行：2

审核：　过账：　制单：袁姝彦

图 4-32　案例业务 22 的账务处理

4) 支付办公费

【案例业务 23】 2018 年 1 月 20 日，综合管理部门人员报销办公费用 9144.85 元。根据费用报销单，账务处理如图 4-33 所示。

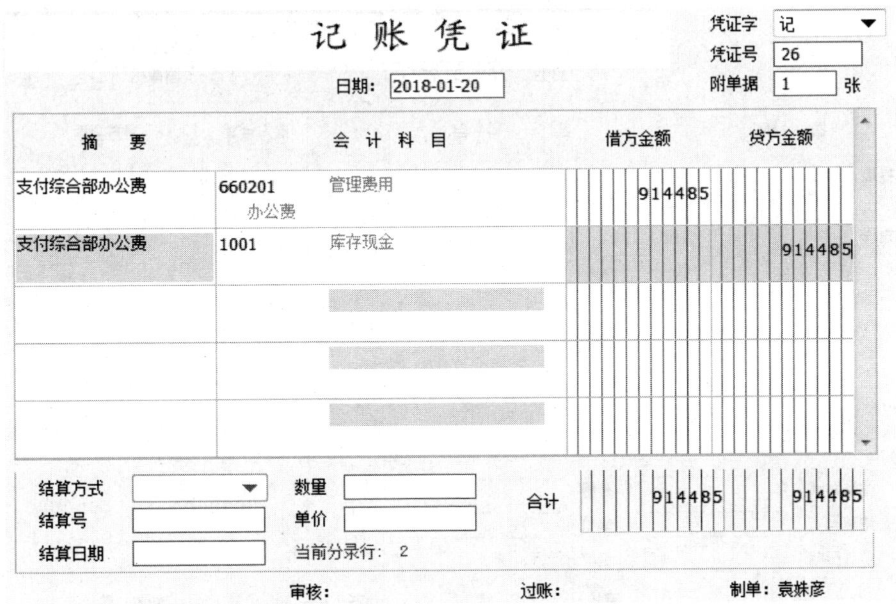

记 账 凭 证

凭证字：记　凭证号：26　附单据：1 张

日期：2018-01-20

摘　要	会计科目	借方金额	贷方金额
支付综合部办公费	660201 管理费用 办公费	914485	
支付综合部办公费	1001 库存现金		914485
合计		914485	914485

结算方式　数量　结算号　单价　结算日期　当前分录行：2

审核：　过账：　制单：袁姝彦

图 4-33　案例业务 23 的账务处理

5) 支付通信费

【案例业务 24】 2018 年 1 月 20 日，企业支付通讯费用 5666.45 元。根据取得的发票、银行进账单回单，账务处理如图 4-34 所示。

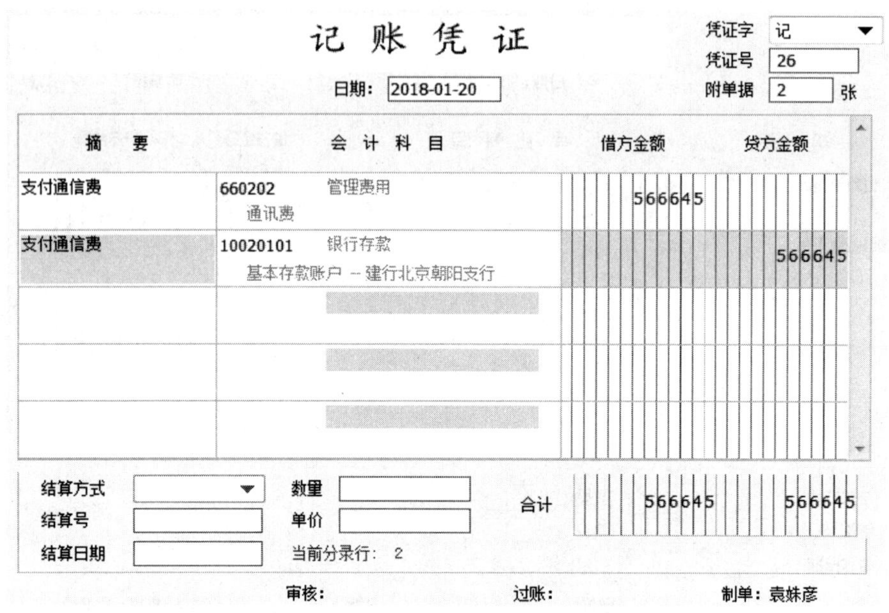

记 账 凭 证

凭证字 记　凭证号 26　附单据 2 张

日期：2018-01-20

摘　要	会 计 科 目	借方金额	贷方金额
支付通信费	660202 管理费用 通讯费	566645	
支付通信费	10020101 银行存款 基本存款账户 -- 建行北京朝阳支行		566645

结算方式　数量　合计 566645 566645

结算号　单价

结算日期　当前分录行：2

审核：　过账：　制单：袁妹彦

图 4-34　案例业务 24 的账务处理

6) 提现

【案例业务 25】 2018 年 1 月 20 日，企业提取备用金 70 000 元。因每次提现金额最多只能为 50 000 元，故分两次提取。根据现金支票存根，账务处理如图 4-35 和图 4-36 所示。

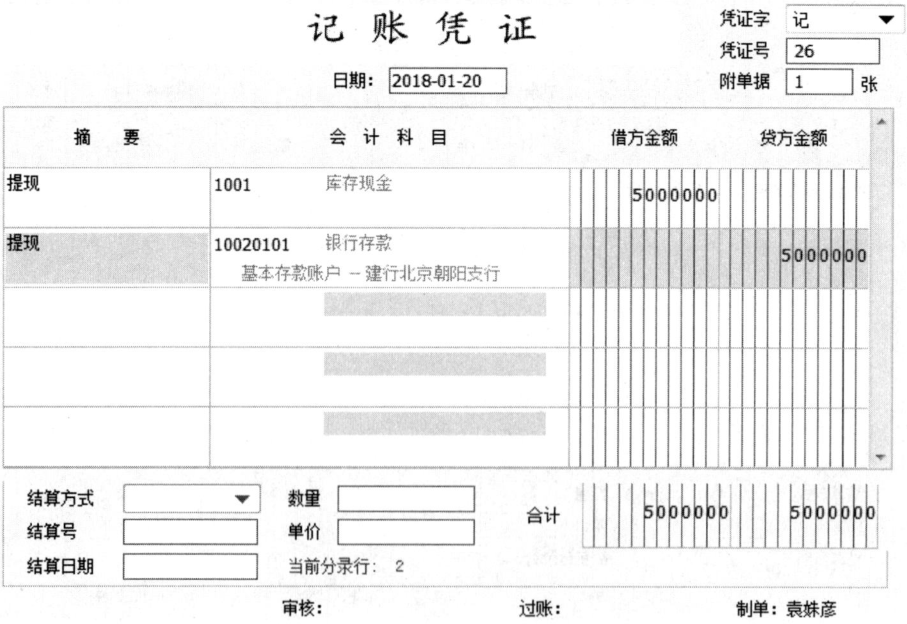

记 账 凭 证

凭证字 记　凭证号 26　附单据 1 张

日期：2018-01-20

摘　要	会 计 科 目	借方金额	贷方金额
提现	1001 库存现金	5000000	
提现	10020101 银行存款 基本存款账户 -- 建行北京朝阳支行		5000000

结算方式　数量　合计 5000000 5000000

结算号　单价

结算日期　当前分录行：2

审核：　过账：　制单：袁妹彦

图 4-35　案例业务 25 的账务处理(一)

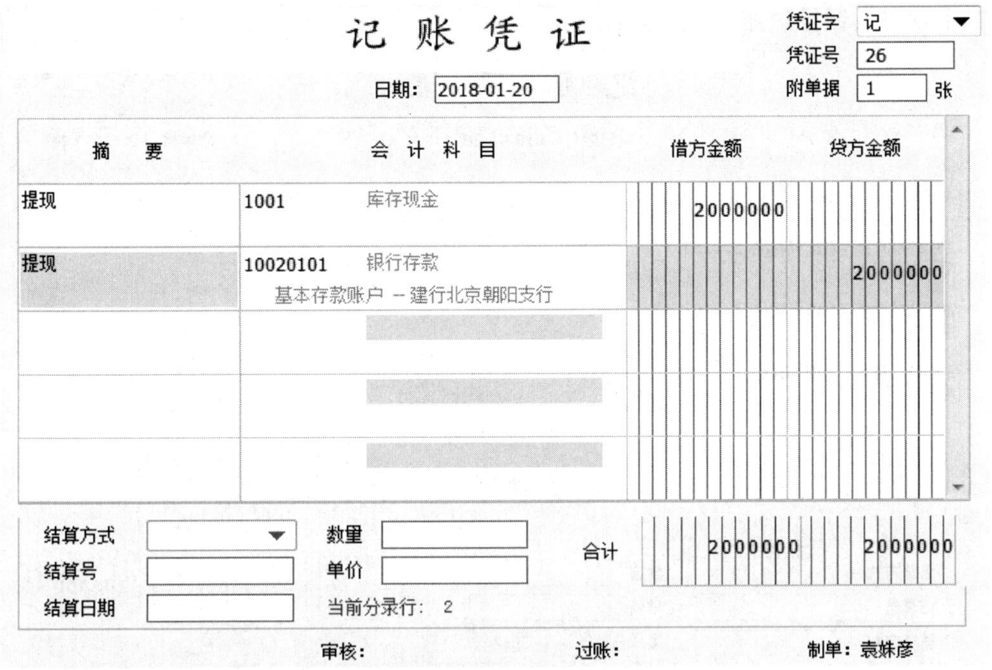

记 账 凭 证

凭证字：记　凭证号：26　附单据：1 张

日期：2018-01-20

摘要	会计科目	借方金额	贷方金额
提现	1001 库存现金	2000000	
提现	10020101 银行存款 基本存款账户 -- 建行北京朝阳支行		2000000

结算方式：　数量：　合计：2000000　2000000

结算号：　单价：

结算日期：　当前分录行：2

审核：　过账：　制单：袁姝彦

图 4-36　案例业务 25 的账务处理(二)

7) 支付生产用电费

【案例业务 26】 2018 年 1 月 28 日，企业支付生产产品用电费 2000 元。根据增值税专用发票及银行进账单回单原始单据，账务处理如图 4-37 所示。

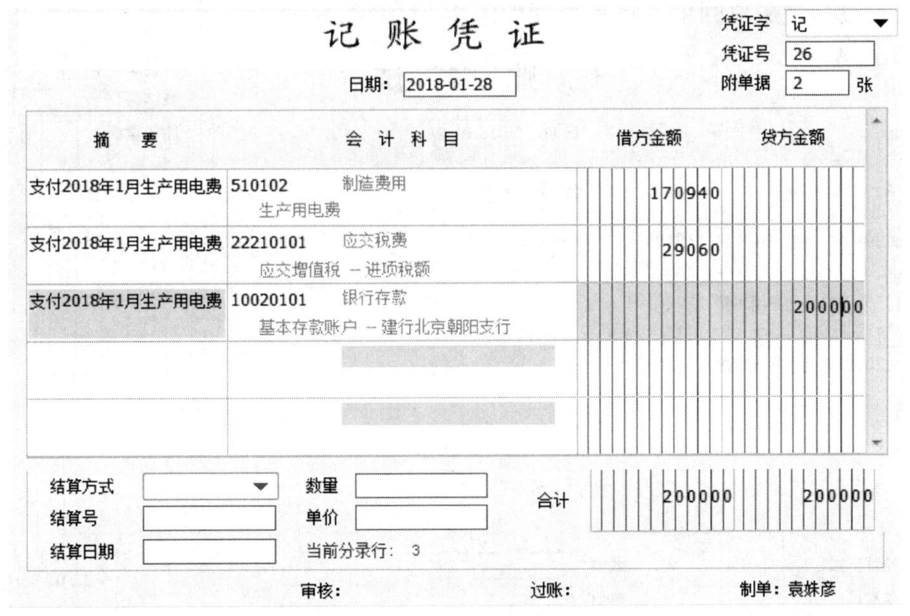

记 账 凭 证

凭证字：记　凭证号：26　附单据：2 张

日期：2018-01-28

摘要	会计科目	借方金额	贷方金额
支付2018年1月生产用电费	510102 制造费用 生产用电费	170940	
支付2018年1月生产用电费	22210101 应交税费 应交增值税 -- 进项税额	29060	
支付2018年1月生产用电费	10020101 银行存款 基本存款账户 -- 建行北京朝阳支行		200000

结算方式：　数量：　合计：200000　200000

结算号：　单价：

结算日期：　当前分录行：3

审核：　过账：　制单：袁姝彦

图 4-37　案例业务 26 的账务处理

8) 领用低值易耗品

【案例业务 27】 2018 年 1 月 28 日，企业生产产品领用低值易耗品 2000 元。根据增

值税专用发票及银行进账单回单，账务处理如图 4-38 所示。

记 账 凭 证

凭证字 记　凭证号 26　附单据 2 张

日期：2018-01-28

摘要	会计科目	借方金额	贷方金额
2018年1月领用低值易耗品用于生产	510103 制造费用 低值易耗品	170940	
2018年1月领用低值易耗品用于生产	22210101 应交税费 应交增值税 -- 进项税额	29060	
2018年1月领用低值易耗品用于生产	10020101 银行存款 基本存款账户 -- 建行北京朝阳支行		200000

结算方式　数量　合计 200000 200000

结算号　单价

结算日期　当前分录行：1

审核：　过账：　制单：袁姝彦

图 4-38　案例业务 27 的账务处理

9) 支付生产用水费

【案例业务 28】 2018 年 1 月 28 日，企业支付生产产品用水费 1500 元。根据增值税专用发票及银行进账单回单，账务处理如图 4-39 所示。

记 账 凭 证

凭证字 记　凭证号 26　附单据 2 张

日期：2018-01-28

摘要	会计科目	借方金额	贷方金额
支付2018年1月生产用水费	510104 制造费用 生产用水费	132743	
支付2018年1月生产用水费	22210101 应交税费 应交增值税 -- 进项税额	17257	
支付2018年1月生产用水费	10020101 银行存款 基本存款账户 -- 建行北京朝阳支行		150000

结算方式　数量　合计 150000 150000

结算号　单价

结算日期　当前分录行：1

审核：　过账：　制单：袁姝彦

图 4-39　案例业务 28 的账务处理

10) 支付办公水费、电费

【案例业务 29】 2018 年 1 月 28 日，企业支付办公用水费 1813.35 元，电费 1536.47 元。根据银行进账单回单及增值税专用发票，账务处理如图 4-40 和图 4-41 所示。

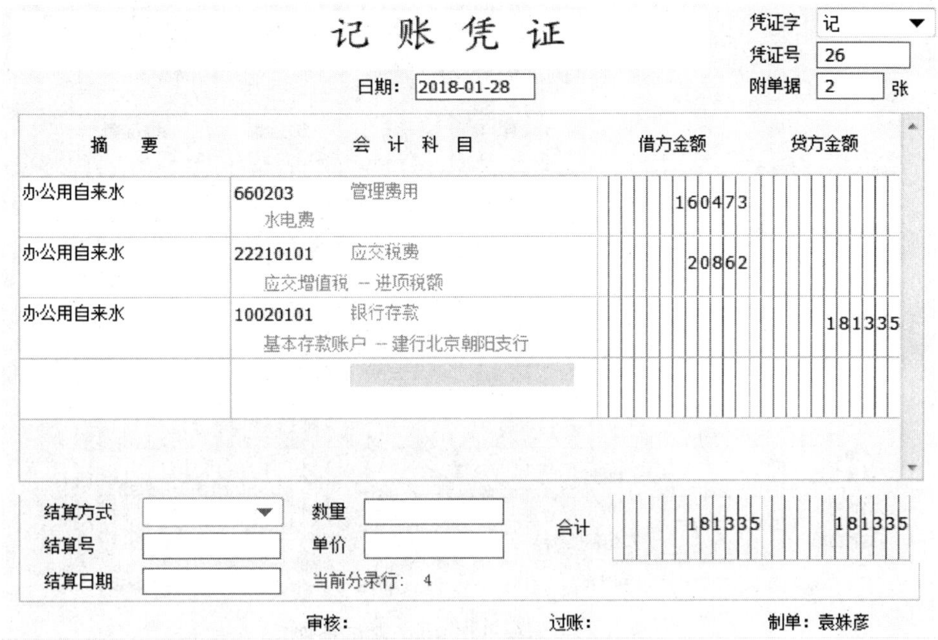

记 账 凭 证

凭证字：记　凭证号：26　附单据：2 张

日期：2018-01-28

摘 要	会 计 科 目	借方金额	贷方金额
办公用自来水	660203 管理费用 水电费	160473	
办公用自来水	22210101 应交税费 应交增值税 -- 进项税额	20862	
办公用自来水	10020101 银行存款 基本存款账户 -- 建行北京朝阳支行		181335

结算方式：　数量：　合计：181335　181335

结算号：　单价：

结算日期：　当前分录行：4

审核：　过账：　制单：袁姝彦

图 4-40 案例业务 29 的账务处理(一)

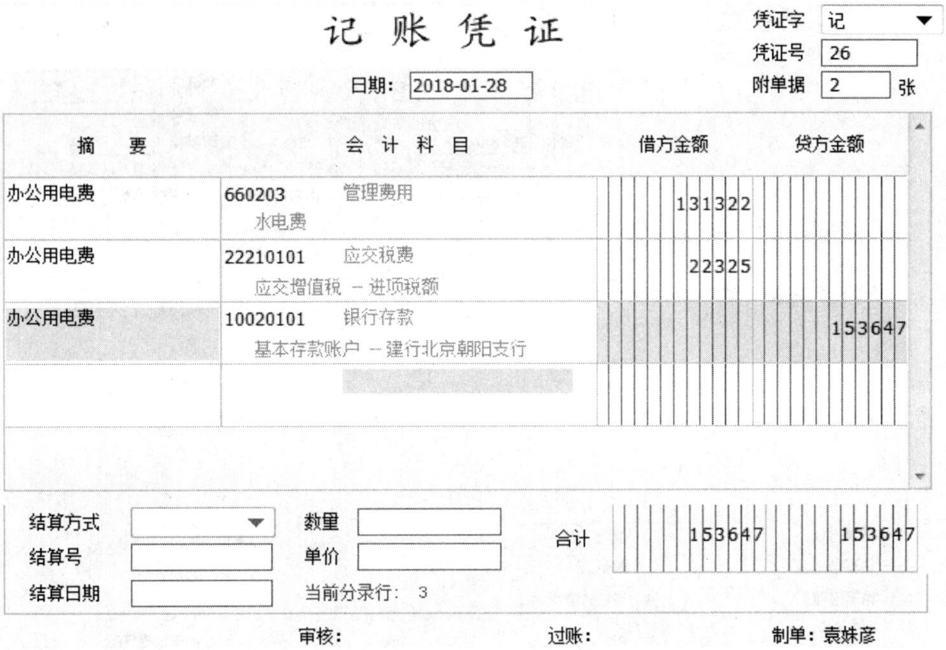

记 账 凭 证

凭证字：记　凭证号：26　附单据：2 张

日期：2018-01-28

摘 要	会 计 科 目	借方金额	贷方金额
办公用电费	660203 管理费用 水电费	131322	
办公用电费	22210101 应交税费 应交增值税 -- 进项税额	22325	
办公用电费	10020101 银行存款 基本存款账户 -- 建行北京朝阳支行		153647

结算方式：　数量：　合计：153647　153647

结算号：　单价：

结算日期：　当前分录行：3

审核：　过账：　制单：袁姝彦

图 4-41 案例业务 29 的账务处理(二)

11) 报销业务招待费

【案例业务 30】 2018 年 1 月 28 日，销售部报销本月业务招待费 38 529.28 元，根据费用报销单，账务处理如图 4-42 所示。

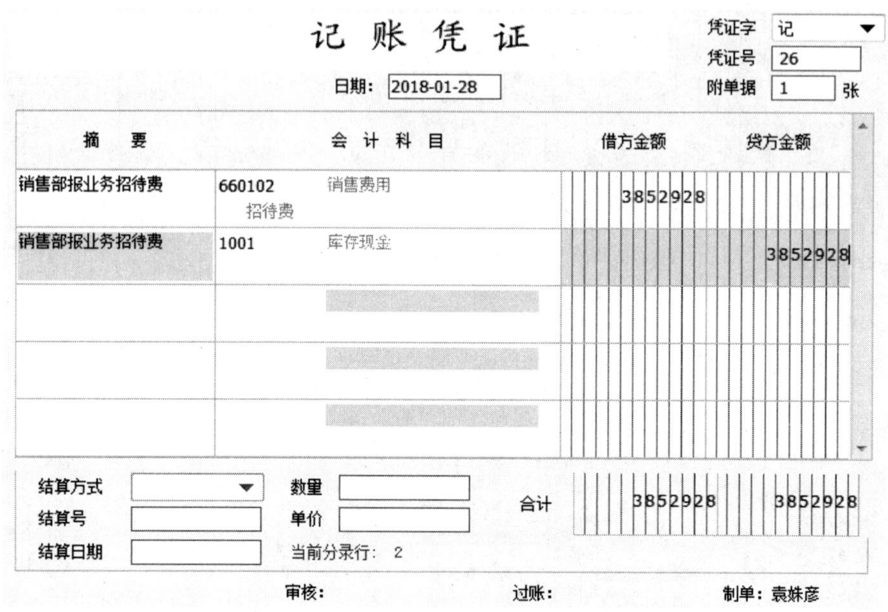

记 账 凭 证

凭证字 记　凭证号 26　附单据 1 张

日期: 2018-01-28

摘　要	会计科目	借方金额	贷方金额
销售部报业务招待费	660102 销售费用 招待费	3852928	
销售部报业务招待费	1001 库存现金		3852928
合计		3852928	3852928

结算方式　结算号　结算日期　数量　单价　当前分录行: 2

审核:　过账:　制单: 袁姝彦

图 4-42　案例业务 30 的账务处理

12) 支付企业购买凭证工本费

【案例业务 31】 2018 年 1 月 28 日，企业支付向银行购买凭证的工本费 58 元，根据凭证工本费清单，账务处理如图 4-43 所示。

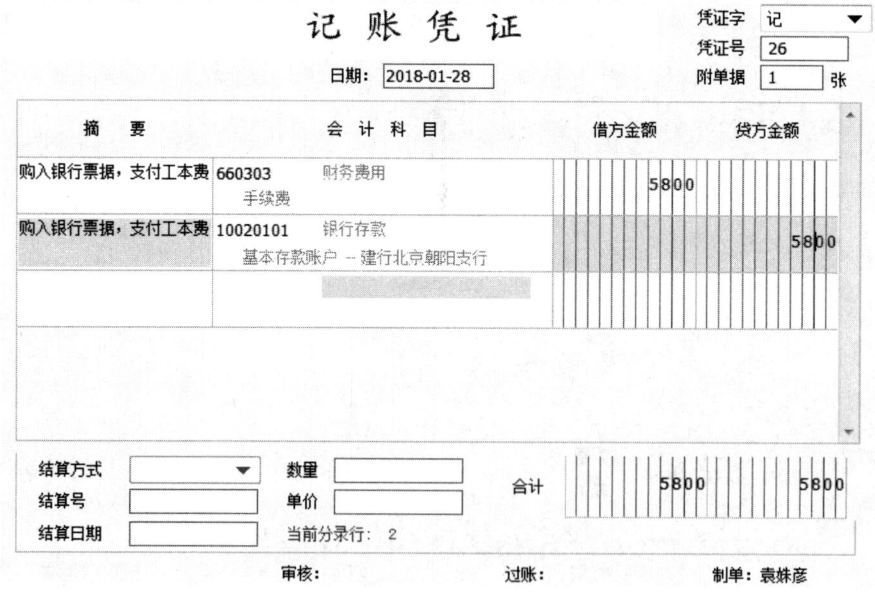

记 账 凭 证

凭证字 记　凭证号 26　附单据 1 张

日期: 2018-01-28

摘　要	会计科目	借方金额	贷方金额
购入银行票据，支付工本费	660303 财务费用 手续费	5800	
购入银行票据，支付工本费	10020101 银行存款 基本存款账户－建行北京朝阳支行		5800
合计		5800	5800

结算方式　结算号　结算日期　数量　单价　当前分录行: 2

审核:　过账:　制单: 袁姝彦

图 4-43　案例业务 31 的账务处理

4.2.2　成本核算

企业在月末要对本月生产的产品进行成本计算，并将完工产品结转入库。企业产品成本计算的基本方法有三种：品种法、分批法、分步法。

成本核算的一般程序包括：

(1) 归集和分配各种要素费用。

(2) 开设成本明细账。

(3) 分配制造费用。

(4) 分配计算各种完工产品和在产品成本。

(5) 归集和分配各种要素费用。

1．材料、要素、制造费用的归集和分配

1) *材料费用的归集和分配*

用于产品生产的原料及主要材料通常是按照产品分别领用的，其费用属于直接费用，应根据领用材料凭证直接计入各种产品成本的“直接材料”项目。

2) *职工薪酬的归集和分配*

直接从事产品生产人员的工资费用计入产品成本。

编制工资薪酬费用分配表，财务决策平台生成的工资薪酬费用分配表如图 4-44 所示。

工资薪酬费用分配表

2018年 1月 31日　　　　单位：元

应借科目		成本或费用项目	直接计入	分配计入		工资费用合计
				分配标准	分配金额(分配率)	
生产成本	高清数字机顶盒	直接人工	0.00	0.00	0.00	0.00
生产成本	自动早餐机	直接人工	0.00	0.00	0.00	0.00
生产成本	多士炉	直接人工	0.00	0.00	0.00	0.00
生产成本	小计	-	0.00	0.00	0.00	0.00
管理费用	-	工资	0.00	0.00	0.00	0.00
销售费用	-	工资	0.00	0.00	0.00	0.00
制造费用	-	工资	0.00	0.00	0.00	0.00
研发支出	-	工资	0.00	0.00	0.00	0.00
其他业务成本	-	工资	0.00	0.00	0.00	0.00
其他业务成本	-	工资	0.00	0.00	0.00	0.00
合计	-	-	**0.00**	-	-	**0.00**

图 4-44　系统生成的工资薪酬费用分配表预览

填写说明：

(1) 按照系统给定的人工工时表单，根据工时标准将直接人工成本在各个产品之间进行分配。

(2) 按照收益对象，将可以直接计入其他费用的工资薪酬，直接计入其费用科目。

(3) 将填好的表单保存，并与系统给定的工资费用计提表相比对核实。

(4) 填制好的该表单将作为计提工资凭证的原始附件在电算化界面自动生成。

月末，企业应对工资薪酬费用进行分配，计提工会经费、住房公积金、社保等。涉及的会计处理如下：

(1) 计提职工工资：

借：生产成本—××产品(工资)
　　制造费用—工资
　　销售费用—工资
　　管理费用—工资
贷：应付职工薪酬—工资

(2) 实际发放职工工资时：

借：应付职工薪酬—工资
　　贷：其他应付款—社保(个人负担部分)
　　　　　　　　　—住房公积金(个人负担部分)
　　　　应交税费—应交个人所得税
　　　　银行存款

(3) 按照收益对象负担的社保费等计提薪酬费用：

借：生产成本—××产品—工资薪酬
　　制造费用—工资薪酬
　　管理费用—工资薪酬
　　制造费用—工资薪酬
　　贷：应付职工薪酬—社会保险(单位负担部分)
　　　　应付职工薪酬—福利费等

(4) 缴纳社会保险、住房公积金、个人所得税：

借：应付职工薪酬—社会保险(单位负担部分)
　　　　　　　　—住房公积金(单位负担部分)
　　其他应付款—社保(个人负担部分)
　　　　　　　—住房公积金(个人负担部分)
　　应交税费—应交个人所得税
　　贷：银行存款

3) 外购动力费用的归集和分配

外购动力费用是指企业为生产经营而耗用的外购电力、热力等动力所支付的费用。平台中的外购动力主要为电费，可直接按照收益对象计入相关费用。会计分录如下：

借：制造费用—水电费
　　贷：银行存款

4) 制造费用的归集和分配

企业发生的各项制造费用，根据有关付款凭证(各项要素费用分配表、辅助生产费用分配表等)，将有关费用记入“制造费用”账户及各明细账户相关项目栏，月末采用适当的分配方法，将这些费用在各种产品之间进行分配，计入各产品成本的制造费用项目栏。

制造费用分配的方法有按产品的实用工时比例分配、按生产工人工资比例分配、按机器工时比例分配、按产品产量比例分配等。季节性生产的企业，为了使单位成本中制造费用不致因为生产的季节性而发生较大的波动，可采取按计划分配率的方法，即根据当月的产量和制造费用计划分配率分配本月应负担的制造费用。年终时再将实际发生的制造费用与按计划分配率分配的制造费用的差额进行调整。本平台中未设置辅助车间，制造费用建议使用机械工时分配。制造费用分配表如图 4-45 所示。

制造费用分配表

车间:　　2018年 1 月　　单位: 元

分配对象	分配标准 (　　)	分配率 (　　)	分配金额
电暖气			
家庭影院			
烤箱			

图 4-45　系统生成的制造费用分配表预览

填写说明：

(1) 按照系统给定的机械工时表单，根据工时标准将制造费用在各个产品之间进行分配，计入各个产品的制造费用。

(2) 计算填写分配率及分配金额。

(3) 填制好的该表单将作为分配制造费用的原始附件在电算化界面自动生成。

会计分录如下：

借：生产成本—××产品—制造费用

　　贷：制造费用

2. 分配计算各种完工产品和在产品成本

通过将各项发生费用进行归集和分配，基本生产车间在生产过程中发生的各项费用已经集中反映在“生产成本—基本生产成本”科目及其明细账的借方，并按成本项目予以反映。如果企业或车间月末没有在产品或不计算在产品成本，则这些费用就是完工产品的总成本。如果月末既有完工产品又有在产品，那么应由本月产品负担的费用(包括月初在产品成本加上本月发生的应由本月产品负担的生产费用)，就要在本月完工产品和月末在产品之间进行分配，以求得本月完工产品成本。

生产费用在完工产品与在产品之间的分配，在成本计算工作中是一个重要而又比较复杂的问题。企业应当根据产品的生产特点，如月末结存在产品数量的多少、各月月末在产品结存数量变化的大小、月末结存在产品价值的大小、各项费用在成本中所占比重的大小，以及企业定额管理基础工作的扎实与否等，结合企业的管理要求，选择既合理又简便的分配方法。

通常有六种用于分配生产费用的方法：

① 不计算在产品成本(即在产品成本为零)，通常自来水生产企业、采掘企业等可采用此方法；

② 在产品成本按年初数固定计算，例如，冶炼、化工企业的产品，由于高炉和化学反应装置的容积固定，其在产品成本就可采用这种方法；

③ 在产品成本按其所耗用的原材料费用计算，例如，纺织、造纸和酿酒等工业的产品，都可以采用这种分配方法；

④ 约当产量法，这种方法适用范围较广泛，特别是月末在产品结存数量较大，且各月末在产品结存不稳定、变化比较大，其他分配方法受到限制不宜采用时，尤为适合；

⑤ 在产品成本按定额成本计算；

⑥ 定额比例法，它适用于各项消耗定额比较健全稳定、定额管理基础比较好、各月末在产品数量变动较大的产品。

在本财务决策平台案例中，企业月末对在产品成本的计算采用约当产量法进行计算。材料在生产投产时一次性投入。完工产品与月末在产品成本分配表如图 4-46 所示。

完工产品与月末在产品成本分配表

2018年01月31日

产品：家庭影院 ▼

成本项目	月初在产品成本	本月生产费用	合 计	完工产品产量	月末在产品产量	月末在产品约当产量	单位成本	月末在产品成本	完工产品成本
直接材料									
直接人工									
制造费用									
合计				--	--	--			

图 4-46　系统生成的完工产品与月末在产品成本分配表预览

完工产品与月末在产品成本分配表的填写说明如下：

(1) 如果企业在月末有在产品，则需要用到这张表，将产品的料、工、费在完工产品与月末在产品之间分配。

(2) 在本平台中，材料是一次性投入生产的，完工产品和在产品所耗费的原材料是相等的，所以原材料费用按照完工产品数量和在产品数量分配，而制造费用和工资薪酬按照完工产品和在产品约当产量分配。

(3) 计算填写表中的数据，将完工产品成本计入当期的产成品成本中。

(4) 填制好的该表单将作为产成品入库业务凭证的原始附件在电算化界面自动生成。

4.2.3　期末业务

1. 计提产品质量保证金

财务总监点击“电算化”—“凭证录入”—“直接录入，无原始单据凭证”，填写“产品质量保证金”记账凭证。财务总监应先查询“主营业务收入”明细账，统计本月产品销售收入金额，然后计算产品质量保证金。

产品质量保证金计算公式为

$$产品质量保证金 = 当月主营业务收入合计数 \times 3.5\%$$

2．计提固定资产折旧和计提无形资产摊销

财务总监点击“电算化”—“凭证录入”—“直接录入，无原始单据凭证”，填写“计提固定资产折旧”和“计提摊销”记账凭证。财务总监应先查询“固定资产”“无形资产”明细账计算。计提固定资产折旧和计提无形资产摊销应在月末进行，否则会影响当月损益计算的正确性。

3．成本计算和录入

成本结转的一般步骤如下：

(1) 按照品种法计提分配当月的工资费用，填写工资费用分配表。

(2) 按照品种法分配制造费用，填写制造费用分配表。

(3) 按照约当产量法把生产成本在完工产品和在产品之间分配。

(4) 根据入库单等将完工产品成本结转到库存商品中去。

(5) 根据出库单结转库存商品到主营业务成本中去。

4．成本结转的账务处理

1) 计提工资

借：生产成本—产品品种—工资薪酬
　　管理费用—工资薪酬
　　销售费用—工资薪酬
　　制造费用—工资薪酬
　　研发支出—工资薪酬
　　……
　　贷：应付职工薪酬—工资薪酬
　　　　　　　　　　—社保单位部分
　　　　　　　　　　—福利费
　　　　　　　　　　—工会经费
　　　　　　　　　　—职工教育经费

2) 分配制造费用

借：生产成本—产品品种—制造费用
　　贷：制造费用—租金
　　　　　　　　—生产用水电费
　　　　　　　　—低值易耗品等

(3) 结转完工产品生产成本

借：库存商品—产品品种
　　贷：生产成本—原材料

—工资薪酬

—制造费用

(4) 结转主营业务成本

借：主营业务成本—产品品种

　　贷：库存商品—产品品种

具体操作步骤为：

(1) 会计点击“财务部”—“填制成本计算表”，进入成本计算界面，如图 4-47 所示。

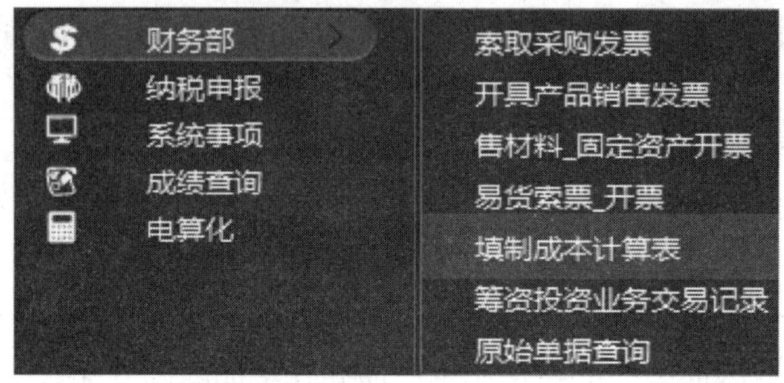

图 4-47　会计填制成本计算表

(2) 在“单据名称”栏选择“工资薪酬费用分配表”，点击“新增”生成成本计算的表格。然后依次选择“制造费用分配表”“完工产品与月末在产品成本分配表”，点击“新增”分别生成相关计算表格，如图 4-48 所示。如果企业生产涉及多个产品，则可以新增多个“完工产品与月末在产品成本分配表”。

成本计算

经济活动	单据名称	日期	操作
制造费用分配	制造费用分配	2018-01-31	内容输入 | 删除
产成品入库	完工产品与月末在产品成本分配表	2018-01-31	内容输入 | 删除
计提分配工资	工资薪酬费用分配表	2018-01-31	内容输入 | 删除

第1页/共1页 共3行/每页9行 [首页] [前一页] [后一页] [尾页] 第1页

填制成本计算表

日　期：2018 年 01 月

单　据：工资薪酬费用分配表

操　作：新增

图 4-48　生成相应的成本计算表格

(3) 会计点击“内容输入”进入成本计算表填制状态，应根据成本计算的步骤依次填写“工资薪酬费用分配表”“制造费用分配表”“完工产品与月末在产品成本分配表”，不可调整填写顺序。会计在填写成本计算表时，除了依据界面下方提供的原始单据外，还应去查询所需要的明细账，例如“生产成本”“制造费用”的明细账。

(4) 财务总监点击“电算化”—“凭证录入”—“录入、稽核原始单据凭证”。在“经济业务”下拉菜单处选取“计提分配工资薪酬”，点击“录入记账凭证”填写“计提分配工资薪酬”记账凭证，如图 4-49 所示。

记　账　凭　证

凭证字：记　凭证号：26　附单据：4 张

日期：2018-01-31

摘　要	会计科目	借方金额	贷方金额
计提2018年1月工资薪酬	50010102 生产成本 多士炉 -- 直接人工	85520000	
计提2018年1月工资薪酬	510105 制造费用 工资	2648000	
计提2018年1月工资薪酬	53010102 研发支出 多士炉 -- 工资	6316000	
计提2018年1月工资薪酬	660105 销售费用 工资	5220993	
计提2018年1月工资薪酬	660205 管理费用 工资	2648000	
计提2018年1月工资薪酬	640202 其他业务成本 工资	478600	
计提2018年1月工资薪酬	221101 应付职工薪酬 工资		73276464
计提2018年1月工资薪酬	221102 应付职工薪酬 福利费		11550000
计提2018年1月工资薪酬	221103 应付职工薪酬 工会经费		1465529
计提2018年1月工资薪酬	221104 应付职工薪酬 职工教育经费		1386000
计提2018年1月工资薪酬	221105 应付职工薪酬 社会保险费		15153600
合计		102831593	102831593

结算方式：　数量：　
结算号：　单价：　
结算日期：　当前分录行：11

审核：　过账：　制单：袁姝彦

图 4-49　“计提分配工资薪酬”记账凭证

(5) 财务总监填写“制造费用分配”记账凭证，如图 4-50 所示。

记　账　凭　证

凭证字：记　凭证号：26　附单据：4 张

日期：2018-01-31

摘　要	会计科目	借方金额	贷方金额
2018年1月制造费用分配	50010103 生产成本 多士炉 -- 制造费用	30455923	
计提2018年1月工资薪酬	510101 制造费用 租金		27333300
计提2018年1月工资薪酬	510102 制造费用 生产用电费		170940
计提2018年1月工资薪酬	510104 制造费用 生产用水费		132743
计提2018年1月工资薪酬	510103 制造费用 低值易耗品		170940
计提2018年1月工资薪酬	510105 制造费用 工资		2648000
合计		30455923	30455923

结算方式：　数量：　
结算号：　单价：　
结算日期：　当前分录行：6

审核：　过账：　制单：袁姝彦

图 4-50　“制造费用分配”记账凭证

(6) 财务总监填写“产成品入库”记账凭证，如图 4-51 所示。

记 账 凭 证

凭证字：记　凭证号：26　附单据：2 张

日期：2018-01-31

摘要	会计科目	借方金额	贷方金额
2018年1月完工产品入库	140501 库存商品 多士炉	284449633	
2018年1月完工产品入库	50010101 生产成本 多士炉 －直接材料		168473710
2018年1月完工产品入库	50010102 生产成本 多士炉 －直接人工		85520000
2018年1月完工产品入库	50010103 生产成本 多士炉 －制造费用		30455923

结算方式　　数量　　合计 284449633　284449633

结算号　　单价

结算日期　　当前分录行：4

审核：　过账：　制单：袁姝彦

图 4-51　“产成品入库”记账凭证

(7) 在财务经理进行“凭证审核”“凭证过账”后，库存商品明细账将自动进行全月一次性加权平均，产生库存商品的单价，财务总监结合该单价结转当月出库商品的成本，填写“产成品出库”记账凭证，如图 4-52 所示。

记 账 凭 证

凭证字：记　凭证号：26　附单据：2 张

日期：2018-01-31

摘要	会计科目	借方金额	贷方金额
结转2018年1月成本（200台）	640101 主营业务成本 多士炉	57004000	
结转2018年1月成本（200台）	140501 库存商品 多士炉		57004000
结转2018年1月成本（600台）	640101 主营业务成本 多士炉	171012000	
结转2018年1月成本（600台）	140501 库存商品 多士炉		171012000

结算方式　　数量 600　　合计 228016000　228016000

结算号　　单价 2850.2000

结算日期　　当前分录行：4

审核：　过账：　制单：袁姝彦

图 4-52　“产成品出库”记账凭证

5．税费计提

财务总监点击“电算化”—“凭证录入”—“直接录入，无原始单据凭证”，填写“计提税费”记账凭证。需查询“主营业务收入”“其他业务收入”等明细账计算。根据平台涉及相关业务，税费部分将重点介绍增值税、城市维护建设税与教育费附加和印花税的计提处理。

1) 增值税

根据税法相关规定，增值税应纳税额的计算公式为

应纳增值税＝当期销项税额－当期进项税额－上期留抵税额

＝当期销售额×适用税率－当期进项税额－上期留抵税额

其中，销售额即为纳税人销售货物或提供劳务向购买方收取的全部价款和价外费用。“增值税计提”记账凭证如图 4-53 所示。

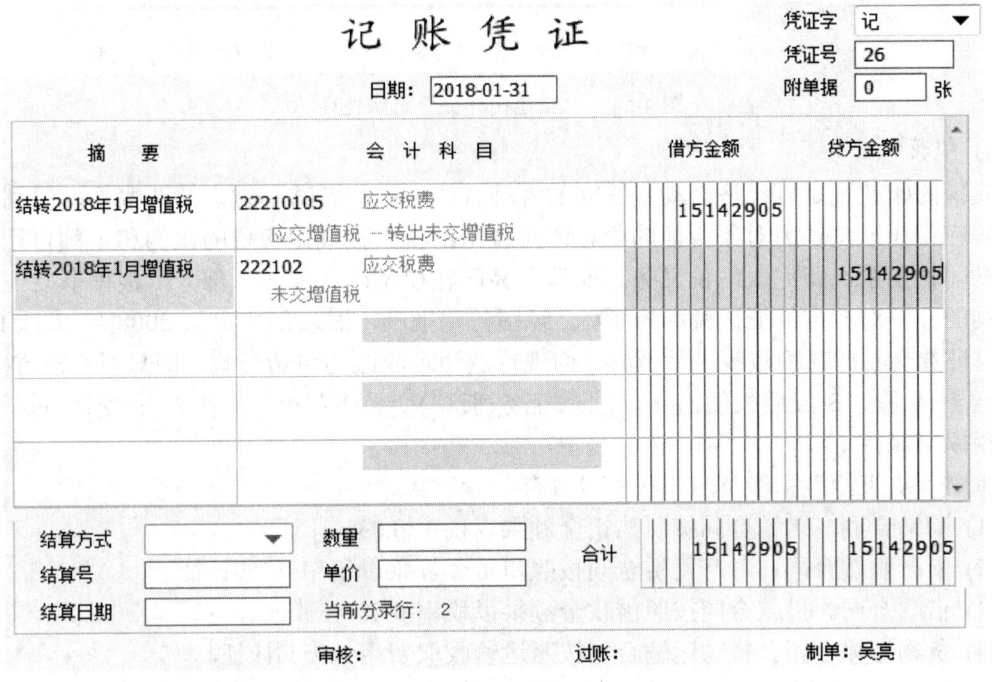
记账凭证

凭证字：记
凭证号：26
日期：2018-01-31
附单据：0 张

摘要	会计科目	借方金额	贷方金额
结转2018年1月增值税	22210105 应交税费 应交增值税 -- 转出未交增值税	15142905	
结转2018年1月增值税	222102 应交税费 未交增值税		15142905

结算方式：
数量：
结算号：
单价：
结算日期：
当前分录行：2
合计：15142905　15142905
审核：　过账：　制单：吴亮

图 4-53　“增值税计提”记账凭证

2) 城市维护建设税和教育费附加

城市维护建设税及教育费附加的计税依据，是指纳税人实际缴纳的“三税”(增值税、营业税、消费税)税额；纳税人违反“三税”有关税法而加收的滞纳金和罚款，是税务机关对纳税人违法行为的经济制裁，不作为城市维护建设税的计税依据，但纳税人在被查补“三税”和被处以罚款时，应同时对其偷漏的城市维护建设税进行补税、征收滞纳金和罚款。“城建税计提”记账凭证如图 4-54 所示。

城建税应纳税额的计算公式为

城建税应纳税额＝纳税人实际缴纳的增值税、消费税税额×适用税率

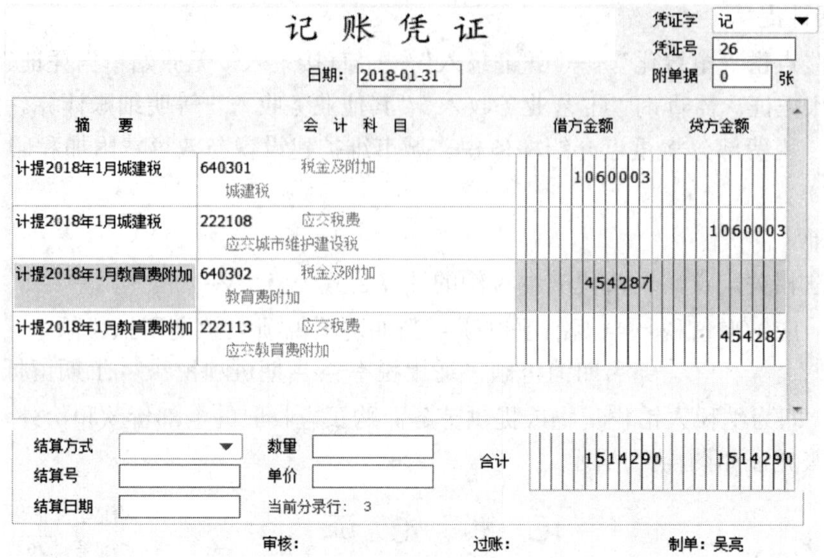

图 4-54　“城建税计提”记账凭证

3) 印花税

我国的印花税是以经济活动中签立的各种合同、产权转移书据、营业账簿、权利许可证照等应税凭证文件为对象所征的税。印花税由纳税人按规定应税的比例和定额自行购买并粘贴印花税票，即完成纳税义务。证券交易印花税是印花税的一部分，根据书立证券交易合同的金额对卖方计征，税率为 1‰。经国务院批准，财政部决定从 2008 年 9 月 19 日起，对证券交易印花税政策进行调整，由现行双边征收改为单边征收，即只对卖出方(或继承、赠予 A 股、B 股股权的出让方)征收证券(股票)交易印花税，对买入方(受让方)不再征税。税率仍保持 1‰。

本财务决策沙盘中涉及的印花税税目有：

(1) 购销合同。购销合同按照购销金额乘以税率 0.03%计征。

(2) 财产租赁合同。财产租赁合同按照租赁金额乘以税率 0.1%计征。

(3) 借款合同。借款合同按照借款金额乘以税率 0.005%计征。

(4) 货物运输合同。货物运输合同按照运输收取费用 0.05%计征。

(5) 权利许可证照。权利许可证照按照单位取得的房屋产权证、工商营业执照、商标注册证、专利证、土地使用证每件 5 元计征。

(6) 营业账簿。营业账簿按照记载资金的账簿，实收资本和资本公积的合计金额 0.05%计征。

上缴印花税或购买印花税票时，会计分录如下：

借：管理费用

　　贷：银行存款—库存现金

6．财务成果计算

企业的财务成果也称企业的“盈亏”，是企业收入与费用的差额，是衡量企业经营管理最重要的综合指标。因此，进行财务成果核算的最重要的工作就是要正确计算企业在一定

会计期间的盈亏，而正确计算盈亏的前提是正确确认各期的收入和费用。企业的收入，广义上不仅包括营业收入，还应包括营业外收入和投资收益。企业的费用，广义上不仅包括为取得营业收入而发生的各种耗费，还包括营业外支出和所得税等。按照我国有关法规的规定，企业实现的净利润还要进行分配，如提取盈余公积和向投资者分配利润等。因此，计算确定企业实现的利润并对其进行分配，就构成了企业财务成果核算的主要内容。

在财务成果核算的业务中，企业涉及的主要业务如下：

(1) 结转各项收入。

借：主营业务收入
　　其他业务收入
　　投资收益
　　公允价值变动损益
　　营业外收入等
　　贷：本年利润

(2) 结转各项费用支出。

借：本年利润
　　贷：主营业务成本
　　　　其他业务支出
　　　　营业外支出
　　　　税金及附加
　　　　销售费用
　　　　管理费用
　　　　财务费用
　　　　资产减值损失等

(3) 计算会计利润。企业会计人员根据“本年利润”账户的借、贷方发生业务额的差额来确定企业当年经营的盈亏。

(4) 进行纳税调整，并计算结转所得税费用。计算公式为

$$应纳税所得额 = 会计利润 \pm 纳税调整额$$

$$应纳所得税额 = 应纳税所得额 \times 所得税率$$

根据所得税法的规定，所得税税率为 25%。

A．确认所得税费用：

借：所得税费用
　　贷：应产税费—应交所得税

B．结转所得税费用：

借：本年利润
　　贷：所得税费用

(5) 计算净利润。计算公式为

$$净利润 = 会计利润 - 所得税费用$$

进行利润分配：

借：利润分配—提取盈余公积

—应付股利

贷：盈余公积

应付股利

(6) 年末结转实现的利润和已分配利润。

A．结转本年实现的净利润(或亏损)：

借：本年利润

贷：利润分配—未分配利润

企业若亏损，则做上述分录的相反分录：

借：利润分配—未分配利润

贷：本年利润

B．结转本年已分配的利润：

借：利润分配—未分配利润

贷：利润分配—提取盈余公积

—应付股利

年末结转后，利润分配科目除“未分配利润”明细科目外，其他明细科目应无余额。“利润分配—未分配利润”科目的余额反映的是企业未分配利润(或未弥补的亏损)。

在本财务决策平台中，财务经理结转损益后，系统自动生成损益结转的凭证，财务经理审核无误后再过账，则系统自动生成资产负债表和利润表，经审核无误后，方可进行结账。

4.2.4　特殊业务——非货币性资产交换

企业在生产经营过程中，有时会出现这种状况：甲企业需要乙企业拥有的某项设备，而乙企业恰好需要甲企业生产的产品作为原材料，双方可能通过互相交换上述设备和原材料达成交易，这就是一种非货币性资产交换行为。通过这种交换，企业一方面满足了各自生产经营的需要，另一方面也在一定程度上减少了货币性资产的流出。

1．非货币性资产交换的概念

非货币性资产交换是一种非经常性的特殊交易行为，是交易双方主要以存货、固定资产、无形资产和长期股权投资等非货币性资产进行的交换。这里的非货币性资产是相对于货币性资产而言的。所谓货币性资产，是指企业持有的货币资金和将以固定或可确定的金额收取的资产，包括现金、银行存款、应收账款和应收票据以及准备持有至到期的债券投资等。所谓非货币性资产，是指货币性资产以外的资产，该类资产在将来为企业带来的经济利益不固定或不可确定，包括存货(如原材料、库存商品等)、长期股权投资、投资性房地产、固定资产、在建工程、无形资产等。

这里所说的非货币性资产交换，仅包括企业之间主要以非货币性资产形式进行的互惠转让，即企业取得一项非货币性资产，必须以付出自己拥有的非货币性资产作为代价。企业与所有者或所有者以外方面的非货币性资产非互惠转让，如以非货币性资产作为股利发放给股东，或者政府无偿提供非货币性资产给企业等，或者在企业合并、债务重组中取得的非货币性资产，或者企业以发行股票形式取得的非货币性资产等，均不属于本章所讲的非货币性资产交换的范畴。

2．非货币性资产交换的认定

从非货币性资产交换的概念可以看出，非货币性资产交换的交易对象主要是非货币性资产，交易中一般不涉及或只涉及少量货币性资产，即补价。一般认为，如果补价占整个资产交换金额的比例低于 5%，则认定所涉及的补价为“少量”，该交换为非货币性资产交换；如果该比例等于或高于 5%，则视为货币性资产交换。

3．非货币性资产交换的会计处理

非货币性资产交换的会计处理，视换出资产的类别不同而有所区别：

(1) 换出资产为存货的，应当视同存货销售处理，按照公允价值确认销售收入，同时结转销售成本，销售收入与销售成本之间的差额即换出资产公允价值与换出资产账面价值的差额，在利润表中作为营业利润的构成部分予以列示。

(2) 换出资产为固定资产、无形资产的，应当视同固定资产、无形资产处置处理，换出资产公允价值与换出资产账面价值的差额计入营业外收入或营业外支出。

(3) 换出资产为长期股权投资的，应当视同长期股权投资处置处理，换出资产公允价值与换出资产账面价值的差额计入投资收益。

非货币性资产交换涉及相关税费的，如换出存货视同销售计算的增值税销项税额，换入资产作为存货、固定资产应当确认的增值税进项税额，以及换出固定资产、无形资产视同转让应缴纳的增值税等，按照相关税收规定计算确定。

(4) 涉及补价情况下的会计处理。在以公允价值确定换入资产成本的情况下，发生补价的，支付补价方和收到补价方应当分情况处理：

① 支付补价方。支付补价方应当以换出资产的公允价值加上支付的补价(或换入资产的公允价值)和应支付的相关税费作为换入资产的成本；换入资产成本与换出资产账面价值加支付的补价、应支付的相关税费之和的差额应当计入当期损益。其计算公式为

换入资产成本＝换出资产公允价值＋支付的补价＋应支付的相关税费

记入当期损益的金额＝换入资产成本－(换出资产账面价值＋支付的补价＋应支付的相关税费)

＝换出资产公允价值－换出资产账面价值

② 收到补价方。收到补价方应当以换入资产的公允价值(或换出资产的公允价值减去补价)和应支付的相关税费作为换入资产的成本；换入资产成本加收到的补价之和与换出资产账面价值加应支付的相关税费之和的差额应当计入当期损益。其计算公式为

换入资产成本＝换出资产公允价值－收取的补价＋应支付的相关税费

计入当期损益的金额＝(换入资产成本＋收到的补价)－(换出资产账面价值＋应支付的相关税费)

＝换出资产公允价值－换出资产账面价值

涉及的会计处理如下：

A．取得换入资产：

借：原材料

　　应交税金—应交增值税(进项税)

贷：主营业务收入

应交税金—应交增值税(销项税)

银行存款(支付的补价)

B．结转换出资产成本：

借：主营业务成本

贷：库存商品

【案例业务 32】 2018 年 1 月 22 日，企业售出产成品多士炉，数量 180 台，总额 484 988.63 元，用来交换数字机顶盒机械材料，数量 684 套，总额 484 880.76 元。原材料已验收入库，收取货款差额，金额 107.87 元。售出商品成本于月末集中结转。根据易货贸易合同、银行汇划收款回单、增值税专用发票、出库单、入库单等原始单据，账务处理如图 4-55～图 4-57 所示。

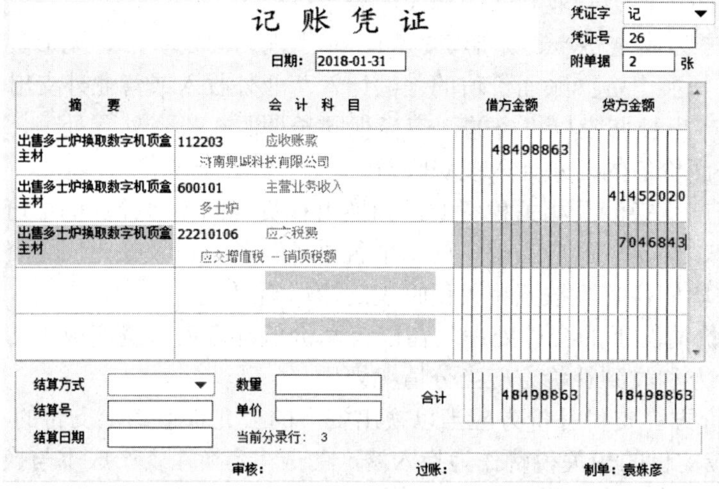

记 账 凭 证

凭证字：记　凭证号：26　附单据：2 张

日期：2018-01-31

摘 要	会计科目	借方金额	贷方金额
出售多士炉换取数字机顶盒主材	112203 应收账款 济南泉诚科技有限公司	48498863	
出售多士炉换取数字机顶盒主材	600101 主营业务收入 多士炉		41452020
出售多士炉换取数字机顶盒主材	22210106 应交税费 应交增值税－销项税额		7046843
合计		48498863	48498863

结算方式：　数量：

结算号：　单价：

结算日期：　当前分录行：3

审核：　过账：　制单：袁姝彦

图 4-55　案例业务 32 的账务处理(一)

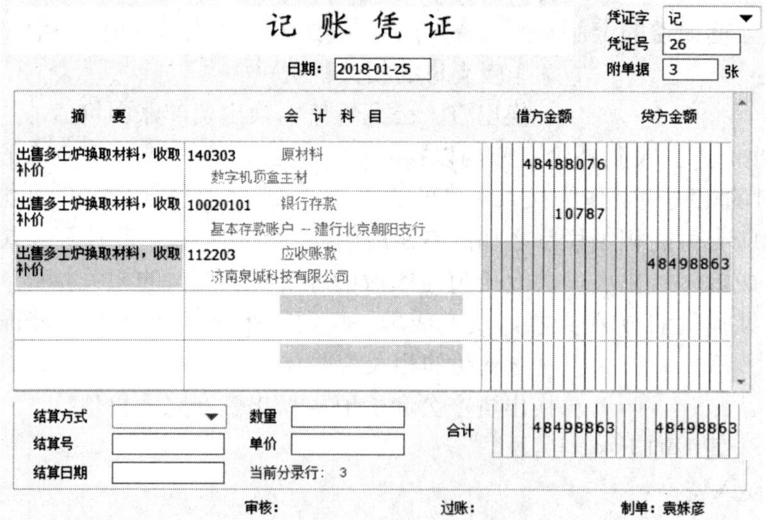

记 账 凭 证

凭证字：记　凭证号：26　附单据：3 张

日期：2018-01-25

摘 要	会计科目	借方金额	贷方金额
出售多士炉换取材料，收取补价	140303 原材料 数字机顶盒主材	48488076	
出售多士炉换取材料，收取补价	10020101 银行存款 基本存款账户－建行北京朝阳支行	10787	
出售多士炉换取材料，收取补价	112203 应收账款 济南泉诚科技有限公司		48498863
合计		48498863	48498863

结算方式：　数量：

结算号：　单价：

结算日期：　当前分录行：3

审核：　过账：　制单：袁姝彦

图 4-56　案例业务 32 的账务处理(二)

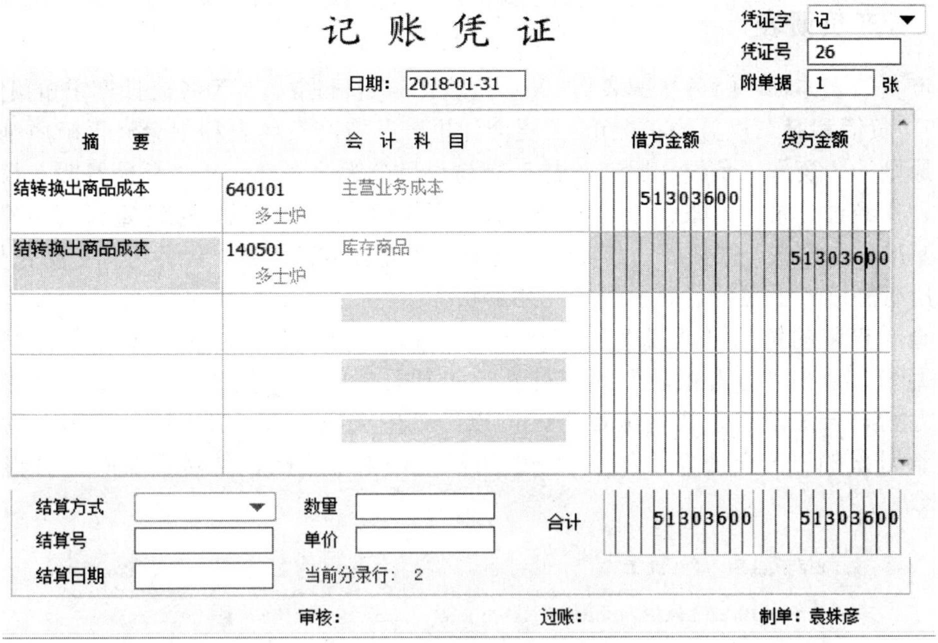

记 账 凭 证

凭证字：记　凭证号：26

日期：2018-01-31　附单据 1 张

摘　要	会 计 科 目		借方金额	贷方金额
结转换出商品成本	640101 多士炉	主营业务成本	51303600	
结转换出商品成本	140501 多士炉	库存商品		51303600

结算方式　数量　合计 51303600 51303600

结算号　单价

结算日期　当前分录行：2

审核：　过账：　制单：袁姝彦

图 4-57　案例业务 32 的账务处理(三)

提示：非货币性资产交换时的会计处理，应注意补价的核算。在本平台案例中，假设非货币性资产交换均具有商业实质，所支付的补价不超过交换总金额(含税)的 5%，但由于平台系统原因，无法将所有原始单据集中在一起使用，故本案例业务分两笔进行会计处理，通过“应收账款”科目进行过渡。

4.3 财 务 报 表

财务报表亦称对外会计报表，是会计主体对外提供的反映会计主体财务状况和经营的会计报表，包括资产负债表、利润表、现金流量表及其附表和附注。财务报表是财务报告的主要部分，是以会计准则为规范编制的向所有者、债权人、政府及其他有关各方及社会公众等外部使用者披露的会计报表。在财务决策平台中，根据经济业务运行情况，会计处理生成的财务报表主要是资产负债表和利润表。各角色可通过点击相应报表来进行查看，如图 4-58 所示。

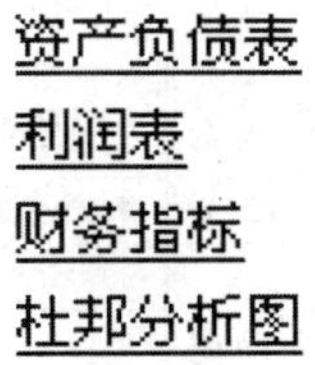

资产负债表

利润表

财务指标

杜邦分析图

图 4-58　系统报表及财务分析体系

4.3.1 资产负债表

资产负债表亦称“财务状况表”，表示企业在一定日期(通常为各会计期末)的财务状况(即资产、负债和股东权益的状况)的主要会计报表。资产负债表利用会计平衡原则，将合乎会计原则的“资产、负债、股东权益”交易科目分为“资产”和“负债及股东权益”两大区块，在经过分录、转账、分类账、试算、调整等会计程序后，以特定日期的静态企业情况为基准，浓缩成一张报表。其报表的功用除了企业内部除错、经营方向、防止弊端外，也可让所有阅读者于最短时间了解企业经营状况。

有查看权限的角色可点击“资产负债表”进入资产负债表界面。对于已过账、结转损益的月份，点击“查看报表”即可打开该年某月份的资产负债表。对于已过账、结转损益的月份，若还没有正式生成报表，可点击“生成报表”，如图 4-59 所示，系统将自动生成该月份的资产负债表，如图 4-60 所示。期末未过账、结转损益的月份将无法生成报表。

资产负债表 -- 网页对话框

http://10.1.0.16:8099/netinnet_sandtable_v3/dojsp?jsp=showModalDialogFrar

【资产负债表】

序号	年份	月份	过账	结转损益	期末结账	操作
1	2018	1	已过账	已结转损益	已期末结账	生成报表 | 查看报表

第1页/共1页 共1行/每页12行 [首页] [前一页] [后一页] [尾页] 第1页

图 4-59 点击查看资产负债表界面

资产负债表

会企01表

编制单位：北京网创电器有限公司 2018 年 01 月 31 日 单位：元

资 产	期末余额	年初余额	负债和所有者权益(或股东权益)	期末余额	年初余额
流动资产:			流动负债:		
货币资金	9896329.44	0.00	短期借款	0.00	0.00
交易性金融资产	0.00	0.00	交易性金融负债	0.00	0.00
应收票据	0.00	0.00	应付票据	0.00	0.00
应收账款	0.00	0.00	应付账款	17655846.18	0.00
预付账款	713565.38	0.00	预收账款	0.00	0.00
应收利息	0.00	0.00	应付职工薪酬	0.00	0.00
应收股利	0.00	0.00	应交税费	0.00	0.00
其他应收款	0.00	0.00	应付利息	0.00	0.00
存货	18880303.72	0.00	应付股利	0.00	0.00
一年内到期的非流动资产	0.00	0.00	其他应付款	0.00	0.00
其他流动资产	1133105.17	0.00	一年内到期的非流动负债	0.00	0.00
流动资产合计	30623303.71	0.00	其他流动负债	0.00	0.00
非流动资产:			流动负债合计	17655846.18	0.00
可供出售金融资产	0.00	0.00	非流动负债:		

图 4-60 系统生成的公司资产负债表预览

4.3.2　利润表

利润表主要提供企业经营成果方面的信息，是反映企业在一定会计期间经营成果的报表。编制利润表的主要目的是将企业经营成果的信息提供给各种报表用户，便于会计报表使用者判断企业未来的发展趋势，以供他们作为决策的依据或参考。

在本财务决策平台中，利润表的生成、查看的方法同资产负债表。图 4-61 显示的是公司 2018 年 1 月份的利润。

利　润　表

会企02表

编制单位：北京网创电器有限公司　　2018年　1月　　单位：元

项目	本期金额	上期金额
一、营业收入	8119280.00	0
减：营业成本	0.00	0
营业税金及附加	0.00	0
销售费用	81192.80	0
管理费用	75756.66	0
财务费用	-106349.92	0
资产减值损失	0.00	0
加：公允价值变动收益（损失以 " - " 填列）	0.00	0
投资收益（损失以 " - " 填列））	0.00	0
其中：对联营企业和合营企业的投资收益	0	0
二、营业利润（亏损以 " - " 填列）	8068680.46	0
加：营业外收入	0.00	0
减：营业外支出	0.00	0
其中：非流动资产处置损失	0	0
三、利润总额（亏损总额以 " - " 号填列）	8068680.46	0
减：所得税费用	0.00	0
四、净利润（净亏损以 ” - “ 号填列）	8068680.46	0
五、每股收益：		
（一）基本每股收益		
（二）稀释每股收益		

单位负责人　　会计主管　　复核　　制表

图 4-61　系统生成的公司当月利润表预览

4.4　财务指标分析及杜邦分析图

4.4.1　财务指标分析

财务分析是以企业财务报表为主要信息，并结合其他信息，对企业当前的状况做出综合评价，对未来发展趋势做出预测，从而帮助报表使用者改善管理并优化决策的一种专门技术。财务分析是评价企业财务状况、衡量企业经营业绩的重要依据，是帮助企业挖掘潜力、改进工作、实现理财目标的重要手段，是企业合理实施投资决策的重要步骤。

财务决策平台系统设计计算的财务指标主要涉及四个方面的十个重要指标，根据企业资产负债表、利润表及企业运营的相关数据，系统自动取数计算，生成财务指标数据，供企业报表使用者、企业经营管理人员分析、决策时参考，如图 4-62 所示。

财务指标 -- 网页对话框

http://10.1.0.16:8099/netinnet_sandtable_v3/dojsp?jsp=showModalDialogFrar

2018-01-31 财务指标

指标	数值
一.短期偿债能力指标	
1.流动比率	1.7345
2.速动比率	0.6009
二.长期偿债能力指标	
1.资产负债率	0.5751
2.权益乘数	2.3490
三.营运能力指标	
1.应收账款周转天数	0.0000
2.存货周转天数	0.0000
3.资产周转天数	113.4261
四.盈利能力比率	
1.销售净利率	0.9938
2.资产净利率	0.2628
3.权益净利率	0.6174

图 4-62　系统生成的财务指标数据

4.4.2 企业综合绩效分析——杜邦分析体系

企业综合绩效分析方法有很多，传统方法主要有杜邦分析法和沃尔评分法等。杜邦分析法又称“杜邦财务分析体系”，简称“杜邦体系”，是利用各主要财务比率指标间的内在联系，对企业财务状况及经济效益进行综合系统分析评价的方法。该体系是以净资产收益率为起点，以资产净利率和权益乘数为核心，重点揭示企业获利能力及权益乘数对净资产收益率的影响，以及各相关指标间的相互影响作用关系。

杜邦分析法将净资产收益率(权益净利率)分解为如图 4-63 所示，其分析关系式为

$$\text{净资产收益率} = \text{销售净利率} \times \text{总资产周转率} \times \text{权益乘数}$$

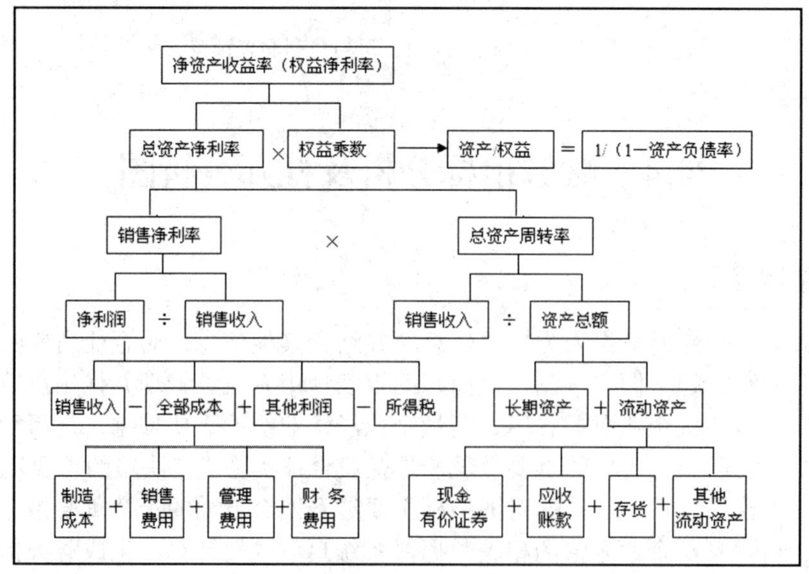

图 4-63　杜邦分析体系

运用杜邦分析法需要注意四点：

(1) 净资产收益率是一个综合性最强的财务分析指标，是杜邦分析的起点。

(2) 销售净利率反映了企业净利润与销售收入的关系，它的高低取决于销售收入与成本总额的高低。

(3) 影响总资产周转率的一个重要因素是资产总额。

(4) 权益乘数主要受资产负债率指标的影响。

根据企业实际经营数据，系统自动生成杜邦分析体系(如图 4-64 所示)，企业经营人员可以依据该指标体系对企业经营状况进行分析。

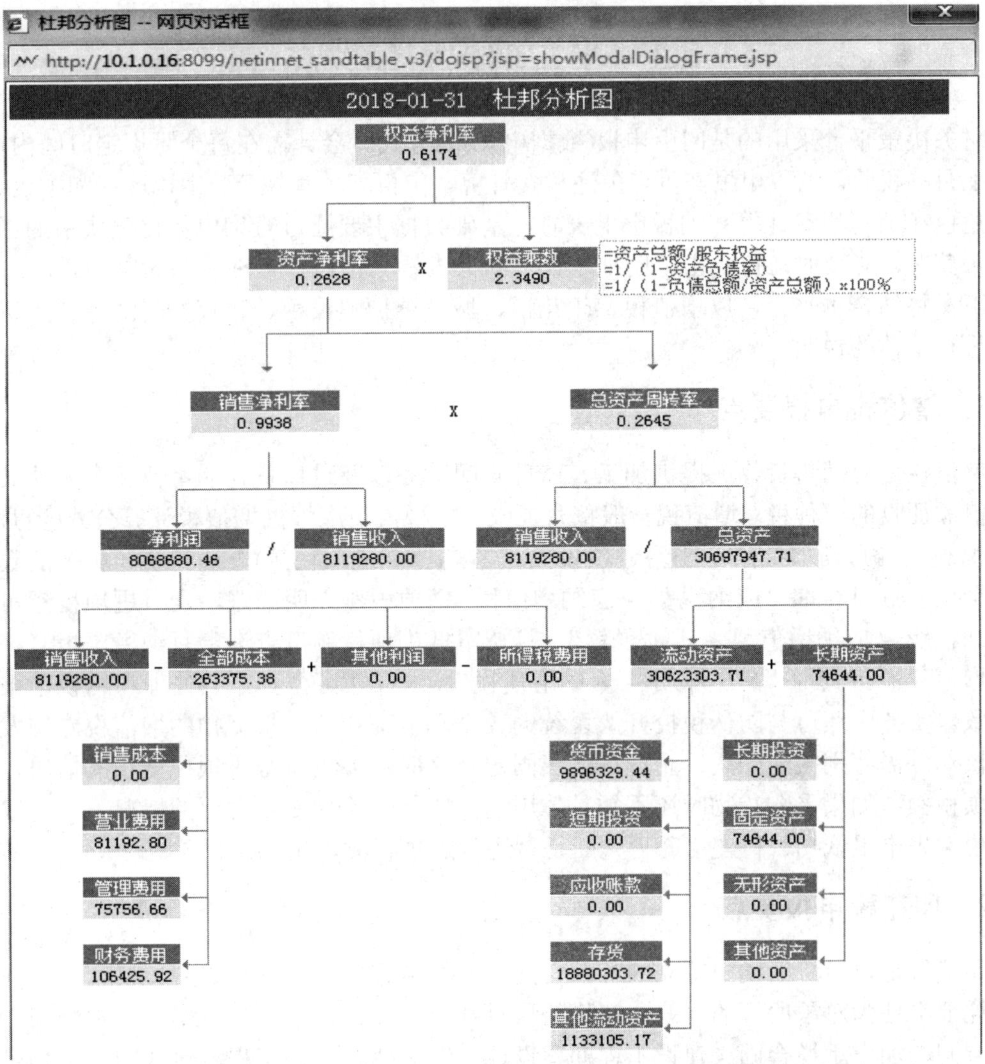

杜邦分析图 -- 网页对话框
http://10.1.0.16:8099/netinnet_sandtable_v3/dojsp?jsp=showModalDialogFrame.jsp

2018-01-31　杜邦分析图

权益净利率 0.6174

资产净利率 0.2628 x 权益乘数 2.3490
=资产总额/股东权益
=1/（1-资产负债率）
=1/（1-负债总额/资产总额）x100%

销售净利率 0.9938 x 总资产周转率 0.2645

净利润 8068680.46 / 销售收入 8119280.00
销售收入 8119280.00 / 总资产 30697947.71

销售收入 8119280.00 - 全部成本 263375.38 + 其他利润 0.00 - 所得税费用 0.00
流动资产 30623303.71 + 长期资产 74644.00

销售成本 0.00
营业费用 81192.80
管理费用 75756.66
财务费用 106425.92

货币资金 9896329.44
短期投资 0.00
应收账款 0.00
存货 18880303.72
其他流动资产 1133105.17

长期投资 0.00
固定资产 74644.00
无形资产 0.00
其他资产 0.00

图 4-64　系统根据经营情况生成的杜邦分析体系

第5章 纳税申报

5.1 平台纳税申报要点

财务决策平台采用的是网上申报(数据电文)的方式。会计需在每个月规定时间内申报、缴纳上月的税收。纳税申报需重点关注税费计算、申报表填写规范、纳税地点和纳税期限。会计角色在填写税费计算和纳税申报表时，基础数据主要通过查询电算化模块中的“明细账”来获取，必要时还可点击“明细账”中的“查看”按钮，查询相关的原始凭证。

下文将结合本平台，以增值税、印花税、城市维护建设税、教育费附加、个人所得税为例进行具体的说明。

5.1.1 增值税申报要点

增值税是对销售货物或提供加工、修理修配劳务以及进口货物的单位和个人就其实现的增值额征收的一种税。增值税一般按月征收。办税人员应根据增值税计算公式(当月应纳增值税额 = 当月销项税额 – 当月进项税额 – 月初留抵进项税额)查询和统计相关的数据。当月销项税额可查询“应纳税费 – 应纳增值税–销项税额”明细账，当月进项税额可查询“应纳税费 – 应纳增值税 – 进项税额”，月初留抵进项税额可查询上月纳税申报表，当月应纳增值税额可查询“应纳税费 – 未纳增值税”，这样才可做到账务处理和纳税申报数据的一致。实务中还可与防伪税控开票系统的数据和认证相符申报抵扣的增值税专用发票数据相核对。需特别关注的是，企业在购买固定资产时，如果符合进项税抵扣的情况，可计入进项税额；如果采购货物时还不知具体用途，取得增值税专用发票的情况下，可以计入进项税额先申报抵扣，待使用时再判断是否进行进项税额转出。

5.1.2 印花税申报要点

印花税是以经济活动中签立的各种合同、产权转移书据、营业账簿、权利许可证照等应税凭证文件为对象所征的税。印花税的税目共十三项，包括购销合同、借款合同、财产租赁合同、加工承揽合同、建设工程勘察设计合同、建筑安装工程承包合同、货物运输合同、仓储保管合同、财产保险合同、技术合同、产权转移书据、营业账簿(资金账簿和其他账簿)、权利许可证照。办税人员应根据印花税计算公式(应纳印花税额 = 相关的合同金额 × 印花税率)查询和统计相关的数据。办税人员可查询“主营业务收入”“其他业务收入”“主营业务成本”“其他业务成本”“销售费用”“管理费用”“原材料”“固定资产”“实收资本”“资本公积”等明细账，检索出企业经营业务中所涉及的印花税合同，然后通过明细账中的“查看”功能确定合同类型，计算印花税相关的合同金额作为计税依据，填写到纳税申报表中相应的“计税金额”栏，系统会自动计算出应纳税额。

5.1.3　城市维护建设税和教育费附加申报要点

城市维护建设税和教育费附加是增值税、消费税三类流转税的附加税，只要缴纳了增值税、消费税，就要同时缴纳城市维护建设税和教育费附加，城市维护建设税根据地区不同，税率分为 7%(市区)、5%(县城镇)和 1%，教育费附加税率是 3%，这两个附加税是用实际缴纳的增值税、消费税作为基数乘以相应的税率，计算应纳的附加税金额。办税人员可查询“应纳税费—未纳增值税”“应纳税费—应纳消费税”明细账确定实际缴纳的增值税、消费税的金额作为计税依据，填写到纳税申报表中相应的“计税金额”栏，系统会自动计算出应纳税额。

5.1.4　个人所得税申报要点

个人所得税是调整征税机关与自然人(居民、非居民)之间在个人所得税的征纳与管理过程中所发生的社会关系的法律规范的总称。个人所得税的税目共十一项，包括工资、薪金所得，个体工商户的生产、经营所得，对企事业单位的承包经营、承租经营所得，劳务报酬所得，稿酬所得，特许权使用费所得，利息、股息、红利所得，财产租赁所得，财产转让所得，偶然所得和其他所得。办税人员应根据个人所得税计算公式(应纳个人所得税额 = 应纳税所得额 × 适用税率)查询和统计相关的数据。为方便学生进行纳税申报，系统在月末会自动计算出应纳个人所得税额，办税人员可查询“应纳税费—应纳个人所得税”明细账确定应纳个人所得税额。纳税申报时，会计会根据获取的应纳个人所得税额除以 10%倒推出应纳税所得额，填写到纳税申报表中的“计税金额”栏，系统自动计算出应纳税额。

5.2　平台纳税申报流程及操作

5.2.1　平台纳税申报流程

本平台纳税申报主要涉及财务总监和会计角色，其中，会计要履行填写和申报各税种税单的职责，并在申报成功后进行相应的账务处理。财务总监负责审批相关申报表格并查看相应的申报回单。具体流程如图 5-1 所示。

5.2.2　平台纳税申报具体操作

根据图 5-1 的操作流程，平台纳税申报的具体操作主要分为 12 个步骤。下文将按照流程图所示，逐一对每个步骤的操作进行讲解。

1．选择国税申报或地税申报

会计点击“纳税申报”—“网上申报国税”“网上申报地税”进入纳税申报界面，如图 5-2 所示。

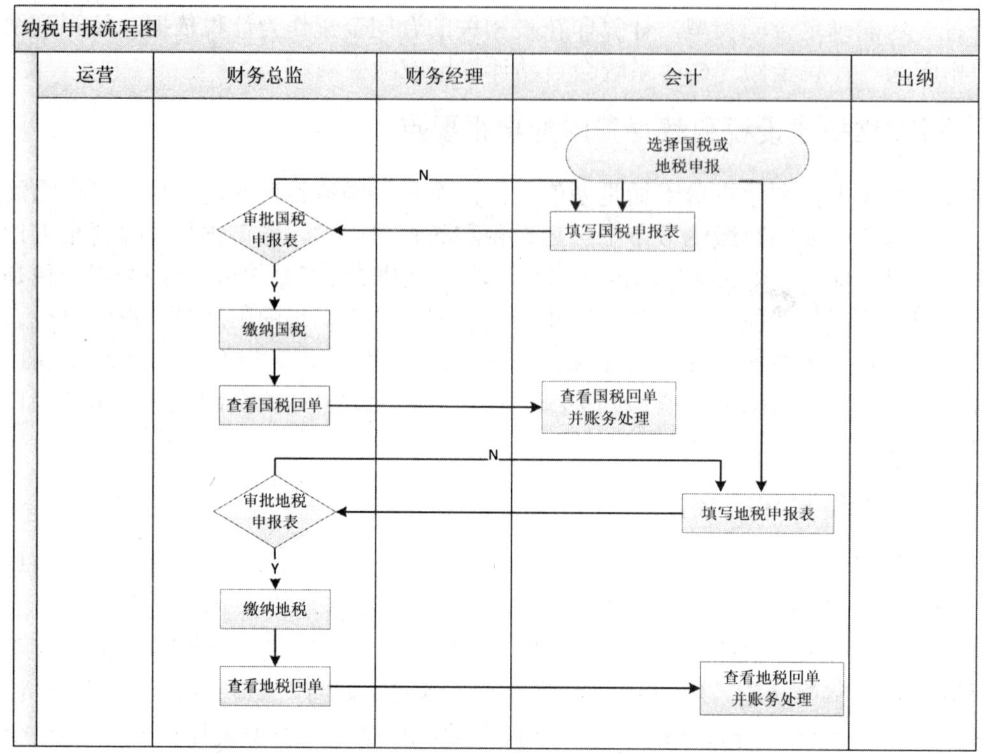

图 5-1　纳税申报流程

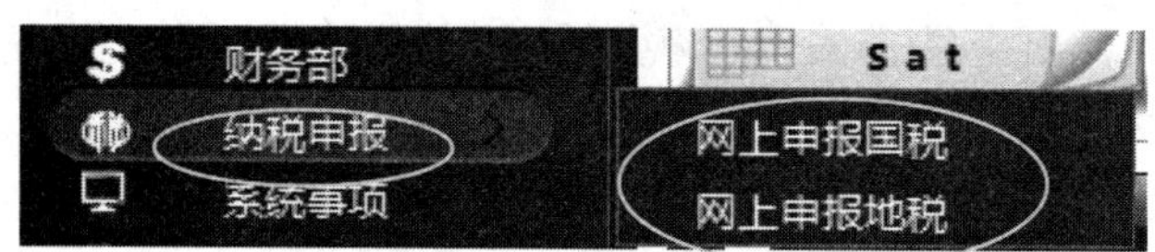

图 5-2　纳税申报界面

2．选择申报表

会计选取需申报的税种和申报期限，点击操作栏的“月申报”“季申报”“年申报”进行申报表的填写，如图 5-3 所示。

申报国税　取得增值税发票清单　开具增值税发票清单

纳税申报（国税）

序号	申报项目	申报表	操作
1	增值税纳税申报表(适用于增值税一般纳税人)-国税	增值税纳税申报表	月申报
2	企业所得税月（季）度预缴纳税申报表（A类）-国税	企业所得税（季）申报表	季申报
3	企业所得税年度纳税申报表（A类）-国税	企业所得税（年）申报表	年申报

**申报时，申报表中主表和每个附表均需进行保存动作

纳税申报（地税）

序号	申报项目	申报表	操作
1	地税月申报	地税月申报表	月申报
2	地税季申报	地税季申报表	季申报
3	地税年申报	地税年申报表	年申报

图 5-3　纳税申报表选择

3．国税申报

增值税申报，会计点击“增值税纳税申报表”—“月申报”，依次填写“固定资产进项税额抵扣情况表”“增值税纳税申报表附列资料(表一)(本期销售情况明细)”“增值税纳税申报表附列资料(表二)(本期进项税额明细)”“增值税纳税申报表”，如图 5-4 所示。

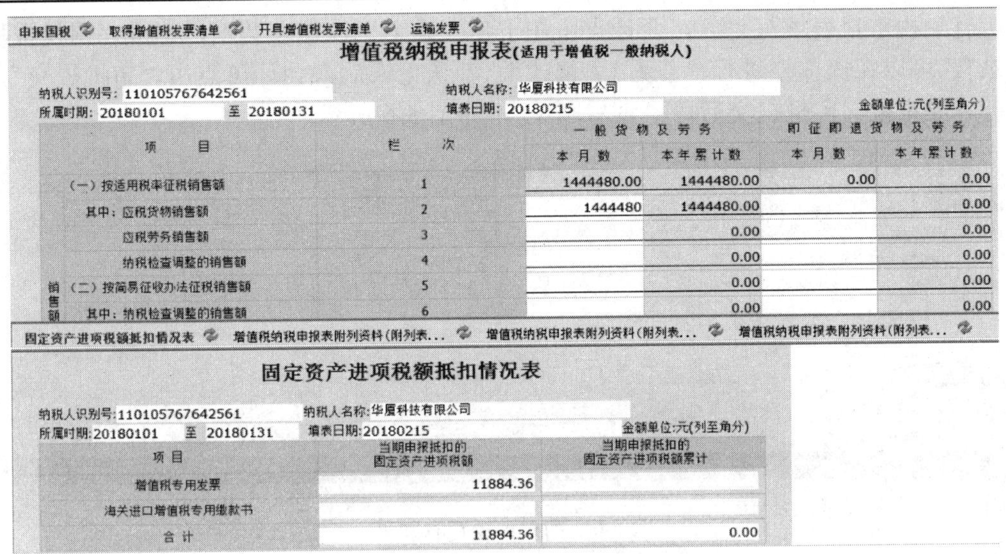

申报国税　取得增值税发票清单　开具增值税发票清单　运输发票

增值税纳税申报表(适用于增值税一般纳税人)

纳税人识别号：110105767642561　纳税人名称：华厦科技有限公司
所属时期：20180101 至 20180131　填表日期：20180215　金额单位:元(列至角分)

项　目	栏　次	一般货物及劳务 本月数	一般货物及劳务 本年累计数	即征即退货物及劳务 本月数	即征即退货物及劳务 本年累计数
(一)按适用税率征税销售额	1	1444480.00	1444480.00	0.00	0.00
其中：应税货物销售额	2	1444480	1444480.00		0.00
应税劳务销售额	3		0.00		0.00
纳税检查调整的销售额	4		0.00		0.00
销售额 (二)按简易征收办法征税销售额	5		0.00		0.00
其中：纳税检查调整的销售额	6		0.00		0.00

固定资产进项税额抵扣情况表　增值税纳税申报表附列资料(附列表…　增值税纳税申报表附列资料(附列表…　增值税纳税申报表附列资料(附列表…

固定资产进项税额抵扣情况表

纳税人识别号：110105767642561　纳税人名称：华厦科技有限公司
所属时期：20180101 至 20180131　填表日期：20180215　金额单位:元(列至角分)

项　目	当期申报抵扣的固定资产进项税额	当期申报抵扣的固定资产进项税额累计
增值税专用发票	11884.36	
海关进口增值税专用缴款书		
合　计	11884.36	0.00

图 5-4　纳税申报表展示

会计在填写纳税申报表时，可查看系统提供的“开具增值税发票清单”“取得增值税发票清单”“运输发票”，如图 5-5 所示。三张清单反映企业开具、获取的增值税专用发票或获取的运输发票情况。“取得增值税发票清单”中所列举的发票不一定都可以进行进项抵扣，填报时，会计需根据税法和具体业务情况进行判断。

申报国税　取得增值税发票清单　开具增值税发票清单　运输发票

【开具增值税发票清单】　开始时间：2018-01-01　结束时间：2018-03-30　查询

开具增值税发票清单

序号	发票名称	开票日期	客户	金额	税额	操作
1	增值税专用发票	2018-02-15	沈阳轩逸电器商场	￥361120.00	￥61390.40	查看
2	增值税专用发票	2018-02-15	康辉电器北京分店	￥1083360.00	￥184171.20	查看
合计				￥1444480.00	￥245561.60	

申报国税　取得增值税发票清单　开具增值税发票清单　运输发票

【取得增值税发票清单】　开始时间：2018-01-01　结束时间：2018-01-31　查询

取得增值税发票清单

序号	发票名称	开票日期	客户	金额	税额	操作
1	增值税专用发票	2018-01-02	华厦科技有限公司	￥547008.55	￥92991.45	查看
2	增值税专用发票	2018-01-11	华厦科技有限公司	￥61905.00	￥10523.85	查看
3	增值税专用发票	2018-01-11	华厦科技有限公司	￥2755.00	￥468.35	查看
4	增值税专用发票	2018-01-11	华厦科技有限公司	￥5248.00	￥892.16	查看
5	增值税专用发票	2018-01-12	华厦科技有限公司	￥613207.55	￥36792.45	查看
6	增值税专用发票	2018-01-23	华厦科技有限公司	￥5267.79	￥579.46	查看
7	增值税专用发票	2018-01-30	华厦科技有限公司	￥1538.46	￥261.54	查看
8	增值税专用发票	2018-01-30	华厦科技有限公司	￥1158.73	￥196.98	查看
9	增值税专用发票	2018-01-30	华厦科技有限公司	￥1194.69	￥155.31	查看
10	增值税专用发票	2018-01-30	华厦科技有限公司	￥1923.08	￥326.92	查看
11	增值税专用发票	2018-01-30	华厦科技有限公司	￥1881.48	￥244.59	查看
合计				￥1243088.33	￥143433.06	

申报国税　取得增值税发票清单　开具增值税发票清单　运输发票

【运输发票】　开始时间：2018-01-01　结束时间：2018-03-31　查询

运输发票

序号	发票名称	开票日期	金额	税额	操作
1	货物运输业增值税专用发票_V1	2018-02-15	￥4300.00	￥129.00	查看
2	货物运输业增值税专用发票_V1	2018-02-15	￥3000.00	￥90.00	查看
3	货物运输业增值税专用发票_V1	2018-02-15	￥3050.00	￥91.50	查看
4	货物运输业增值税专用发票_V1	2018-02-15	￥4350.00	￥130.50	查看
合计			￥14700.00	￥441.00	

图 5-5　增值税发票清单

所有纳税申报表填写完后，会计点击左下角“确定”以保存数据，形成“国税报税历史记录”，可以在操作栏进行“查看”“修改”。确认无误后，会计可点击“审批提交”，等待财务总监审批。审批提交后可“查看回单”，如图 5-6 所示。

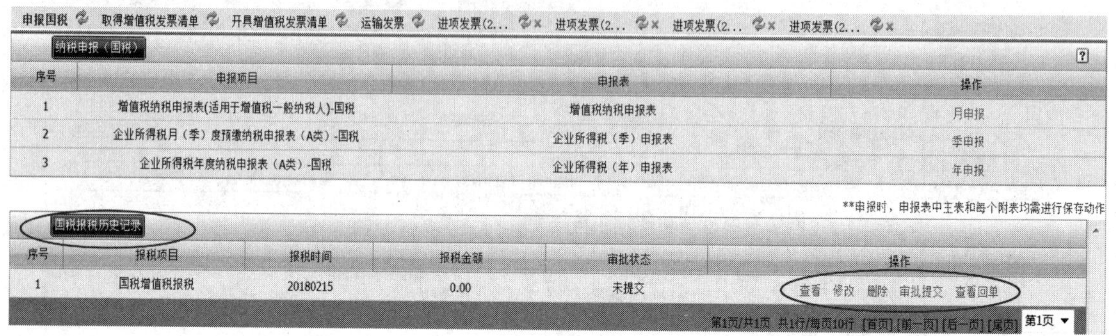

图 5-6 纳税申报查看回单

4. 财务总监审批

会计操作完毕后，财务总监界面的“待办事项”栏会提示会计提交了“纳税申报”申请，等待审批，如图 5-7 所示。

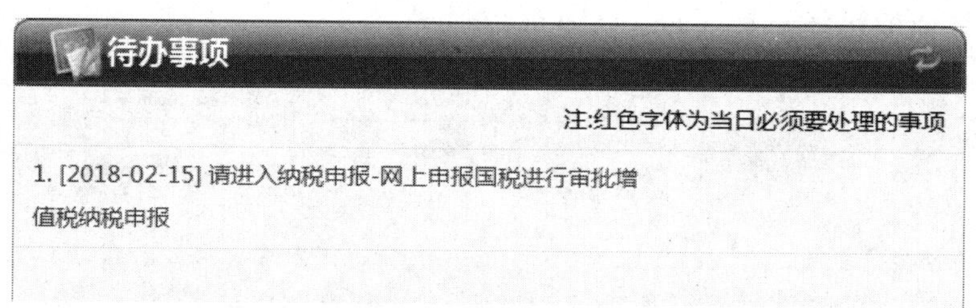

图 5-7 纳税申报系统待办

财务总监点击“纳税申报”—“网上申报国税”—“查看”，进入审批界面，如图 5-8 所示。

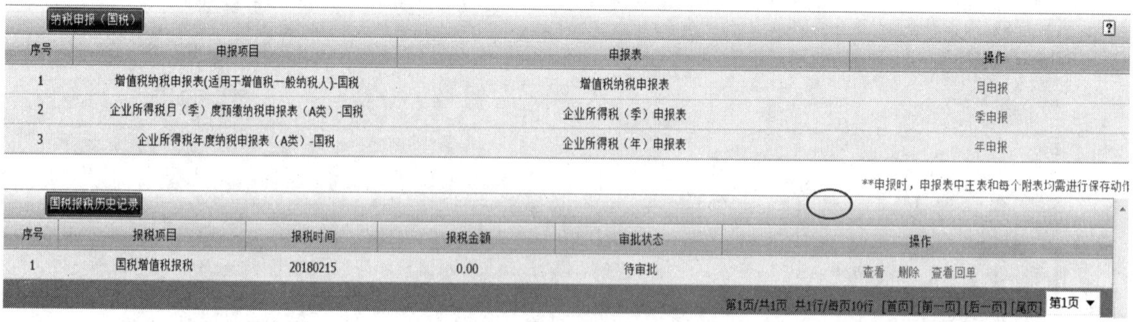

纳税申报（国税）

序号	申报项目	申报表	操作
1	增值税纳税申报表(适用于增值税一般纳税人)-国税	增值税纳税申报表	月申报
2	企业所得税月（季）度预缴纳税申报表（A类）-国税	企业所得税（季）申报表	季申报
3	企业所得税年度纳税申报表（A类）-国税	企业所得税（年）申报表	年申报

**申报时，申报表中主表和每个附表均需进行保存动作

国税报税历史记录

序号	报税项目	报税时间	报税金额	审批状态	操作
1	国税增值税报税	20180215	0.00	待审批	查看 删除 查看回单

第1页/共1页 共1行/每页10行 [首页] [前一页] [后一页] [尾页] 第1页

图 5-8 纳税申报查看界面

财务总监判断是否正式对外进行纳税申报，选择“审批通过”或“审批不通过”，如图 5-9 所示。

申报国税　取得增值税发票清单　开具增值税发票清单　运输发票

增值税纳税申报表(适用于增值税一般纳税人)

纳税人识别号: 110105767642561　　纳税人名称: 华厦科技有限公司

所属时期: 20180101 至 20180131　　填表日期: 20180215　　金额单位:元(列至角分)

	项　目	栏　次	一般货物及劳务		即征即退货物及劳务	
			本月数	本年累计数	本月数	本年累计数
销售额	(一) 按适用税率征税销售额	1	1444480.00	1444480.00	0.00	0.00
	其中: 应税货物销售额	2	1444480	1444480.00		0.00
	应税劳务销售额	3		0.00		0.00
	纳税检查调整的销售额	4		0.00		0.00
	(二) 按简易征收办法征税销售额	5		0.00		0.00
	其中: 纳税检查调整的销售额	6		0.00		0.00

固定资产进项税额抵扣情况表　增值税纳税申报表附列资料(附列表...　增值税纳税申报表附列资料(附列表...　增值税纳税申报表附列资料(附列表...

固定资产进项税额抵扣情况表

纳税人识别号:110105767642561　　纳税人名称:华厦科技有限公司

所属时期:20180101 至 20180131　　填表日期:20180215　　金额单位:元(列至角分)

项 目	当期申报抵扣的固定资产进项税额	当期申报抵扣的固定资产进项税额累计
增值税专用发票	11884.36	
海关进口增值税专用缴款书		
合 计	11884.36	0.00

审批通过　审批不通过

图 5-9　纳税申报审批

5. 缴纳国税

如选择“审批通过”，财务总监需点击“纳税提交”，如图 5-10 所示，银行将自动进行扣款。因此，财务总监需预先查看银行账户中是否有足够的资金。

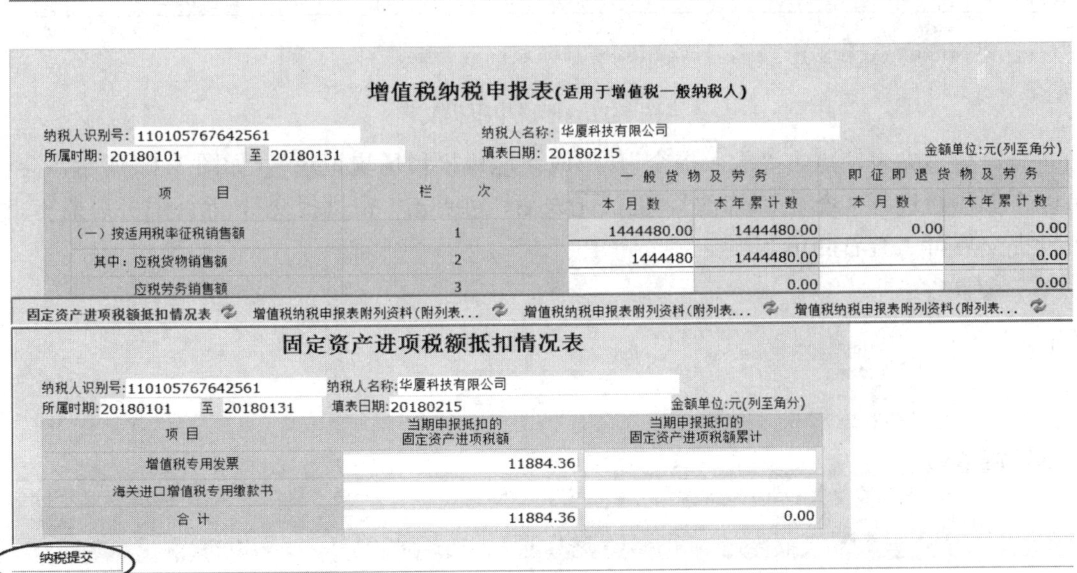

申报国税　取得增值税发票清单　开具增值税发票清单　运输发票

增值税纳税申报表(适用于增值税一般纳税人)

纳税人识别号: 110105767642561　　纳税人名称: 华厦科技有限公司

所属时期: 20180101 至 20180131　　填表日期: 20180215　　金额单位:元(列至角分)

项　目	栏　次	一般货物及劳务		即征即退货物及劳务	
		本月数	本年累计数	本月数	本年累计数
(一) 按适用税率征税销售额	1	1444480.00	1444480.00	0.00	0.00
其中: 应税货物销售额	2	1444480	1444480.00		0.00
应税劳务销售额	3		0.00		0.00

固定资产进项税额抵扣情况表　增值税纳税申报表附列资料(附列表...　增值税纳税申报表附列资料(附列表...　增值税纳税申报表附列资料(附列表...

固定资产进项税额抵扣情况表

纳税人识别号:110105767642561　　纳税人名称:华厦科技有限公司

所属时期:20180101 至 20180131　　填表日期:20180215　　金额单位:元(列至角分)

项 目	当期申报抵扣的固定资产进项税额	当期申报抵扣的固定资产进项税额累计
增值税专用发票	11884.36	
海关进口增值税专用缴款书		
合 计	11884.36	0.00

纳税提交

图 5-10　纳税申报纳税提交

6. 查看回单

纳税提交后，财务总监可返回“国税报税历史记录”栏点击“查看回单”，查看电子缴税回单。

7. 查看国税回单并进行账务处理

会计在“国税报税历史记录”栏点击“查看回单”，查看电子缴税回单并进入电算化模块进行账务处理。

8. 地税申报

“地税申报表”中集合了企业所有当月需要在地税申报的税种，月度、季度、年度申报表中列示的税种根据申报期限的规定会有所不同。会计点击“地税申报表”—“月申报”，填写地税申报表，根据表格列示的税种依次填写，如图 5-11 所示。

【地税月申报】

地税申报表

税种	税目	计税基础	税率（%）	单位税额	应纳税额
营业税	股票	0	5.000		0.00
	委托贷款	0	5.000		0.00
	餐饮业	0	5.000		0.00
印花税	财产租赁合同	2948004	0.100		2948.00
	权利许可证照		0.000	5.00	0.00
	产权转移书据		0.050		0.00
	借款合同	5000000	0.005		250.00
	资金账簿	5000000	0.050		2500.00
	其他营业账簿		0.000	5.00	0.00
	货物运输合同	14700	0.050		7.35
	购销合同	4995060	0.030		1498.52
教育费附加		151429.05	3.000		4542.87
个人所得税	正常工资薪金	4794	10.000		479.40
城建税		151429.05	7.000		10600.03
累计					22826.17

保存

本企业个人所得税申报方式为汇总申报，财务人员根据企业实际缴纳税款和设定税率倒算缴税基数自行填写申报。

图 5-11　地税申报提交

会计填写完表，点击“录入提交”，形成“地税报税历史记录”。如图 5-12 所示，会计可以在操作栏进行“查看”“修改”，确认无误后，可点击“审批提交”，等待财务总监审批。审批提交后可“查看回单”。

纳税申报（地税）

序号	申报项目	申报表	操作
1	地税月申报	地税月申报表	月申报
2	地税季申报	地税季申报表	季申报
3	地税年申报	地税年申报表	年申报

地税报税历史记录

序号	报税项目	报税时间	报税金额	审批状态	操作
1	地税月申报	20180215	22826.17	未提交	查看 修改 删除 审批提交 查看回单

第1页/共1页 共1行/每页10行 [首页] [前一页] [后一页] [尾页] 第1页

图 5-12　地税申报查看回单

9. 审批地税申报表

会计操作完毕后，财务总监界面的“待办事项”栏将提示会计提交了纳税申报申请，等待审批。财务总监点击“纳税申报”—“网上申报地税”进入审批界面，判断是否正式对外进行纳税申报，选择“审批通过”或“审批不通过”，如图 5-13 所示。

【地税月申报】

地税申报表

税种	税目	计税金额（数量）	税率（%）	单位税额	应纳税额
城建税		151429.05	7.000		10600.03
个人所得税	正常工资薪金	4794.00	10.000		479.40
教育费附加		151429.05	3.000		4542.87
印花税	资金账簿	5000000.00	0.050		2500.00
	权利许可证照		0.000	5.00	0.00
	其他营业账簿		0.000	5.00	0.00
	借款合同	5000000.00	0.005		250.00
	货物运输合同	14700.00	0.050		7.35
	购销合同	4995060.00	0.030		1498.52
	产权转移书据		0.050		0.00
	财产租赁合同	2948004.00	0.100		2948.00
营业税	委托贷款	0.00	5.000		0.00
	股票	0.00	5.000		0.00
	餐饮业	0.00	5.000		0.00
累计					22826.17

审批通过　审批不通过

本企业个人所得税申报方式为汇总申报，财务人员根据企业实际缴纳税款和设定税率倒算缴税基数自行填写申报。

图 5-13　地税申报审批

10．缴纳地税

如选择“审批通过”，财务总监需点击“纳税提交”，如图 5-14 所示，银行将自动进行扣款。因此，财务总监需预先查看银行账户中是否有足够的资金。

【地税月申报】

地税申报表

税种	税目	计税金额（数量）	税率（%）	单位税额	应纳税额
城建税		151429.05	7.000		10600.03
个人所得税	正常工资薪金	4794.00	10.000		479.40
教育费附加		151429.05	3.000		4542.87
印花税	资金账簿	5000000.00	0.050		2500.00
	权利许可证照		0.000	5.00	0.00
	其他营业账簿		0.000	5.00	0.00
	借款合同	5000000.00	0.005		250.00
	货物运输合同	14700.00	0.050		7.35
	购销合同	4995060.00	0.030		1498.52
	产权转移书据		0.050		0.00
	财产租赁合同	2948004.00	0.100		2948.00
营业税	委托贷款	0.00	5.000		0.00
	股票	0.00	5.000		0.00
	餐饮业	0.00	5.000		0.00
累计					22826.17

纳税提交

本企业个人所得税申报方式为汇总申报，财务人员根据企业实际缴纳税款和设定税率倒算缴税基数自行填写申报。

图 5-14　缴纳地税

11．查看回单

纳税提交后，财务总监可返回“地税报税历史记录”栏，点击“查看回单”查看电子缴税回单，如图 5-15 所示。

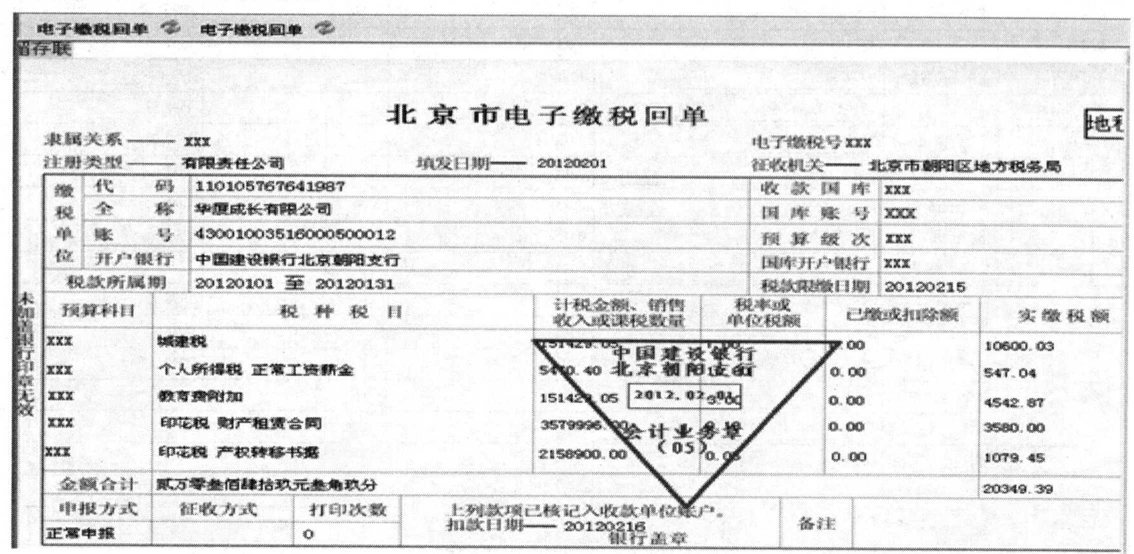
电子缴税回单　电子缴税回单

留存联

北京市电子缴税回单

隶属关系—— xxx　　电子缴税号 xxx

注册类型—— 有限责任公司　　填发日期—— 20120201　　征收机关—— 北京市朝阳区地方税务局

缴税单位				
代码	110105767641987		收款国库	xxx
全称	华厦成长有限公司		国库账号	XXX
账号	430010035160005000012		预算级次	xxx
开户银行	中国建设银行北京朝阳支行		国库开户银行	xxx
税款所属期	20120101 至 20120131		税款限缴日期	20120215

预算科目	税种税目	计税金额、销售收入或课税数量	税率或单位税额	已缴或扣除额	实缴税额
xxx	城建税	151429.05	[illegible]	0.00	10600.03
xxx	个人所得税 正常工资薪金	[illegible]0.40	[illegible]	0.00	547.04
xxx	教育费附加	151429.05	3.00	0.00	4542.87
xxx	印花税 财产租赁合同	3579996.00	[illegible]	0.00	3580.00
xxx	印花税 产权转移书据	2158900.00	[illegible]	0.00	1079.45
金额合计	贰万零叁佰肆拾玖元叁角玖分				20349.39

申报方式	征收方式	打印次数	上列款项已核记入收款单位账户。扣款日期—— 20120216 银行盖章	备注	
正常申报		0			

中国建设银行 北京朝阳支行 2012.02.01 会计业务章（05）

未加盖银行印章无效

图 5-15　电子缴税回单

12．会计业务处理

会计在“国税报税历史记录”栏点击“查看回单”，查看电子缴税回单并进入电算化模块进行账务处理。

第6章　税务稽查

6.1　税务稽查概述

6.1.1　税务部门税务稽查相关内容

1．税务稽查的定义

税务稽查是依法对纳税人、扣缴义务人和其他涉税当事人履行纳税义务、扣缴义务情况及涉税事项进行检查处理，以及围绕检查处理开展的其他相关工作。本平台设计了税务稽查模块，是从国税和地税的角度出发，对企业的账务和报税数据进行稽查，对于发现的问题形成报告提交给企业，让其进行整改，并以国税、地税稽查员的身份对运营企业进行税收补缴、罚款、滞纳金等处理并出具稽查报告和调整分录。

2．税务稽查中各方的权利与义务

1) 税务稽查中税务机关的权利与义务

税务稽查中税务机关的权利有：税务查账权、场地检查权、责成提供资料权、询问权、查证权、查核存款权、采取税收保全措施权(提前征收、责成提供纳税担保、阻止欠税者出境、暂停支付存款和扣押查封财产)、强制执行权(对于纳税人和扣缴义务人均可适用，但保全措施只适用于纳税人)、收集证据权、依法处罚权(罚款、没收非法所得和非法财物，停止出口退税)。

税务稽查中税务机关的义务有：出示证件、为纳税人保密、采取行政措施、开付单据。

2) 税务稽查中被检查对象的权利与义务

税务检查中被稽查对象的权利有：拒绝违法检查权、要求赔偿权、申请复议和诉讼权、要求听证权、索要收据和拒绝违法处罚权。

税务稽查中被检查对象的义务有：接受税务机关依法检查(不作为的义务，只要不阻挠即为履行该义务)、如实反映情况、提供有关资料。

3．税务稽查的内容

在进行税务稽查时，具体稽查的内容分为七项：

第一项：稽查纳税人各种营业收入的核算与申报；

第二项：稽查纳税人各种成本费用的列支、转销及申报；

第三项：稽查纳税人其他各种纳税义务的核算及申报；

第四项：稽查纳税人收取或支付的价款、费用的定价情况；

第五项：稽查纳税人适用税率、减免税、出口退税的申报情况；

第六项：稽查应纳税款的计算、缴纳与申报情况；

第七项：稽查纳税人、扣缴义务人对税务管理规定的执行情况。

4. 税务稽查的方法

财务指标分析法、账证核对法、比较法、实物盘点法、交谈询问法、外调法、突击检查法、控制计算法。

5. 税务稽查的步骤

(1) 选择被稽查的企业。

(2) 调账检查。

(3) 实地调查。

(4) 编制《税务稽查底稿》和《税务稽查底稿(整理)分类表》，录入稽查调整分录。

(5) 向企业通报问题，核实事实，听取意见。

(6) 填制《税务稽查报告》或《税务稽查结论》，并计算企业补缴税额、滞纳金、罚款等。

(7) 提交《税务稽查报告》给被审理单位，审查通过后如果拟对被稽查企业进行税务行政处罚，编制《税务行政处罚事项告知书》给被稽查企业，被稽查企业可进行陈述、申辩。

(8) 审理部门区分下列情形分别做出处理，并将相关文书递交被稽查企业：

① 认为有税收违法行为，应当进行税务处理的，拟制《税务处理决定书》；

② 认为有税收违法行为，应当进行税务行政处罚的，拟制《税务行政处罚决定书》；

③ 认为税收违法行为轻微，依法可以不予税务行政处罚的，拟制《不予税务行政处罚决定书》；

④ 认为没有税收违法行为的，拟制《税务稽查结论》。

(9) 处罚被稽查企业，强制执行补缴税款、滞纳金、罚款等。

(10) 如被稽查企业同税务机关在纳税上发生争议时，必须先依照税务机关的纳税决定缴纳或者解缴税款及滞纳金，或者提供相应的担保，然后可以依法申请行政复议；对行政复议决定不服的，可依法向人民法院起诉。

6.1.2 税收稽查中对重点税种的稽查要点

1. 增值税稽查要点

(1) 虚构废品收购业务、虚增进项税额。

(2) 隐瞒销售收入。隐瞒销售收入包括以代销为由对发出商品不入账、延迟入账；现金收入不入账；主要产品账面数与实际库存不符。

(3) 收取价外费用未计收入或将价外费用记入收入账户未计提销项税额；对尚未收回的货款或向关联企业销售货物，不记或延缓记入销售收入；企业发生销售折让、销售退回未取得购买方当地主管税务机关开具的进货退出或索取折让证明，或者未收回原发票联和抵扣联；企业以“代购”业务名义销售货物，少记销售收入；转供水、电、气等及销售材料不记入销售收入；混合销售行为未缴纳增值税。

(4) 对固定资产改良等非应税项目领用材料未作进项税转出处理；对免税产品的原材料购进及领用单独核算，免税产品所用材料的进项税额未全额转出；企业从废旧物资回收企业购入的材料不属实；企业转供物业、福利等部门材料，其进项税额不作转出。

(5) 采购环节未按规定取得增值税专用发票，货款支付是否一致。

(6) 生产企业采取平销手段返利给零售商，零售商取得返利收入不申报纳税，不冲减进项税额。

(7) 为隐瞒销售收入，故意不认证已取得的进项票，不抵扣进项税额，人为调节税负水平。

(8) 虚开农副产品收购发票抵扣税款。针对此情况，应以投入产出方法检查评估收购农副产品数量、种类与其产成品(销售)是否对应。

(9) 购进非农副产品、向非农业生产者收购农产品或盗用农业生产者的身份开具农副产品收购发票；虚抬收购价格、虚假增大收购数量。

(10) “以物易物”“以物抵债”行为，未按规定正确核算销项税额；开具的增值税专用发票，结算关系不真实，虚开或代开专用发票。

(11) 从事非应税业务而抵扣进项税额；取得不符合规定和抵扣要求的抵扣凭证抵扣进项税额；多计进项税额、少做进项税额转出；非正常损失计算了进项税额；扩大进项税额的抵扣范围。

2. 企业所得税稽查要点

(1) 多转生产成本，影响当期损益，少缴企业所得税。

(2) 以货易货，以货抵股利、福利，少缴企业所得税。

(3) 将不属于生产的水、电、煤炭开支计入“制造费用”，增大成本费用；故意扩大预提项目或多提预提费用，冲减当期损益。

(4) 资本性支出挤占成本、费用；视同销售的事项少计收入。

(5) 企业的资产报损未经过审批。

(6) 房租收入、固定资产清理收入及关联交易收入，未按税法规定申报缴纳企业所得税。

(7) 不及时结转收入，推迟缴纳税款。

(8) 将已实现的收入挂在预收款或其他应付款中，少记收入。

(9) 将抵顶货款的房子、汽车等财产处理后不入账，形成账外经营。

(10) 用不正规发票入账，虚列成本、费用。

(11) 多列支出。以虚开服务业的发票虚增成本、套取现金，虚增人员工资套取现金，以办公费用的名义开具发票套取现金，以虚增广告支出的方式通过广告公司套取现金。通过设立关联的销售公司、办事处，以经费、销售费用的名义虚列支出套取现金。

3. 个人所得税

(1) 工资表外发放的补贴、奖金、津贴、代购商业保险、实物等收入未与工资表内收入合并扣缴个人所得税。

(2) 向本单位职工支付劳务费，未扣缴税款或错按劳务报酬所得项目扣缴个人所得税。

(3) 职工通过发票报销部分费用，未扣缴个人所得税。

(4) 房地产企业以假发票、假施工合同虚列开发成本套取现金发放职工工资、奖金等，不代扣代缴个人所得税；扣缴义务人故意为纳税人隐瞒收入、进行虚假申报，少缴或不缴个人所得税的行为。

(5) 股东、资金提供者、个人投资者各类分红、股息、利息个人所得税扣缴情况。存在利用企业资金支付消费性支出购买家庭财产或从投资企业(个人独资企业、合伙企业除外)借款长期不还等未扣缴个人所得税。

(6) 扣缴义务人故意为纳税人隐瞒收入，进行虚假的纳税申报，不缴少缴个人所得税；不按规定扣缴销售人员的业务提成个人所得税。

6.1.3 企业纳税风险规避

企业纳税风险是企业的涉税行为因未能正确有效遵守税收法规而导致企业未来利益的可能损失，具体表现为企业涉税行为影响纳税准确性的不确定因素，结果就是企业多交了税或者少交了税。企业管理层应确立自觉遵守税收法律法规的经营环境，严格按照税法和会计准则进行核算，定期进行纳税评估。因此，无论是否被税务机关列为稽查对象，企业都应该定期对自身的纳税情况进行自查。自查工作应涵盖企业生产经营涉及的全部税种。主要税种的自查内容和要点如下：

1．增值税

(1) 用于抵扣进项税额的增值税专用发票是否真实合法：是否有开票单位与收款单位不一致或票面所记载货物与实际入库货物不一致的发票用于抵扣。

(2) 是否存在购进材料、电、气等货物用于在建工程、集体福利等非应税项目等未按规定转出进项税额的情况。

(3) 销售收入是否完整及时入账：是否存在以货易货交易未记收入的情况；是否存在以货抵债收入未记收入的情况；是否存在销售产品不开发票，取得的收入不按规定入账的情况；是否存在销售收入长期挂账不转收入的情况；是否存在将收取的销售款项先支付费用(如购货方的回扣、推销奖、营业费用、委托代销商品的手续费等)，再将余款入账作收入的情况。

(4) 是否存在视同销售行为、未按规定计提销项税额的情况：将自产或委托加工的货物用于非应税项目、集体福利或个人消费，如用于内设的食堂、宾馆、医院、托儿所、学校、俱乐部、家属社区等部门，不计或少计应税收入；将自产、委托加工或购买的货物用于投资、分配、无偿捐助等，不计或少计应税收入。

2．企业所得税

(1) 企业取得的各种收入是否存在未按所得税权责发生制原则确认计税的问题。

(2) 企业资产评估增值是否并入应纳税所得额。

(3) 取得非货币性资产收入或权益是否计入应纳税所得额。

(4) 是否存在利用虚开发票或虚列人工费等虚增成本。

(5) 是否存在使用不符合税法规定的发票及凭证，列支成本费用。

(6) 是否存在超标准列支业务宣传费、业务招待费和广告费。

(7) 是否存在与其关联企业之间的业务往来，不按照独立企业之间的业务往来收取或者支付价款、费用而减少应纳税所得额的，未作纳税调整。

3. 个人所得税

自查企业以各种形式向职工发放的工薪收入是否依法扣缴个人所得税，重点自查项目是为职工建立的年金、购买的各种商业保险，以及以报销发票形式向职工支付的各种个人收入、车改补贴、通信补贴和以非货币形式发放的个人收入是否扣缴个人所得税等。

6.2 税务稽查操作

为了完成稽查工作，本平台设置了四个步骤：① 选择被稽查企业；② 编制工作底稿；③ 录入账务调整通知；④ 提交税务稽查报告。其中，核心内容是通过辅助稽查功能全面掌握企业的账务处理情况和纳税申报情况。

6.2.1 如何选择被稽查企业

1. 选案

根据国家税务总局印发的《税务稽查工作规程》，选择被稽查企业被称为“选案”。稽查局应当通过多种渠道获取案源信息，集体研究，合理、准确地选择和确定稽查对象。选案部门负责稽查对象的选取，并对税收违法案件查处情况进行跟踪管理。

2. 选案指标

选案部门对案源信息采取计算机分析、人工分析、人机结合分析等方法进行筛选，发现有税收违法嫌疑的，应当确定为待查对象。选案的指标如下：

1) 计算机选案指标

(1) 增值税有关选案指标：

进项税额－销项税额＞0，连续超过3个月；

销售税金负担率低于同行业平均税负率(或低于同行业最低税负控制线)；

销售税金与销售收入变化幅度不同步；

销项税金与进项税金变化幅度不同步。

(2) 企业所得税选案指标：

销售利润率(纵向比较大幅下降、横向比较明显偏低)；

销售毛利率、销售成本利润率、投资收益率；

人均工资额(人均工资额＝工资总额÷平均职工人数)；

固定资产综合折旧率(固定资产综合折旧率＝本期折旧额÷平均固定资产原值)；

综合指标：销售收入变化幅度＞30%；

6个月内累计3次零负申报；

6个月内发票用量与收入申报为零。

2) 案头审计分析选案指标

申报与发票销售收入对比：申报收入＜发票销售收入；

申报销项税额与发票销项税额对比、申报进项税额与抵扣联对比；

进项税额增幅超过销售收入增幅 30%；

出口金额变化幅度；

工资总额–计税工资–纳税调增>0；

三项经费(福利、工会、教育)提取额–计税工资附加扣除限额–纳税调增>0。

6.2.2　平台税收稽核操作步骤

1．登录税务稽查界面

稽查人员登录系统之后，首先需要选择“国税”或者“地税”，进入税务稽查界面。该界面左边有四个操作菜单，分别是管辖企业、工作底稿查询、账务调整通知和稽查报告查询。如图 6-1 所示，本案例中可以稽查的企业有 6 家。

图 6-1　税收稽查登录界面

2．选择被稽查企业

在税收稽查界面，税务稽查人员点击选定的被稽查企业，被稽查企业是教师预先分配的。本案例中可以被稽查的企业有 6 家。税务稽查人员选中 xyz 公司，点击“稽查”，进入税务稽查流程界面，如图 6-2 所示。

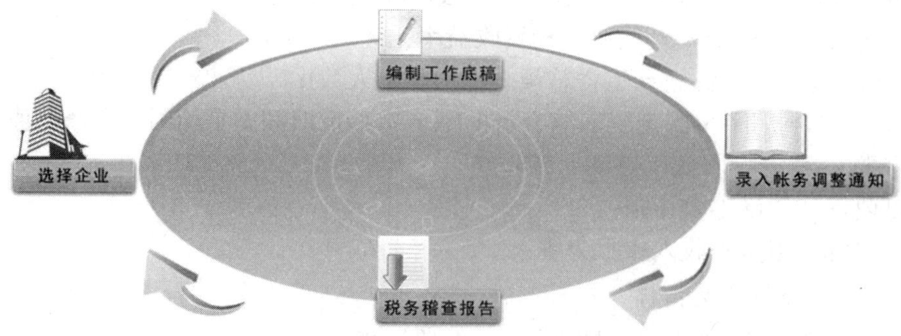

图 6-2　税收稽查流程

6.2.3 编制工作底稿

1. 税务工作底稿概述

1) 税务稽查工作底稿的概念

税务稽查工作底稿是税务人员从事税务稽查时，对稽查过程和检查事项所做的原始记录。它是稽查报告形式的基础，是对稽查报告进行审理的最直接的参照资料，是检验检查质量好坏的最全面的原始资料，是对税收违法行为进行处罚的依据。稽查工作底稿质量的高低，对整个稽查工作质量的好坏有至关重要的影响。编制检查工作底稿应当做到内容完整、观点明确。因此，编制工作底稿前，稽查人员应充分收集被稽查企业的各类涉税信息。

2) 收集被稽查企业的涉税信息的方法

(1) 调账检查。调账检查要经历三个层次、五个步骤。三个层次是指对会计账簿、凭证和报表的审核；五个步骤是指对会计报表、纳税申报表、有关计税依据账户、与计税依据相关且可能隐匿计税依据账户的审核以及会计账户与相关的会计凭证的比对审核。调账检查注重检查会计核算的合法性、真实性和正确性。

(2) 实地检查。

① 检查商品、货物或其他财产是否与账证相符。

② 检查账簿、凭证等会计资料档案的设置、保存情况，特别是原始凭证的保存情况。

③ 检查当事人计算机及其服务器的数据信息情况。

④ 检查当事人隐藏的账外证据资料，获取涉税违法的直接证据。

3) 税务稽查工作底稿的内容

税务稽查人员编制的税务稽查工作底稿应包括下列基本内容：

(1) 被稽查单位名称。

(2) 税务稽查项目名称。

(3) 税务稽查项目时点或期间。

(4) 税务稽查过程记录。

(5) 税务稽查标识及其说明。

(6) 税务稽查结论。

(7) 索引号及页次。

(8) 编制者姓名及编制日期。

(9) 复核者姓名及复核日期。

(10) 其他应说明事项。

2. 税务工作底稿编制操作

稽查人员点击“编制工作底稿”，进入工作底稿查询界面。该界面分上下两部分，上半部分在右上方有四个操作按钮，分别是“辅助稽查”“辅助稽查对比数据”“新增工作底稿”“对比数据”。已经编制完成的稽查工作底稿也显示在这里。下面显示被稽查企业所有与稽查相关的信息，包括企业信息、记账凭证、总账、明细账、数量金额账、财务报表、银行对账单、存货库存表、现金流水账、企业合同、纳税申报表、发票清单，可以点击查看。

1) 辅助稽查功能介绍

在国税界面，稽查人员点击“辅助稽查”，进入稽查国税税额界面。该界面上方有六个操作按钮，分别是“稽查国税税额”“查询无附件凭证明细表”“查询手工填写附件凭证明细表”“稽查未索取发票清单”“稽查未开具发票清单”“现金银行存货核对单”。通过以上六个步骤的操作，稽查人员可以对企业的税收申报、缴纳及账务处理正确与否做出初步判断。下面逐一介绍这六个部分的操作。

(1) 稽查国税税额。稽查人员进入稽查国税税额界面，首先显示的是“××年国税税务稽查表”，年份可以选择，选择后，显示该年税务稽查表。以国税为例，表格上显示已做账月份的销项税额、进项税额、本期应交、本期实缴、差额等数据。其中，前面部分的数据取自系统原始数据，“本期应交”是系统原始数据计算出来的结果，“本期实缴税费”取自企业纳税申报表，用系统原始数据和企业纳税申报数据比对，如果两者一致，差额为零，可以初步判断企业纳税申报基本正确；如果两者不一致，即差额不为零，初步判断企业纳税申报有误，如图 6-3 所示。

2018国税税务稽查

项目	说明	1月	2月	3月	4月	5月	6月	7月	8月	9月	10月	11月	12月
当期销售额合计		13941764.00	21234743.00	0.00	0.00	0.00	0.00	0.00	0.00	0.00	0.00	0.00	0.00
其中：销售货物销售额	当期货物确认销售的金额	13941764.00	21234743.00	0.00	0.00	0.00	0.00	0.00	0.00	0.00	0.00	0.00	0.00
卖出股票销售额	股票卖出价/1.06×卖出数量	0.00	0.00	0.00	0.00	0.00	0.00	0.00	0.00	0.00	0.00	0.00	0.00
卖出不动产销售额	当期卖出不动产的金额（不含税）	0.00	0.00	0.00	0.00	0.00	0.00	0.00	0.00	0.00	0.00	0.00	0.00
销项税额		2370099.88	3609906.31	0.00	0.00	0.00	0.00	0.00	0.00	0.00	0.00	0.00	0.00
其中：销售货物税额	货物销售额×17%	2370099.88	3609906.31	0.00	0.00	0.00	0.00	0.00	0.00	0.00	0.00	0.00	0.00
卖出股票税额	股票卖出数量×（卖价-买价）÷（1+6%）×6%	0.00	0.00	0.00	0.00	0.00	0.00	0.00	0.00	0.00	0.00	0.00	0.00
卖出不动产税额	卖出不动产金额×11%	0.00	0.00	0.00	0.00	0.00	0.00	0.00	0.00	0.00	0.00	0.00	0.00
进项税额		1921321.56	587235.24	0.00	0.00	0.00	0.00	0.00	0.00	0.00	0.00	0.00	0.00
上期留抵税额		0.00	0.00	0.00	0.00	0.00	0.00	0.00	0.00	0.00	0.00	0.00	0.00
本期应交税额	(销项税额-进项税额-上期留抵）如果负数则为0	448778.32	3022671.07	0.00	0.00	0.00	0.00	0.00	0.00	0.00	0.00	0.00	0.00
期末留抵税额	(销项税额-进项税额-上期留抵）如果负数则取其绝对值，正数填0	0.00	0.00	0.00	0.00	0.00	0.00	0.00	0.00	0.00	0.00	0.00	0.00
本期实际缴纳税金	纳税回单中取数	448778.32	3022671.07	0.00	0.00	0.00	0.00	0.00	0.00	0.00	0.00	0.00	0.00
差额	本期应交-本期实缴税金	0.00	0.00	0.00	0.00	0.00	0.00	0.00	0.00	0.00	0.00	0.00	0.00

图 6-3　国税税务稽查对比表

(2) 查询无附件凭证明细表。在稽查国税税额界面，稽查人员点击“查询无附件凭证明细表”按钮，输入查询日期，点击“查询”，如图 6-4 所示，系统显示该月企业填制的全部没有附件的记账凭证，比如计提、摊销和期末结转凭证。税务稽查中，没有附件的记账凭证是稽查的重点，系统提供这个功能，为稽查人员查看凭证提供方便。稽查人员点击对应凭证的“查看”按钮，可以查看到完整的凭证。

稽查国税税额　查询无附件凭证明细表　查询手工填写附件表单凭证明细表　稽查未索取发票清单　稽查未开具发票清单　现金银行存货核对单　成本稽

【无附件记账凭证查询】

查询条件:　　日期时间 ＿＿ 至 ＿＿　查询

日期	凭证字号	附件数	摘要	科目代码	科目名称	借方金额	贷方金额	数量	单价	操作	审核	过账
2018-01-31	记 -52	0	计提质量保证金	660104	销售费用 -- 产品质量保证金	348544.10				查看	√	√
			计提质量保证金	2801	预计负债		348544.10				√	√
2018-01-31	记 -58	0	结转未交增值税	22210104	应交税费 -- 应交增值税 -- 转出未交增值税	448778.32				查看	√	√
			结转未交增值税	222102	应交税费 -- 未交增值税		448778.32				√	√
2018-02-28	记 -64	0	摊销租金	50010303	生产成本 -- 制造费用 -- 租入厂房A	60059.46				查看	√	√
					生产成本 -- 制造费用 -- 家							

图 6-4　税务稽查联查凭证

(3) 查询手工填写附件凭证明细表。在稽查国税税额界面，第三项查询的内容是“手工填写附件凭证明细表”。稽查人员点击“查询无附件凭证明细表”按钮，输入查询日期，点击“查询”，系统显示该月企业填制的手工填制附件的记账凭证，如图6-5所示。这一类记账凭证基本是涉及成本计算的凭证，比如工资费用分配、制造费用分配、完工产品入库等。在税务稽查中，这部分内容也是稽查的重点，系统提供这个功能，同样为稽查人员查看凭证提供方便。稽查人员点击对应凭证的“查看”按钮，可以查看到完整的凭证。

稽查国税税额　查询无附件凭证明细表　查询手工填写附件表单凭证明细表　稽查未索取发票清单　稽查未开具发票清单　现金银行存货核对单　成本

【手动记账凭证查询】

查询条件:　日期时间 [ ] 至 [ ]　查询

日期	凭证字号	附件数	摘要	科目代码	科目名称	借方金额	贷方金额	数量	单价	操作	审核	过账
2018-01-31	记 -59	4	分配工资	50010201	生产成本 -- 直接人工 -- 家庭影院	855200.00				查看	√	√
			分配工资	50010202	生产成本 -- 直接人工 -- 电暖气	855200.00					√	√
			分配工资	660201	管理费用 -- 工资	26480.00					√	√
			分配工资	660101	销售费用 -- 工资	174765.99					√	√
			分配工资	510101	制造费用 -- 工资	52960.00					√	√
			分配工资	221101	应付职工薪酬 -- 工资		1964605.99				√	√
2018-01-31	记 -60	2	分配制造费用	50010301	生产成本 -- 制造费用 -- 家庭影院	37870.97				查看	√	√
			分配制造费用	50010302	生产成本 -- 制造费用 -- 电暖气	37870.97					√	√

图6-5 查询手工填写附件凭证明细表

(4) 稽查未索取发票清单。在稽查国税税额界面，第四项查询的内容是“稽查未索取发票清单”，稽查人员点击“稽查未索取发票清单”按钮，输入查询时间，点击“查询”，系统显示“采购事项未索取发票清单”和“易货事项未索取发票清单”，如图6-6所示。如果企业在采购业务或易货业务中没有按时索取发票，电算化界面就没有进行账务处理，纳税申报就不正确。所以，系统通过“稽查未索取发票清单”功能检索企业是否有未索取发票的事项，如果没有，系统提示“暂时没有记录”；如果有，会显示在该界面，提示稽查人员针对未索取发票事项进行进一步稽查。

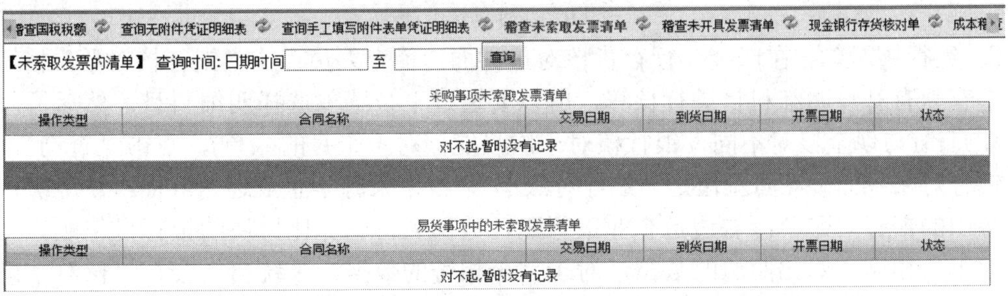

稽查国税税额　查询无附件凭证明细表　查询手工填写附件表单凭证明细表　稽查未索取发票清单　稽查未开具发票清单　现金银行存货核对单　成本稽

【未索取发票的清单】 查询时间: 日期时间 [ ] 至 [ ]　查询

采购事项未索取发票清单

操作类型	合同名称	交易日期	到货日期	开票日期	状态
对不起,暂时没有记录					

易货事项中的未索取发票清单

操作类型	合同名称	交易日期	到货日期	开票日期	状态
对不起,暂时没有记录					

图6-6 稽查未索取发票清单

(5) 稽查未开具发票清单。在稽查国税税额界面，第五项查询的内容是“稽查未开具发票清单”，稽查人员点击“稽查未开具发票清单”按钮，输入查询时间，点击“查询”，系统显示“订单合同未开具发票清单”“出售事项未开具发票清单”和“易货事项未开具发票清单”。与采购未索取发票相同，如果销售未开具发票，电算化界面也有可能没有进行账

务处理，导致纳税申报不正确。所以，系统通过“稽查未开具发票清单”功能检索企业是否有未开具发票的事项，如果没有，系统提示“暂时没有记录”；如果有，会显示在该界面，提示稽查人员针对未开具发票事项进一步稽查。

(6) 现金银行存货核对单。在“稽查国税税额”界面，最后一项查询的内容是“现金银行存货单”，该功能又分为四个不同表单，分别是“现金核对单”“银行核对单”“存货核对单”和“收入核对单”。

① 现金核对单。稽查人员点击现金核对单按钮，输入查询时间，点击“查询”，系统显示现金核对界面。界面左边是“现金对账单”，数据来源于企业运营界面经济业务，相当于企业现金实存数；右边是“企业现金账”，数据来源于电算化模块的现金日记账。对比两边的数据，对于完全相符的数据，系统自动会在“核对结果”处用“√”表示，说明企业记账正确；对于检索中关键字不相同的数据，系统会用红字表示，提示稽查人员做进一步的调查，有可能是企业记账时出错。差额显示在右上方，如果差额为零，说明企业现金业务记账基本正确；如果不为零，说明企业现金业务记账有错，要进行进一步的稽查，如图6-7所示。

现金核对单　银行核对单　存货核对单　收入核对单

年份: 2018　开始月份: 1　结束月份: 3　查询

2018 年 1 月 至 3 月　　差额：1508.26

现金对账单

序号	日期	借方	贷方	借贷核对结果	余额
1	2018-01-31	50000.00		√	50000.00
2	2018-01-31		9013.09	√	40986.91
3	2018-01-31	700.00		√	41686.91
4	2018-01-31		41592.02	√	94.89
5	2018-02-28	43000.00		√	43094.89
6	2018-02-28		42892.36	√	202.53
7	2018-02-28	8900.00		√	9102.53
8	2018-02-28		9058.27	√	44.26
9	2018-03-20	40000.00			40044.26
10	2018-03-20		39326.45		717.81
11	2018-03-23	11000.00			11717.81
12	2018-03-23		10165.29		1552.52
	本期合计	153600.00	152047.48		

企业现金账

序号	日期	摘要	借方	贷方	借贷核对结果	余额
1	2018-1-31	提现	50000.00		√	50000.00
2	2018-1-31	提现	700.00		√	50700.00
3	2018-1-31	办公费		9013.09	√	41686.91
4	2018-1-31	差旅费		41592.02	√	94.89
5	2018-2-28	提现	43000.00		√	43094.89
6	2018-2-28	提现	8900.00		√	51994.89
7	2018-2-28	办公费		9058.27	√	42936.62
8	2018-2-28	差旅费		42892.36	√	44.26
	本期合计		102600.00	102555.74		

图 6-7　现金核对单

② 银行核对单。在现金银行存货核对单界面，稽查人员点击“银行核对单”按钮，由于银行存款有开设明细科目进行核算，所以要通过下拉菜单选择明细科目，然后输入查询年份和月份(与现金核对不同，银行核对一次只能核对 1 个月的账单)，点击“查询”，系统显示银行对账界面。界面左边是“银行对账单”，数据来源于企业运营界面经济业务，相当于实务中的银行对账单；右边是企业银行账，数据来自电算化模块的银行日记账。与“现金核对单”相同，对比两边的数据，对于完全相符的数据，系统自动会在“核对结果”处用“√”表示，说明企业记账正确；对于检索中关键字不相同的数据，系统会用红字表示，提示稽查人员做进一步的调查，有可能是企业记账时出错。差额显示在右上方，如果差额为零，说明企业现金业务记账基本正确；如果不为零，说明企业现金业务记账有错，要进行进一步的稽查。

③ 存货核对单。在现金银行存货核对单界面，稽查人员点击“存货核对单”按钮，输

入查询年份和月份，点击“查询”，系统显示存货对账界面。界面显示原材料的账存、实存、盈亏的数量和金额，以及产成品的账存、实存、盈亏的数量和金额，如图 6-8 所示。在稽查过程中，如果数量相符，可以忽略不计金额的尾差，金额尾差是凭证和账簿小数点保留位数不一致造成的。

现金核对单 银行核对单 存货核对单 收入核对单

年份: 2018 月份: 3 查询

2018 年 3 月

原材料	账存数量	账存金额	实存数量	实存金额	盈亏数量	盈亏金额
电暖气辅助材料	2410.00	1312892.78	10.00	5521.26	-2400.00	-1307371.52
电暖气加热材料	2410.00	1710828.27	5010.00	3557650.63	2600.00	1846822.36
烤箱加热装置	0.00	0.00	0.00	0.00	0.00	0.00
家庭影院辅助材料	2010.00	1515584.44	3010.00	2169649.82	1000.00	654065.38
烤箱箱体	0.00	0.00	0.00	0.00	0.00	0.00
家庭影院音响	2010.00	1822761.35	10.00	8971.17	-2000.00	-1813790.18
烤箱辅助材料	0.00	0.00	0.00	0.00	0.00	0.00
合计	8840.00	6362066.84	8040.00	5741792.88	-800.00	-620273.96
产成品	账存数量	账存金额	实存数量	实存金额	盈亏数量	盈亏金额
家庭影院	580.00	—	1760.00	—	1180.00	—
烤箱	0.00	—	0.00	—	0.00	—
电暖气	90.00	—	479.00	—	389.00	—
合计	670.00	—	2239.00	—	1569.00	—

图 6-8 存货核对单

④ 收入核对单。在现金银行存货核对单界面，稽查人员点击“收入核对单”按钮，输入查询年份和月份，点击“查询”，系统显示收入对账界面。界面左边显示“系统发票明细”，右边显示“主营业务明细”，如图 6-9 所示。同样是用系统数据与企业电算化模块的账簿数据进行比对，如果不符，会显示差额，提示稽查人员做进一步的稽查；相符的情况下，差额为零。

现金核对单 银行核对单 存货核对单 收入核对单

年份: 2018 月份: 3 查询

2018 年 3 月

	系统发票明细		主营业务明细			
产品名称	开票日期	金额	凭证号	凭证摘要	收入金额	差额
家庭影院	2018-03-16	1412292.00			0.00	1412292.00
家庭影院	2018-03-16	1176910.00			0.00	1176910.00
家庭影院	2018-03-16	470764.00			0.00	470764.00
家庭影院	2018-03-10	2193320.00			0.00	2193320.00
家庭影院	2018-03-10	1754656.00			0.00	1754656.00
家庭影院	2018-03-10	1754656.00			0.00	1754656.00
家庭影院	2018-03-23	1412292.00			0.00	1412292.00
家庭影院	2018-03-30	464752.00			0.00	464752.00
家庭影院	2018-03-23	1176910.00			0.00	1176910.00
小计		11816552.00			0.00	11816552.00
烤箱		0.00			0.00	0.00
小计		0.00			0.00	0.00

图 6-9 收入核对单

2) 辅助稽查(对比数据)功能介绍

在国税界面，稽查人员点击“辅助稽查(对比数据)”，进入辅助稽查数据比较界面界面。“辅助稽查(对比数据)”与“辅助稽查”功能比较，“辅助稽查(对比数据)”是在“辅助稽查”的基础上，增加了“企业信息”“记账凭证”“总账”“明细账”“数量金额账”“财务报表”“银行对账单”“库存”“现金流水”“合同”“申报表”“发票清单”查看按钮。增加这些按钮的意义在于，在同一个界面上，稽查人员可以同时打开稽查表单和企业的凭证、账簿、报表、合同等，便于比对，例如本案例，稽查人员可以在查看 2 月份基本户的银行核

对单的同时，打开企业银行对账单，将两者进行比对，可以更详细地确认数据的来源。

3) *新增工作底稿功能介绍*

在国税界面，稽查人员点击“新增工作底稿”，进入稽查工作底稿界面。该界面分为上下两个部分，上半部分是稽查工作底稿的填写，下半部分是可供参考的企业资料。编制底稿的时候，稽查人员可以查看企业的明细数据，包括电算化中所有数据、银行对账单、库存、现金流水、合同、纳税申报表以及发票清单，还可以直观地进行任何两项数据之间的比对。每一份工作底稿都保留在国税界面上，可以查看，在查看界面可以修改，但被稽查的企业平台无法看到工作底稿。

在录入工作底稿界面，稽查人员录入工作底稿，如图 6-10 所示，首先填写工作底稿名称，然后填写工作底稿的具体内容，录入完毕，点击“保存”。

返回

税务稽查工作底稿1

□	账簿名称及科目	凭证序号	记账时间	对应科目	问题摘要	金额	
						借方	贷方
□							
□							
□							
□							
□							
□							
□							
□							

图 6-10　录入工作底稿

4) *对比数据功能介绍*

在国税界面，稽查人员点击“对比数据”，进入稽查数据比较界面。而对比数据界面的上半部分和下半部分都是“企业信息”“记账凭证”“总账”“明细账”“数量金额账”“财务报表”“银行对账单”“库存”“现金流水”“合同”“申报表”“发票清单”信息，如图 6-11 所示。在该界面，稽查人员可以打开不同的内容进行比对。

稽查数据比较 - Windows Internet Explorer

http://10.1.0.16:8099/netinnet_sandtable_v3/do?action=inspection/i_working_papers&start=queryCompareBill&sc_id=CD71EE6D0A01001000015803646885

企业信息 | 记账凭证 | 总账 | 明细账 | 数量金额 | 财务报表 | 银行对账单 | 库存 | 现金流水 | 合同 | 申报表 | 发票清单

【总账】　年份: 2018　开始月份: 1　结束月份: 3　查询

科目代码	科目名称	年	月	日	凭证字号	摘要	借方	贷方	余额	
1001	库存现金	2018	1	1		建账初始余额	0.00	0.00	借	0.00
		2018	1	31	汇	本期合计	50700.00	50605.11	借	94.89
		2018	1	31		本年累计	50700.00	50605.11	借	94.89
		2018	2	1		期初余额	0.00	0.00	借	94.89
		2018	2	28	汇	本期合计	51900.00	51950.63	借	44.26
		2018	2	28		本年累计	102600.00	102555.74	借	44.26
1002	银行存款	2018	1	1		建账初始余额	0.00	0.00	借	0.00
		2018	1	31	汇	本期合计	21773802.43	11414967.24	借	10358835.19

企业信息 | 记账凭证 | 总账 | 明细账 | 数量金额 | 财务报表 | 银行对账单 | 库存 | 现金流水 | 合同 | 申报表 | 发票清单

【总账】　年份: 2018　开始月份: 1　结束月份: 3　查询

科目代码	科目名称	年	月	日	凭证字号	摘要	借方	贷方	余额	
1001	库存现金	2018	1	1		建账初始余额	0.00	0.00	借	0.00
		2018	1	31	汇	本期合计	50700.00	50605.11	借	94.89
		2018	1	31		本年累计	50700.00	50605.11	借	94.89
		2018	2	1		期初余额	0.00	0.00	借	94.89
		2018	2	28	汇	本期合计	51900.00	51950.63	借	44.26
		2018	2	28		本年累计	102600.00	102555.74	借	44.26
1002	银行存款	2018	1	1		建账初始余额	0.00	0.00	借	0.00
		2018	1	31	汇	本期合计	21773802.43	11414967.24	借	10358835.19

完成　Internet | 保护模式: 禁用　100%

图 6-11　对比数据功能

6.2.4 录入账务调整通知

1. 账务调整概述

1) 《账务调整通知》的作用和意义

在税务检查中，被查出的大量错漏税问题多数是账务处理错误造成的，一般都反映在会计账簿、会计凭证和会计核算资料上，并在查补纠正过程中必然涉及收入、成本、费用、利润和税金的调整问题。如果检查后仅仅只补回税款，不将纳税人错漏的账项纠正调整过来，使错误延续下去，随着时间的推移，势必会导致新的错误，明补暗退或重复征税的现象必然发生，账面资料数据与征收金额不相衔接。因此，查账后制作《账务调整通知》，实质上是查账工作的继续。不督促纳税人及时正确地调整账务，就不能真实地反映企业的财务状况和经营成果，也不能防止新的错误出现，也就没有实现查账目的，无法完成查账任务。

2) 编制《账务调整通知》的要求

制作税务稽查《账务调整通知》的基本要求是：要能反映原错漏账项的来龙去脉，调账分录要正确、分明，严格体现国家税收政策，有利于加强企业财务管理。具体要求为：

(1) 账务处理的调整要与现行财务会计准则相一致，要与税法的有关会计核算相一致。

(2) 账务处理的调整要与会计基本理论相符合。调整错账，需要做出新的账务处理来纠正原错账。因此，新的账务处理业务必须符合会计基本理论和核算程序，反映错账的来龙去脉，清晰表达调整的思路；还应做到核算准确、数字可靠，正确反映企业的财务状况和生产经营情况，并使会计期间上下期保持连续性和整体性；同时还要坚持平行调整，在调整总账的同时调整它所属的明细账户。

(3) 调整错账时应从实际出发、简便易行。既要做到账实一致，反映查账的结果，又要坚持从简账务调整的原则。在账务调整方法的运用上，能用补充调整法则不用冲销调整法，尽量做到从简适宜。

3) 主要税种的账务调整处理

(1) 增值税的账务调整。对于增值税检查后的账务调整，应设立“应交税费—增值税检查调整”专门账户。凡检查后应调减账面进项税额或调增销项税额和进项税额转出的数额，借记有关科目，贷记本科目；凡检查后应调增账面进项税额或调减销项税额和进项税额转出的数额，借记本科目，贷记有关科目；全部调账事项入账后，应结出本账户的余额，并对该余额进行处理：

① 若余额在借方，全部视同留抵进项税额，按借方余额数，借记“应交税费—应交增值税(进项税额)”科目，贷记本科目。

② 若余额在贷方，且“应交税费—应交增值税”账户无余额，按贷方余额数，借记本科目，贷记“应交税费—未交增值税”科目。

③ 若本账户余额在贷方，“应交税费—应交增值税”账户有借方余额且等于或大于这个贷方余额，按贷方余额数，借记本科目，贷记“应交税费—应交增值税”科目。

④ 若本账户余额在贷方，“应交税费—应交增值税”账户有借方余额但小于这个贷方

余额，应将这两个账户的余额冲出，其差额贷记“应交税费—未交增值税”科目。

⑤ 上述账务调整应按纳税期逐期进行。

例：税务检查人员于 2017 年 12 月份检查 xyz 企业当年增值税缴纳情况，进行账簿检查时，发现该企业“预收账款”账户贷方余额 1 170 000 元，金额较大。通过进一步检查，查明细账和有关记账凭证、原始凭证及产品出库单，查明产品已出库，企业记入“预收账款”账户的余额全部是企业分期收款销售产品收到的货款和税款，而没有及时结转产品销售收入。经核实，该批产品的生产成本价为 500 000 元，据此，作如下调整：

应计应税收入额 = 1 170 000÷(1+17%)=1 000 000(元)

应补增值税：1 000 000 × 17% = 170 000(元)

账务处理为：

借：预收账款　　1 170 000 元

　　贷：主营业务收入　　1 000 000 元

　　　　应交税费—增值税检查调整　　170 000 元

假定忽略 xyz 公司其他纳税调整事项，仅对该事项进行调整，且“应交税费—应交增值税”账户无余额，下一步的账务处理为：

借：应交税费—增值税检查调整　　170 000 元

　　贷：应交税费—未交增值税　　170 000 元

(2) 所得税的账务调整。企业所得税实行按年计算、分月或分季预缴的办法，如查获额属于本年度需要调整损益的错漏项目，可直接调整本期损益账户；如查获额属于以前年度事项，通过“以前年度损益调整”账户调整。

例：查明 xyz 公司 2017 年 12 月份多转主营业务成本 100 000 元(法定税率 25%)。

调账会计分录为：

借：库存商品　　100 000 元

　　贷：主营业务成本　　100 000 元

借：主营业务成本　　100 000 元

　　贷：本年利润　　100 000 元

同时：

借：所得税费用　　25 000 元

　　贷：应交税费—应交所得税　　25 000 元

若 xyz 公司多转主营业务成本 100 000 元(法定税率 25%)，属于以前年度发生，调账会计分录为：

借：库存商品　　100 000 元

　　贷：以前年度损益调整　　100 000 元

同时：

借：以前年度损益调整　　25 000 元

　　贷：应交税费—应交所得税　　25 000 元

借：以前年度损益调整　　75 000 元

　　贷：利润分配—未分配利润　　75 000 元

2. 账务调整平台操作

稽查人员点击“录入账务调整通知”，进入账务调整查询界面。该界面分为上下两部分，上半部分在右上方有“新增账务调整”按钮，点击进入，界面显示“账务调整通知”表单，稽查人员将“账务调整通知”表填写完整后，点击“保存”，就形成一份账务调整通知单。所有已经编制完成的账务调整通知都显示在本界面，点击“查看”按钮即可查看，并且可以在查看界面进行修改。下半部分显示“工作底稿”“记账凭证”“总账”“明细账”“数量金额账”“财务报表”，便于在填写“账务调整通知”时查看。

录入账务调整单，主要依据该界面下方的“工作底稿”，也可以参考其余的凭证和报表。稽查人员可以新增或者删除明细条目，对于一大类凭证都录错的情况，稽查人员也可以直接录入文字描述。例如，在本案例中，被稽查企业只有一条分录有误，“账务调整通知”显示的内容只有一条；如果有多条分录有误，可以点击表格右上方“新增”按钮，增加条目。表格下方可以录入文字描述，例如，本案例用文字提醒“你司 2017 年 1 月 1 日 2 号凭证有误，请修改。”如图 6-12 所示。系统要求在账务调整单上要录入调整分录条数，这个条数将会影响被稽查企业关于稽查部分的成绩判定，原则上条数越多，稽查部分的成绩就越低。稽查人员完成录入之后，点击“保存”按钮，或者点击“返回”按钮返回上层菜单。

账务调整通知

（存根）

北京市国税账调字（　xxxx　）号

开拓股份有限公司（纳税人识别号911010576764198774：征收管理代码：xxxxxxxxxx　）：

根据北京市国税税字（　xxxx　）号税务处理决定以及现行会计制度的有关规定，对你单位的账务作如下调整：

新增 | 删除

	调整原凭证日期编号	调整分录摘要	借方科目	借方金额	贷方科目	贷方金额

工作底稿 | 记账凭证 | 总账 | 明细账 | 数量金额 | 财务报表 |

【总账】　年份：2018　开始月份：2　结束月份：2　查询

科目代码	科目名称	年	月	日	凭证字号	摘要	借方	贷方	余额	
1001	库存现金	2018	2	1		期初余额	0.00	0.00	借	94.89
		2018	2	28	汇	本期合计	51900.00	51950.63	借	44.26
		2018	2	28		本年累计	102600.00	102555.74	借	44.26
1002	银行存款	2018	2	1		期初余额	0.00	0.00	借	10358835.19
		2018	2	28	汇	本期合计	27213652.44	17745067.87	借	19827419.76
		2018	2	28		本年累计	48987454.87	29160035.11	借	19827419.76

图 6-12　账务调整查询界面

6.2.5 税务稽查报告

1. 税务稽查报告概述

税务稽查报告是税务检查人员依据现行税收法规及有关规章，对纳税人一定时期内的纳税事项进行税务稽查后，根据检查出的问题、情况连同做出的处理意见写出的书面报告。对经立案查处的案件，税务稽查完毕，稽查人员应制作《税务稽查报告》。《税务稽查报告》主要反映纳税人违反税法的情况，是纳税人税收违法违规问题的文字记录，是依法惩处纳

税人违反税收法规行为的重要依据。《税务稽查报告》在完成税务检查后拟写，报告反映问题要客观、准确、实事求是，文字叙述要清楚、简练，引用政策法规依据要准确，提出的处理意见要符合现行税法规定。

凡按照规定不需立案查处的一般税收违法案件，稽查完毕后，可按照简易程序，由稽查人员直接制作《税务处理决定书》，按照规定报经批准后执行。未经立案查处的，且经稽查没有发现问题的，由稽查人员制作《税务稽查结论》，说明未发现问题的事实和结论意见。

适用简易程序和经稽查未发现问题的处理比较简单，本平台只介绍需要编写《税务稽查报告》的情况。

2．税务稽查报告操作

稽查人员点击“税务稽查报告”，进入稽查查询界面。该界面分为上下两部分，上半部分在右上方有“新增稽查报告”按钮，下半部分显示“工作底稿”“当前账务调整通知书”“账务调整通知书”。每份《税务稽查报告》和《账务调整通知书》都是一一对应的关系，新增一份《账务调整通知书》就要新增一份《税务稽查报告》。《当前账务调整通知书》是和目前正在编写的《税务稽查报告》相对应的调整通知书。“账务调整通知书”按钮可以通过录入年份和月份，查看往期《账务调整通知书》，如图 6-13 所示。

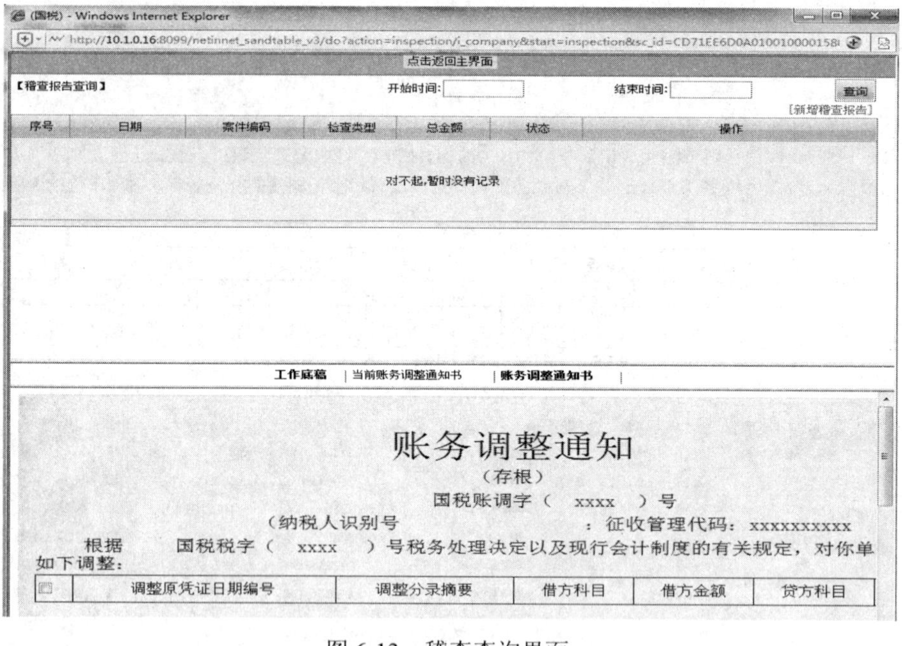

图 6-13　稽查查询界面

《税务稽查报告》是在《账务调整通知书》完成的情况下编制的，如果没有账务通知书，当稽查人员点击“新增稽查报告”时，系统会提示“选择相关账务通知录入报告”，此时无法操作，要先回到账务调整录入界面编制《账务调整通知书》。已经完成《账务调整通知书》的情况下，当稽查人员点击“新增稽查报告”，系统会将录入完成的《账务调整通知书》显示在上方。

稽查人员在此界面下完成《税务稽查报告》的填写。《税务稽查报告》应完整反映以下内容：① 稽查案件编号；② 纳税人名称；③ 企业经济类型；④ 法定姓名；⑤ 检查所属期间；⑥ 检查人员姓名；⑦ 检查类型；⑧ 检查实施时间；⑨ 检查发现的违反税收法规、规章的问题、情况，主要税收违法犯罪事实及法规政策依据。在稽查报告的处理意见中，所欠税款和应纳税额是系统自动计算的，滞纳金及罚款由稽查人员酌情填写。当以上内容填写不完整时，系统不允许保存；填完后，可点击“保存”。

6.2.6 教师仲裁

本平台的教师仲裁，相当于履行税务稽查审理职责。通常在税务稽查审理过程中，审理人员应当认真审阅稽查人员提供的《税务稽查报告》及所有与案件有关的其他资料，并对如下内容进行确认：

(1) 违法事实是否清楚，证据是否确凿，数据是否准确，资料是否齐全。

(2) 适用税收法律、法规、规章是否得当。

(3) 是否符合法定程序。

(4) 拟定的处理意见是否得当。

审理人员在审理中发现事实不清、证据不足或者手续不全等情况，应当通知稽查人员予以增补。

审理结束时，审理人员应当提出综合性审理意见，制作《审理报告》和《税务处理决定书》，履行报批手续后，交由有关人员执行；对构成犯罪应当移送司法机关的，制作《税务违法案件移送书》，经局长批准后移送司法机关处理。

对稽查人员提交的经查未发现问题的《税务稽查报告》，审理人员审理后确认的，制作《税务稽查结论》一式两份，报批准后，一份存档，一份交予被查对象；有疑问的，退稽查人员补充稽查，或者报主管领导另行安排稽查。

参 考 文 献

[1] 陈国平. 会计综合模拟实验(手工账务处理)[M]. 上海：立信会计出版社，2014.
[2] 李宽. 财务会计模拟实验[M]. 北京：中国财政经济出版社，2015.
[3] 罗邵明. 小企业财务会计实训[M]. 上海：立信会计出版社，2017.
[4] 桑士俊. 财务决策实务教程[M]. 北京：清华大学出版社，2013.
[5] 黄芳. 会计模拟实验[M]. 大连：东北财经大学出版社，2015.
[6] 卢新国，宋永春. 会计学基础[M]. 北京：高等教育出版社，2016.
[7] 卢新国. 小企业会计[M]. 北京：高等教育出版社，2017.
[8] 曹旭东，赵恒勤，管雪松. 企业财务决策[M]. 济南：山东大学出版社，2006.